"工学结合、校企合作"高等职业教育改革创新教材

现代生产现场管理

第3版

张平亮 编著

机械工业出版社

本书根据现代制造企业对生产现场管理相关岗位的实际技能要求，针对生产现场管理人员在生产现场所面临的新问题和重要问题，介绍了生产现场的基本管理理论、管理方法和管理工具；另外，书中还提供了很多现代企业的先进现场管理的具体做法和成功经验。全书共分 10 个模块，内容包括生产运作与流程管理，现场管理的基本工具与方法，生产运作与作业计划管理，现场效率管理，现场物料、库存管理与 MRP，准时生产与精益生产管理，现场质量管理，设备管理与维护，现场安全管理，环境管理体系标准（ISO14000）和清洁生产管理。每个模块末均附有思考与练习题，便于学生加强理解及进行练习。

本书可作为高等职业院校、应用型本科等高等院校工商管理类专业、工科类专业的专业基础课教材，也可作为管理类专业人员、工程类专业人员的培训用书，还可供各类企业生产管理人员和社会读者自学、阅读。

图书在版编目（CIP）数据

现代生产现场管理 / 张平亮编著. —3 版. —北京：机械工业出版社，2023.1
"工学结合、校企合作"高等职业教育改革创新教材
ISBN 978-7-111-72192-5

Ⅰ. ①现… Ⅱ. ①张… Ⅲ. ①企业管理—生产管理—高等职业教育—教材 Ⅳ. ① F273

中国版本图书馆 CIP 数据核字（2022）第 231891 号

机械工业出版社（北京市百万庄大街 22 号　邮政编码 100037）
策划编辑：孔文梅　　　　　责任编辑：孔文梅
责任校对：郑　婕　梁　静　封面设计：鞠　杨
责任印制：任维东

北京富博印刷有限公司印刷

2023 年 2 月第 3 版第 1 次印刷
184mm×260mm・14.75 印张・354 千字
标准书号：ISBN 978-7-111-72192-5
定价：45.00 元

电话服务　　　　　　　　　网络服务
客服电话：010-88361066　　机　工　官　网：www.cmpbook.com
　　　　　010-88379833　　机　工　官　博：weibo.com/cmp1952
　　　　　010-68326294　　金　书　网：www.golden-book.com
封底无防伪标均为盗版　　　机工教育服务网：www.cmpedu.com

前　言

在多变的经济全球化环境下，企业体制的强化及效率提升成为企业营运的当务之急。中国制造企业在交期缩短、品质要求提高、成本降低、利润空间减小的激烈市场竞争压力下，如何提高企业经营时对现场问题的解决能力和改善能力，是未来企业生存的关键所在。生产现场是企业赚取利润的主要场所之一，现场管理是制造型企业生存和发展的重要基础。毫不夸张地说，如果制造型企业不抓现场管理，则必"死"无疑。在生产过程中，加强现场管理，持续改善是核心。

通过掌握正确的管理思路、有效的管理方法和科学的管理工具，对生产流程、管理模式等的不断优化和完善，更加合理地利用生产要素（人、机、料、法、环等），最大限度地减少浪费、降低生产成本、提高生产力，提高企业的市场竞争能力和市场反应能力。

为了适应我国高等职业技术教育发展及应用型技术人才培养的需要，编者结合自己在外资企业十多年中高层现场管理实践经验以及对无锡国家级高新技术产业开发区几十家企业的反复调研，听取使用该教材老师和学生的反馈意见，重新改编成第3版教材。编者选择生产管理中最重要的，直接影响企业产量、质量、成本、安全的生产运作与流程管理，现场管理的基本工具与方法，生产运作与作业计划管理，现场效率管理，现场物料、库存管理与MRP，准时生产与精益生产管理，现场质量管理，设备管理与维护，现场安全管理，环境管理体系标准（ISO14000）和清洁生产管理等作为教学内容，这些内容在生产管理上有很强的适用性和针对性。在第3版教材编写中，立足于培养学生掌握生产管理的实用技能，体现了以下新特点：

1. 系统介绍生产现场管理理论与方法、改善工具，注重单一、综合的应用实例

本书根据职业教育的特点，以就业为导向，以提高学生的实践操作能力为本位，以努力满足岗位实际需要为目标，全面地阐述了生产现场管理方面的理论、方法、改善工具；又立足于生产现场管理的实际应用案例，通过图表和案例式解说，使学生易于掌握生产现场管理方法并能解决生产现场的实际问题。

2. 图表照片，生动直观，通俗易懂

书中充分运用数字、照片、图示和表格，生动、直观地介绍了生产现场管理的实施办法、操作技巧和操作步骤，便于学生在轻松阅读中得到启发和提高，并将所学知识运用到实际工作中。每个模块末均设有思考与练习题，便于学生加强理解及进行练习。

3. 突出生产现场管理实际操作，强化实际应用能力的培养

本书根据目前生产现场管理的发展及先进企业的具体情况做了适当的修改和补充，如增加了现场物料管理、设备点检和保养等内容。本书通过生产现场管理的实用模型，记录、量化、分析和改善的针对性表单，使学生学会实际生产现场实际操作方法，也方便生产现场管理人员使用，有利于节省工作时间及提高工作效率，成为实施工作记录、分析、追踪和持

续改善的重要帮手。

本书可作为高等职业院校、应用型本科等高等院校工商管理类专业、工科类专业的教材，可作为企业各级生产管理人员，包括班组长（班组管理）的岗位培训教材，也可作为工程类专业人员管理培训的教材或参考书，还可供各类企业生产管理人员和社会读者自学、阅读。

本书在编写过程中，参考了国内外专家的一些研究成果和文献资料，由于篇幅有限，书的最后仅列出了其中的一部分，在此谨向国内外的有关著作者表示深切的谢意；同时得到了机械工业出版社有关编辑的大力支持和帮助，在此表示衷心的感谢。

为方便教学，本书配备电子课件等教学资源。凡选用本书作为教材的教师均可登录机工教育服务网（www.cmpedu.com）免费注册下载，咨询电话：010-88379375，服务QQ：945379158。

限于编者的水平和经验，书中欠妥和错误之处在所难免，恳请读者批评指正。

编　者

二维码索引

序　号	名　　称	二　维　码	页　码
1	模块 1 学习引导		1
2	模块 2 学习引导		16
3	模块 3 学习引导		47
4	模块 4 学习引导		62
5	模块 5 学习引导		95
6	模块 6 学习引导		113
7	模块 7 学习引导		134
8	模块 8 学习引导		173
9	模块 9 学习引导		197
10	模块 10 学习引导		216

目 录

前言
二维码索引

模块1 生产运作与流程管理 1
1.1 生产运作管理 2
1.2 生产流程管理 4
模块小结 14
思考与练习题 15

模块2 现场管理的基本工具与方法 16
2.1 现场管理概述 17
2.2 定置管理 17
2.3 现场5S管理 22
2.4 目视管理 36
2.5 现场作业标准管理 42
模块小结 44
实训项目 45
思考与练习题 45

模块3 生产运作与作业计划管理 47
3.1 生产运作计划体系 48
3.2 生产作业计划管理 54
模块小结 60
思考与练习题 60

模块4 现场效率管理 62
4.1 工业工程（IE）概述 63
4.2 IE的方法研究 64
4.3 IE的作业测定 73
4.4 IE的生产匹配 77
4.5 IE的布局设计 86
模块小结 92
思考与练习题 92

模块5 现场物料、库存管理与MRP 95
5.1 现场物料管理 96
5.2 库存管理概述 99
5.3 库存ABC管理 100
5.4 MRP、MRP Ⅱ和ERP 101
模块小结 108
思考与练习题 109

模块6 准时生产与精益生产管理 113
6.1 准时生产（JIT） 114
6.2 精益生产（LP） 123
模块小结 131
思考与练习题 132

模块7 现场质量管理 134
7.1 质量管理的发展及其八大要点 135
7.2 现场质量检验 136
7.3 不合格品管理 142
7.4 现场质量控制及其方法 145
7.5 ISO9000质量管理体系 157
7.6 6σ管理 163
模块小结 169
思考与练习题 169

模块8 设备管理与维护 173
8.1 设备管理 174
8.2 全面生产维护（TPM） 186
模块小结 195
思考与练习题 196

模块 9　现场安全管理 197
9.1　安全的含义与目的 198
9.2　安全生产的基本知识 198
9.3　现场安全目视管理 204
9.4　推进现场安全管理的步骤 207
9.5　现场安全改善方法 211
模块小结 213
实训项目 214
思考与练习题 214

模块 10　环境管理体系标准（ISO14000）和清洁生产管理 216
10.1　环境管理体系标准（ISO14000）........217
10.2　清洁生产管理 219
模块小结 225
思考与练习题 226

参考文献 228

模块 1 / Module 1

1 生产运作与流程管理

学习目标

- 了解生产运作管理的历史发展和生产运作管理的基本问题。
- 理解生产流程管理和生产流程分类。
- 掌握生产流程设计方法。
- 掌握流程分析的六步法。

学习引导

1.1 生产运作管理

1.1.1 生产运作管理的历史发展

自从人类有了生产活动,生产运作管理就随之产生。但作为一门学科,生产运作管理大致产生于 20 世纪初期,至今已有一百多年的历史。1765 年詹姆斯·瓦特(James Watt)改良了蒸汽机,带来了一场产业革命,由此生产运作管理也开始进入科学化时代。生产运作管理的演变过程大体可以分成四个阶段。

第一阶段(19 世纪末—20 世纪 60 年代)

科学管理之父泰勒(F. W. Taylor)写了《车间管理》(1903 年)和《科学管理原理》(1911 年),通过时间研究和动作研究,实现对工人进行科学挑选和标准化培训等,奠定了科学管理理论的基础;同样,作为科学管理运动的创始人,在宣传和推行科学管理方面,吉尔布雷斯夫妇起了重要作用。其中弗兰克·吉尔布雷斯(Frank B. Gilbreth)扩大了对动作和疲劳的研究,首创了分解动作研究。他提出了"合并、简化和取消"的分析思路,至今仍然是十分有效的作业管理分析方法。

1913 年,亨利·福特(Henry Ford)在自己的汽车工厂内,安装了第一条汽车组装流水线,即首创的流水线生产方式,代表了一种大批量的、经济规模的生产方式,至今,仍以其高工业效率、标准化和在制品库存低的优点,被广泛应用于汽车工业、电子工业和家用电器工业等。

进入 20 世纪 50 年代,美国管理专家戴明(W. E. Deming)和朱兰(J. M. Juran)把统计质量控制技术和工人参与质量管理改进的思想传播到日本。日本企业经过 20 世纪六七十年代的实践,并与日本的文化相结合,创造出全面质量控制(Total Quality Control,TQC)体系,从而为日本企业在国际竞争中的获胜奠定了坚实的基础。

第二阶段(20 世纪 70 年代)

20 世纪 70 年代,计算机技术的发展和计算机的小型化、微型化,使得计算机开始大量进入生产过程,起初是在设计领域和制造领域得到应用,随后被应用于生产与作业管理。为了对生产管理进行科学的分类和规范化的研究,物料需求计划(Material Requirements Planning,MRP)被提出来,并很快发展成计算机应用软件。MRP 是将主生产作业计划、材料计划、库存管理、能力需求计划、作业计划和生产控制联结成一个系统,通过合理地确定加工批量和生产提前期,使得在确保交货期的前提下,库存水平和生产成本尽可能地降低。

第三阶段(20 世纪 80 年代)

由于市场饱和,产品生命周期短,为了解决多元化生产和及时满足需求的问题,日本丰田汽车公司首创了准时生产方式(Just-In-Time,JIT)。JIT 的管理目的是最大限度地消除浪费,在作业控制上创造出"看板"管理方式,省去传统的作业指令,使在制品库存接近"零水平"。准时化生产、精益生产或敏捷生产、大规模定制生产概念被提出并日渐成为主流生产方式;全面质量管理(Total Quality Management,TQM)在许多公司得到实施;供应链管理日益受到重视;企业组织也从效率型的机械组织向适应型的有机组织转变,有机组织使企业能够像生物那样适应外界的变化,以其适应性来满足市场需求变化。

第四阶段(20 世纪 90 年代后期到现在)

为了适应市场需求多样化,解决供大于求、个性化生产以及信息共享的问题,随之出现知识化、网络化、敏捷生产、电子商务、虚拟企业，并对那些多品种、小批量生产的企业试图通过采用成组技术、柔性制造单元，使多品种、小批量的制造车间接近流水作业生产方式的效率和性能。

20 世纪末～21 世纪初，互联网逐渐得以普及，网络经济、知识经济、新经济的概念被提出。在这个时代里，国际市场进一步发展，逐步成为全球化生产和全球化市场，通过对生产与运作模式的改造，建立起面向 21 世纪基于信息技术、知识与创新的全球制造体系。

从 20 世纪开始到现在的生产运作管理历史发展总结如表 1-1 所示。

表 1-1 生产运作管理的历史发展总结

年代	理论	技术与工具	创始人（组织）
20 世纪 10～20 年代	科学管理原理 工业心理学（研究疲劳对工作效率的影响） 流水装配线（提高生产率） 经济批量模型	时间研究与工作研究 动作研究 活动规划表（运作管理的里程碑） 订货管理的经济订货点（EOQ）、订货的间隔期和订货量	泰勒（美） 吉尔布雷斯夫妇（美） 亨利·福特（美） F. W. 哈里斯（美）
20 世纪 30 年代	质量管理（主要针对质量的事后控制，检查产品合格率等） 工人动机的霍桑实验	抽样检查和统计表 工作活动的抽样分析	休哈特（美）和罗米格（美） 梅奥（美）和提普特（英）
20 世纪 40 年代	运筹学（主要用于解决军事问题，起源并发展于美国）	线性规划的单纯形法	运筹学研究小组和丹·齐格（G. B. Danzig）
20 世纪 50～60 年代	运筹学进一步的发展（定量分析进一步发展） 自动化	仿真排队理论 决策理论 PERT（计划评审技术） CPM（关键路径法）	美国和西欧的研究人员
20 世纪 70 年代	现代生产管理信息系统 服务数量和质量（服务业）	库存控制、预测、车间计划、项目管理、MRP 服务部门的大规模生产	美国生产零库存协会 麦当劳
20 世纪 80 年代	制造战略 JIT、TQC CIMS（计算机集成制造系统） 约束理论	用于企业竞争武器的制造 看板管理 计算机集成制造 CAD/CAM 瓶颈分析和约束的优化技术	哈佛商学院的教师威廉·阿伯耐西、吉姆·克拉克等 日本丰田公司的大野耐一 美国的工程师组织 格劳拉特（以色列）
20 世纪 90 年代	全面质量管理（在 20 世纪 90 年代被认同） 企业流程再造（BPR） 电子商务 供应链管理	ISO9000，价值工程、并行工程、持续改进 基本变化图 互联网、局域网 SAP/R3、客户/服务器软件	首先在日本推行，之后是美国的质量协会 ASQC 及国际标准化组织 哈默和咨询公司 美国政府及微软公司 SAP（德），Oracle（美）
21 世纪初至今	电子商务 整合 柔性（进一步发展）	互联网 FMS（柔性制造单元）	亚马逊、eBay、yahoo 奔驰和克莱斯勒 Hayes、Wheelwright、Collins、Schemenner

1.1.2　生产运作管理的基本问题

生产运作管理的基本问题就是如何实现生产运作管理目标的问题，即在需要的时候，以适宜的价格，向顾客提供具有适当质量的产品和服务。从生产运作的目标与生产价值的实现条件就引出生产运作管理中的五个基本问题：

（1）质量管理　在生产运作管理中不断提高产品或服务的设计质量、制造质量和服务质量等，以满足顾客要求。

（2）进度管理　快速地将新产品或服务开发研制出来，包括对产品或工艺的快速改进并及时投放市场。生产应对市场的变化具有快速的反应能力，以保证适时适量地将产品或服务提供给顾客。

（3）成本管理　合理配置和利用人员、物料、设备、能源、土地等资源，对企业资金进行有效的管理，努力降低产品的生产成本。

（4）服务管理　企业通过提供独具特色的附加服务，就有可能赢得独特的竞争优势。

（5）环境管理　要充分考虑到节约资源，要对生产过程中不可避免产生的"副产品"（废水、废料等）进行必要的处理，努力做到产品本身绿色化、生产环境绿色化。

除了以上五个基本问题外，生产运作管理的基本问题还包括设备管理、物料管理、信息管理及人员管理。其中在设备管理和人员管理中，尤其需要强调的一点是"安全生产"问题。以上要求是相互联系、相互作用的。如提高质量可能引起成本增加；通过过分赶工保证交货期，可能引起成本增加和质量降低。所以，必须通过良好的生产运作管理，协调计划、组织、控制的职能，实现综合平衡，提高企业的经济效率。

1.2　生产流程管理

生产流程是使用资源（劳动力和资金），将投入原材料转换为产出（产成品）的一个过程。由于环境是在不断变化的，市场、技术、竞争条件都在不断变化，因此生产流程也需要不断地加以改进，以适应新的要求。

1.2.1　生产流程分类

根据生产方式的不同，生产流程一般有三种基本类型：按产品组织的生产流程、按加工路线组织的生产流程和按项目组织的生产流程。

1. 按产品组织的生产流程

按产品组织的生产流程，又称对象专业化流程，就是以产品或提供的服务为生产对象，按照生产产品或提供服务的生产要求，组织相应的生产设备或设施，把时间顺序和空间顺序统一起来，形成流水般的连续生产，有时又称为流水线（Flow Line）生产。例如离散型制造业企业的汽车装配线、电视机装配线等就是典型的流水线生产。连续型企业的生产一般都是按产品组织的生产流程。由于是以产品为对象组织的生产流程，国内又叫对象专业化形式。这种形式适用于大批量生产的企业，不仅方便管理，还可以取得规模效益。

2. 按加工路线组织的生产流程

按加工路线组织的生产流程，又称工艺专业化流程。对于提供多品种产品或服务的企业，每一种产品的工艺路线都可能不同,因而不能像流水作业那样以产品为对象组织生产流程,只能以所要完成的加工工艺内容为依据来组织生产流程,而不管是什么产品或服务对象。设备与人力按工艺内容组织成一个生产单位,每一个生产单位只完成相同或相似工艺内容的加工任务,不同的产品有不同的加工路线,国内称之为工艺专业化形式。这种形式适用于多品种中小批量或单件生产类型,管理的重点是对各种产品工艺流程的安排。

3. 按项目组织的生产流程

按项目组织的生产流程,是对于非常规性的工作任务的流程设计方式。按项目组织的生产与一般性产品生产的区别在于按项目组织的生产是具有特定目标的一次性任务,如生产一件产品、盖一座大楼等,每一项任务都具有单件唯一性,没有重复、多目标属性。每个项目都具有不同的特色,根据项目的特点以及具体的环境随时调整,采用相应的管理方法。

三种生产流程的特征比较如表1-2所示。

表1-2 三种生产流程的特征比较

特征标记		对象专业化	工艺专业化	项目型
产品	订货类型	批量较大	成批生产	单件、单项定制
	产品流程	流水型	跳跃型	无
	产品变化程度	低	高	很高
	市场类型	大批量	顾客化生产	单一化生产
	产量	高	中等	单件生产
劳动者	技能要求	低	高	高
	任务类型	重复性	没有固定形式	没有固定形式
	工资	低	高	高
资本	投资	高	中等	低
	库存	低	高	中等
	设备	专用设备	通用设备	通用设备
目标	柔性	低	中等	高
	成本	低	变化更多	高
	质量	均匀一致	中等	变化更多
	按期交货程度	高	中等	低
计划与控制	生产控制	容易	困难	困难
	质量控制	容易	困难	困难
	库存控制	容易	困难	困难

1.2.2 生产流程选择决策

按不同生产流程构造的生产单位形式有不同的特点,企业应根据具体情况选择最为恰当的一种。在选择生产单位形式时,影响最大的是品种数的多少和每种产品产量的大小。图1-1给出了不同品种-产量水平下生产单位形式的选择方案。

一般而言,随着图中 A 点到 D 点的变化,单位产品成本和产品品种柔性都是不断增加的。在 A 点,对应的是单一品种的大量生产,在这种极端的情况下,采用高效自动化专用设备组成的流水线是最佳方案,它的生产效率最高、成本最低,但柔性最差。随着品种的增加及产量的下降（B 点），采用对象专业化形式的成批生产比较适宜，品种可以在有限范围内变化，系统有一定的柔性，但操作上的难度较大。C 点表示多品种中小批量生产，采用成组生产单元和工艺专业化混合形式较好。另一个极端是 D 点，它对应的是单件生产情况，采用工艺专业化形式较为合适。

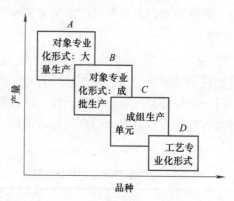

图 1-1　不同品种 - 产量水平下生产单位形式的选择方案

1.2.3　生产流程管理的内容

生产流程管理的内容包括输入、生产流程设计和输出，如图 1-2 所示。

输　入	生产流程设计	输　出
1. 产品/服务信息 　　产品/服务要求 　　价格/数量 　　竞争环境 　　用户要求 　　所期望的产品特点 2. 生产系统信息 　　资源供给 　　生产经济分析 　　制造技术 　　优势与劣势 3. 生产战略 　　战略定位 　　竞争手段 　　工厂设置 　　资源配置	1. 选择生产流程 　　与生产战略相适应 2. 自制 - 外购研究 　　自制 - 外购决策 　　供应商的信誉和能力 　　配套采购决策 3. 生产流程研究 　　主要技术路线 　　标准化和系列化设计 　　产品设计的可加工性 4. 设备研究 　　自动化水平 　　机器之间的连接方式 　　设备选择 　　工艺装备 5. 布局研究 　　厂址选择与厂房设计 　　设备与设施布置	1. 生产技术流程 　　工艺设计方案 　　工艺流程之间的联系 2. 布置方案 　　厂房设计方案 　　设备设施布置方案 　　设备选购方案 3. 人力资源 　　技术水平要求 　　人员数量 　　培训计划 　　管理制度

图 1-2　生产流程管理的内容

生产流程输入要素是指生产产品所需的人力、物料、设备、能源等资源要素。它包括产品（服务）信息、生产系统信息和生产战略。为了在某一个流程得到一定量的产出，必须决定各种资源要素的数量，如多少人工、多少设备等。有些投入要素完全消耗于某些具体产品的产出，容易计算出来；还有一些投入要素是由整个生产运作系统长期利用的，而不是由某几批产品消耗掉的，这就需要用到固定成本折旧的方法来计算。一般情况用金额来表示这些投入的综合情况。

生产流程的设计是企业生产运作管理一个十分重要的问题。它包括选择生产流程、自制-外购研究、生产流程研究、设备研究和布局研究等。这里值得注意的是，在企业引入一项新产品以及企业的竞争重点和产品的需求量发生变化等情况下，企业都需要重新对生产运作流程进行设计。因此，生产流程管理即是随着企业所提供的产品和服务的变化、随着外部环境的变化不断地改进和重新设计生产运作流程的工作。

生产流程的产出可以是两种形态，即产品和服务，包括生产技术流程和人力资源等，可以用分析流程的生产率方法，即一个流程的投入产出比来分析，需要同时从其价格、质量以及时间等几个方面衡量产出的价值，从而得出生产流程的效果。

1.2.4　流程分析与设计

对一个生产运作系统进行分析的最好方法是绘制流程图。

1．流程图的绘制

所谓流程图就是以图形的方式来描绘流程，它能帮助我们组织在流程改善项目中收集到的信息。为了充分理解流程的具体细节，我们可以利用工厂的流程说明书，以便研究物料或者产品本身是如何在流程中经过的，这里我们把物料或者产品作为流程单位，来研究它们经过整个流程的过程。

一个流程是流程单位经过各环节运作的过程。流程图由一系列圆圈、三角、方框、菱形和箭头等符号组成，如图1-3所示。

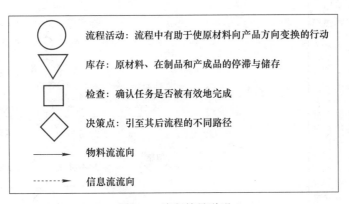

图1-3　流程符号说明

1）圆圈代表增加流程单位价值的流程活动，一个工序（圆圈）本身也可以是一个流程。

2）三角代表等待区域或者缓冲库存。与工序不同，存货不增加价值，所以，流程单位最好不要在存货上浪费时间。

3）方框表示检查，它与流程活动不同，流程活动通常指有助于使原材料向产品方向变换的行动，而检查只是确认任务是否被有效地完成。

4）菱形表示一个"决策点"，在该点，不同的决策会引至其后流程的不同路径。

5）箭头用在圆圈、三角、方框或者菱形之间，表示物料流（实线）和信息流（虚线），它指明了流程单位经过流程的路径。如果有经过流程的不同路径的不同流程单位，使用不同的颜色表示不同路径更便于流程分析。

【实用工具与方法】作业流程图、工艺流程图、物流线图

作业流程图、工艺流程图和物流线图的内容与示例如表 1-3 所示。

表1-3 三种流程图的内容与示例

流程图	内 容	示 例
作业流程图	作业流程图是以产品为对象,运用加工、检查两种符号来对产品生产过程进行总体分析。其目的是了解产品从原料开始到成品形成的整个生产过程	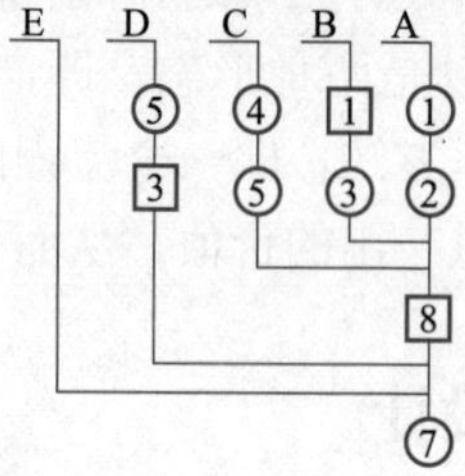 E D C B A ⑤ ④ □1 ① ③ ⑤ ③ ② □8 ⑦

工艺流程图	工艺流程图是一种详尽的记录方法。它描述产品或单项零件在生产过程中各个工序的流动状况。所采用的符号多而全,由○、◇、□、D和▽五种符号来表示工序活动。在五种符号所代表的五种事项中,除○和□外,其余三种都是非生产性活动,也是研究与分析的难点,必须有详细而翔实的第一手资料,以便于分析、改进	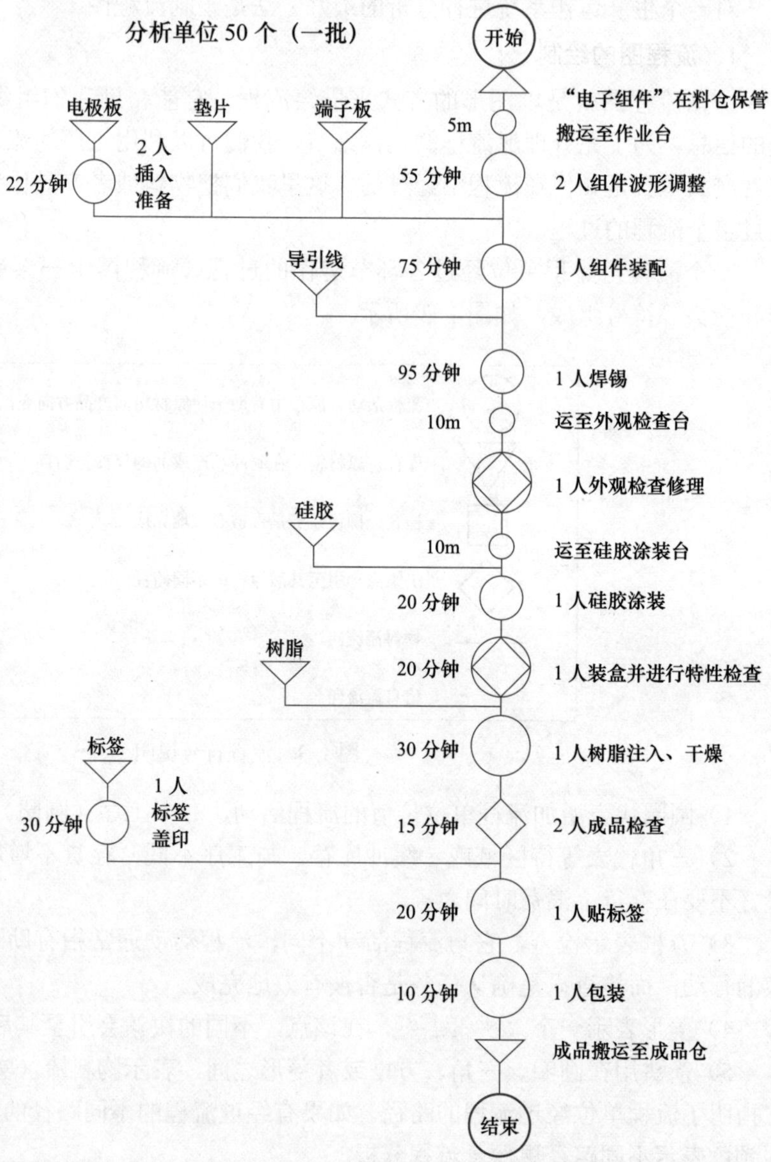 分析单位50个(一批)
		开始
		电极板 垫片 端子板
		  2人插入准备
		22分钟 55分钟 "电子组件"在料仓保管 5m 搬运至作业台
		         2人组件波形调整
		导引线 75分钟 1人组件装配
		95分钟 1人焊锡
		10m 运至外观检查台
		1人外观检查修理
		硅胶 10m 运至硅胶涂装台
		20分钟 1人硅胶涂装
		树脂 20分钟 1人装盒并进行特性检查
		30分钟 1人树脂注入、干燥
		标签
		30分钟 1人标签盖印 15分钟 2人成品检查
		20分钟 1人贴标签
		10分钟 1人包装
		成品搬运至成品仓
		结束

（续）

流程图	内容	示例
物流线图	物流线图是将工作区域的布置及物流的方向、路径一并绘制在一张图上的记录方法，即在车间平面图上，再画上工件加工顺序的流程图	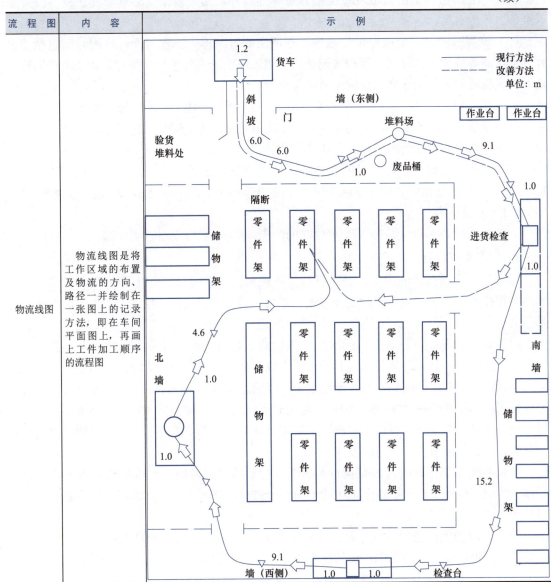

2. 流程绩效的三个主要指标

流程可以看作一个"黑箱"，它使用资源（劳动力和资产），将投入（原材料）转换为产出（产成品），如图1-4所示。在分析产品的生产流程时，首先要定义分析的流程单位。

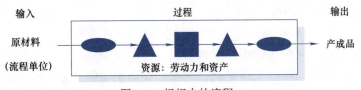

图1-4 组织中的流程

流程单位在整个流程中流动，从投入开始，最终转换为产出而结束流程。可以根据流程绩效的三个基本度量指标来评估一项流程：

（1）库存　流程中所有流程单位的数量称为库存，通常被定义为制造业企业等待处理或准备出售的材料。

（2）流程时间　一个流程单位通过流程所需的时间称为流程时间。流程时间包括该流程单位可能等待加工的时间，因为其他在同一道工序上的流程单位（库存）也在争夺同样的资源。流程时间是一项非常重要的绩效度量指标。

（3）单位时间产出　一个稳定的系统就是从长期来看系统的平均流入率等于平均流出率。在稳定系统的条件下，将平均流入率或平均流出率简称为平均实际通过率，或产出率，即在单位时间内通过系统的平均流程单位的数量。

以上流程中的库存、流程时间和单位时间产出三者之间存在一种特殊的规则，即"利特尔法则"，该法则由麻省理工学院斯隆商学院约翰·利特尔（John D. C. Little）教授所提出，用式（1-1）表示为

$$平均库存（I）= 平均单位时间产出（R）× 平均流程时间（T） \quad (1\text{-}1)$$

3. 生产流程设计

为了获得一项具体的产出，必须进行生产流程的具体设计，即生产流程中应该包括具体的工作任务，这些任务之间的连接方式（即其中的物流和信息流模式），以及流程中库存量的大小等。

（1）流程的节拍、瓶颈和空闲时间　流程的节拍是指连续完成相同的两个产品（或两次服务，或两批产品）之间的间隔时间，即完成一个产品所需的平均时间。节拍是指生产线上相邻两个制品的时间间隔，它表示流水生产线的速度或者生产率的高低。如某汽车公司原来的装配线的生产节拍是76秒，现在已经缩短到55秒。这种节拍缩短，提高了出产数量。

瓶颈就是通常在一个流程中生产节拍最慢的环节。它不仅限制了一个流程的产出速度，而且影响了其他环节生产能力的发挥。

空闲时间指工作时间内没有执行有效工作任务的那段时间，可以指设备或人没有投入工作的时间。当一个流程中各个工序的节拍不一致时，瓶颈工序以外的其他工序就会产生空闲时间。

（2）流程的生产能力及其平衡　生产能力是指一个生产设施的最大产出率。整体流程能力由生产设施中最小的生产设施的能力决定。生产能力可用式（1-2）表示为

$$生产能力 = \min\{生产设施1的能力，\ldots，生产设施n的能力\} \quad (1\text{-}2)$$

如果使一个流程中各个工序的生产能力基本相同，则整个流程处于平衡状态，缓解瓶颈，减少空闲时间，这是生产运作流程设计的一个重要任务。

（3）流程利用率与生产效率　整个流程在全速运转时能够生产的产品数量，用流程利用率来度量。流程利用率用式（1-3）表示为

$$流程利用率 = 单位时间产出 / 流程能力 \quad (1\text{-}3)$$

效率是一个非常重要的生产组织绩效指标。生产效率的定义为实际产出与标准产出的比率，或实际工作时间与标准工作时间的比率，即如果实际产出比标准的高，说明这个生产者（或者生产过程）具有较高的效率；如果一个生产线用较少的时间就可生产出较多的产品，这个生产线的效率就很高，这样经营成本也比较低，企业经济效益较高。因此，为了提高效率，必须优化生产流程，提高生产自动化水平，同时改善生产管理水平。

1.2.5 流程分析的六步法

流程分析的六步法如图 1-5 所示。

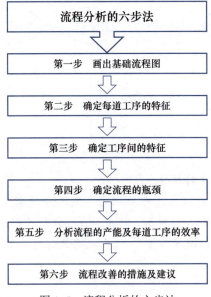

图 1-5 流程分析的六步法

例 1-1

玩具小熊流程分析的六步法实例

玩具小熊是通过一个混合批量流水线生产出来的。其加工过程为：6 个填充人员同时把填充材料装进相应的布料中，制成了小熊身体各个部位的基本形状；接下来，由 9 名工人将填充好身体的各个肢体部分进行塑形，然后将这些部分拼凑缝制出完整的小熊；由 8 名工人缝制外衣；接着，由 4 名工人为小熊粘贴嘴巴、眼睛、鼻子和耳朵，并为它们穿好缝制的外衣；再由 3 名工人为小熊安装预先准备好的发声装置；最后，小熊经过 2 小时把胶水晾干，由 2 名包装工人放进包装袋，并装入运输箱里。

玩具小熊各道工序的加工时间如表 1-4 所示。以下对生产玩具小熊流程进行分析。

表 1-4 玩具小熊各道工序的加工时间

工 序	加工时间（分钟）
填充	1.5
缝制身体	2.4
缝制外衣	1.6
粘贴五官	0.8
安装发声装置	0.75
包装	0.33

第一步　画出基础流程图

根据题意，一条以手工操作为主的生产流水线，从原材料投入到各道加工工序以及产出情况，值得注意的是缝制外衣和填充、缝制身体两道工序是并行关系。最后画出玩具小熊制作的基础流程图，如图1-6所示。

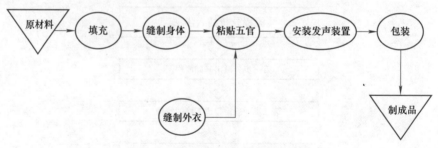

图1-6 玩具小熊制作的基础流程图

第二步 确定每道工序的特征

根据题意的各道工序的信息，可以确定各道工序所需工人数和加工时间（一名工人完成所在那道工序的时间）。例如，填充的1.5分钟是指工业工程部门用秒表测定平均一名工人填充一个产品的时间为1.5分钟。将每道工序的特征写在流程图上，如图1-7所示。

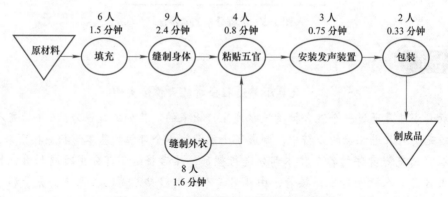

图1-7 玩具小熊的带有工序特征的流程图

第三步 确定工序间的特征

在分析各道工序之间的特征时，确定整个流程的运转方式是推动式（是依据销售预测或订单，以相应的原料推进生产过程）的，而不是拉动式（是通过使用者向生产、运输部门发出信号，要求在一定时间内在具体地方运送定量产品的一种补充消耗物料的方法）的。由于相邻工序所在工作地之间的距离很近，所以产品转运时间在流程分析中可以略去，但在安装发声装置与包装之间的对小熊制品进行2小时晾干，为这两道工序之间的转运时间，晾干的2小时也可以理解成从安装发声装置运到包装地的时间为2小时。转运的批量除了填充与缝制身体之间为25只一箱外，其他工序之间都是1只，如图1-8所示。

第四步 确定流程的瓶颈

通过计算得出每道工序完成单位产品的平均加工时间，其中缝制身体工序0.266 7分钟是加工时间最长的工序，即缝制身体工序为瓶颈工序，是加工速度最慢的工序。玩具小熊的确定流程瓶颈的流程图如图1-9所示。

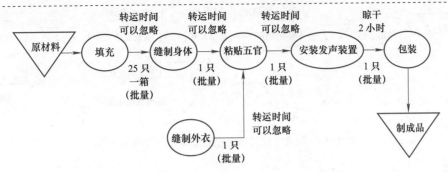

图1-8 玩具小熊的带有工序之间特征的流程图

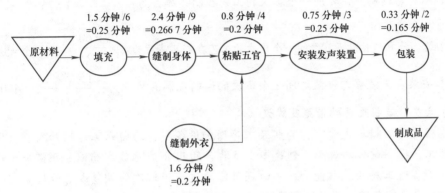

图1-9 玩具小熊的确定流程瓶颈的流程图

第五步 分析流程的产能及每道工序的效率

1)计算工厂的日产能。

一天一个班次(按实际工作时间7小时计算)能够生产的产品为 $\frac{7\times60}{0.2667}$ 个 = 1 575 个。

2)确定瓶颈作业为缝制身体工序。

3)计算各工序的工人工作时间利用率,如表1-5所示。

表1-5 玩具小熊的各工序的时间利用率

工序	时间利用率
填充	按照0.25分钟的产能生产,所以为100%
缝制身体	瓶颈工序为100%
缝制外衣	按照0.2分钟的产能生产,所以为100%
粘贴五官	0.2/0.266 7×100%=74.99%
安装发声装置	0.25/0.266 7×100%=93.74%
包装	0.165/0.266 7×100%=61.87%

4)在制品库存分析。

推动式的流水线工序之间可能会出现在制品库存。根据流程图中的数据分析,工艺在制品会出现在两个位置,运输在制品会出现在一个位置,如图1-10所示。

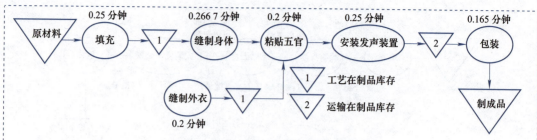

图 1-10　玩具小熊的确定在制品库存位置的流程图

其库存计算如下：

① 填充与缝制身体之间一个班次的工艺在制品库存为：$\left(\dfrac{7\times 60}{0.25}-1\,575\right)$ 个 =105 个

② 缝制外衣与粘贴五官之间一个班次的工艺在制品库存为：$\left(\dfrac{7\times 60}{0.2}-1\,575\right)$ 个 =525 个

③ 安装发声装置与包装之间一个班次的运输在制品库存为：$\dfrac{1\,575\times 2}{7}$ 个 =450 个

第六步　流程改善的措施及建议

流程改善的措施主要有：为瓶颈工序增加设备或者为瓶颈工序增加人员，培训多技能员工，提高设备的效率，创建多工位共享的 U 形流水线布局以及平衡流水线等方式来平衡各道工序的流程能力。同时还可以通过生产班次的调整或者通过某些关键工序的加班来平衡各道工序的流程能力。

如图 1-11 所示，采用 U 形流水线并且多工位共享的方式来改善流程绩效，围绕缝制身体的瓶颈工序，缝制外衣和包装工序的赋闲工人通过技能培训，可以帮助完成缝制身体这道工序的工作，提高整个流程的效率。

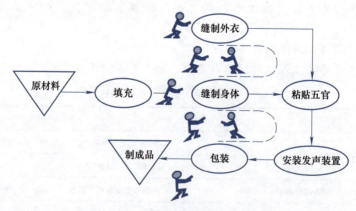

图 1-11　改善后玩具小熊的 U 形流程图

模块小结

生产运作管理经历了四个发展阶段，从 20 世纪初的科学管理原理、流水装配线发展到现在的 JIT、CIMS、全面质量管理、企业流程再造（BPR）、电子商务等。

生产与运作管理的基本问题包括质量管理、进度管理、成本管理、服务管理、环境管理、设备管理、物料管理、信息管理及人员管理等。

生产流程是使用资源（劳动力和资产），将投入（原材料）转换为产出（产成品）的一个过程。生产流程管理包括输入、生产流程设计、输出。

任何一个流程分析都应该从绘制流程图开始，首先我们要确定需要进行分析的流程单位，可以用库存、流程时间和单位时间产出三个基本的业绩度量指标衡量。然后找出流程的瓶颈，计算出流程利用率以及画出所有资源的利用率图，最后提出流程改善的措施及建议。

思考与练习题

一、单项选择题

1. 在企业组织的内部职能中，属核心地位的是（　　）。
   A. 运作职能　　　B. 营销职能　　　C. 财务职能　　　D. 物资供应职能
2. 日本丰田汽车公司首创了（　　）生产方式。
   A 大规模　　　　B. 流水线　　　　C. 准时　　　　　D. 少品种大批量
3. 对一个生产运作系统进行分析的最好方法是绘制（　　）。
   A. 流程说明书　　B. 流程单位　　　C. 流程的过程　　D. 流程图
4. 流程中的库存、单位时间产出和（　　）三者之间的联系规则称为"利特尔法则"。
   A. 流程利用率　　B. 流程单位　　　C. 流程时间　　　D. 流程的节拍

二、填空题

1. 现代生产与作业管理的基本问题在于提高质量、（　　）和（　　），稳定地生产出无缺陷的产品。
2. 对于任何流程，都可以用库存、（　　）和（　　）三个基本的业绩度量指标衡量。

三、判断题（正确的请打"√"，错误的打"×"）

1. 福特首创了准时生产方式。（　　）
2. 生产运作管理，重视提高生产率是降低成本的关键，也是企业竞争力的基础。（　　）
3. 流程的节拍是指连续完成相同的两个产品之间的间隔时间。（　　）

四、简答题

1. 如何理解生产运作管理的重要性？
2. 生产运作管理的基本问题是什么？
3. 论述流程分析的六步法。

五、计算题

1. 一家快餐连锁店每周要处理 5 000kg 的汉堡包，生肉的库存为 2 500kg。请计算平均通过时间。
2. 一家保险公司营业部每年接受 10 000 份保险索赔。平均处理时间需要 3 周，假设公司每年工作 50 周，请问这家保险公司营业部平均有多少保险索赔在等待安排、正在处理、等待发出或需要更多信息，等等。

模块 2 / Module 2

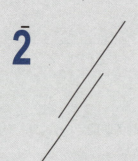

现场管理的基本工具与方法

学习目标

- 了解现场管理的概念和内容。
- 理解定置管理的概念与作用；掌握定置管理的一般措施。
- 了解5S的起源、效果与作用，掌握5S的推进重点。
- 理解目视管理的内容，掌握目视管理的常用工具和实施手段。
- 掌握作业标准管理的内容和方法。

学习引导

2.1 现场管理概述

现场，是直接从事生产、经营、工作、试验的作业场所。企业现场是指企业进行生产经营作业活动的特定场所，包括生产现场、经营现场、办公现场、生活现场等。其中，生产现场是指从事产品生产、制造或提供服务的场所，也就是劳动者运用生产信息、劳动手段和生产方法，作用于劳动对象，完成一定生产作业任务的场所。

现场管理，就是运用科学的管理制度、标准、方法和手段，对现场的各种生产要素，即劳动者、劳动手段、劳动对象、生产方法、生产环境、生产信息等，简称"人、机、料、法、环、信"，进行合理、有效的计划、组织、协调、控制，使它们处于良好结合状态，以达到优质、低耗、高效、均衡、安全、文明生产的目的。这就要求企业的执行层每时每刻都要按照企业的经营决策和计划来运行，即从原材料投入前的准备到产品产出的全过程对人员、设备、材料、工艺规程、场所、信息等组成的生产系统进行操作和控制，这样可以使人与物、技术与管理之间有机结合，以最低的成本生产出具有特定质量水平的产品。一般企业生产现场管理包括基本生产现场管理和辅助生产现场管理，这里以生产现场为主要内容，主要有以下四层意思。

1）现场管理是运用管理制度、标准、方法和手段来管理。这里的管理制度是指现场的设备、工具、在制品、产成品等的管理制度，交接班制度，设备维修制度，现场质量事故的处理制度。管理标准包括现场岗位管理标准、设备管理标准、操作管理标准、工艺管理标准等。管理方法包括现场的定置管理法、模特法、5S管理法、规范化管理法等。管理手段是指管理者采用计算机信息管理系统、文件图样、信息流传递等手段，提高现场管理效能。

2）现场管理的对象是各种生产要素，包括现场的人员、机器设备、工具、原材料、在制品、燃料动力、场地环境、信息等。

3）现场管理的职能是计划、组织、协调和控制。这与企业管理的职能是一致的。但是，这里的计划主要是现场生产作业计划；组织主要是现场合理组织作业班组等；协调主要是班组之间、操作者之间生产进度的相互协调；控制主要是通过信息流反馈对生产过程进行控制。

4）现场管理的目的是优质、低耗、高效、均衡、安全、文明地生产。

2.2 定置管理

2.2.1 定置管理的概述

1. 定置管理的定义

定置管理是以生产现场物品的定置来实现设计、组织实施、调整、协调与控制的全部过程的管理。其核心是以生产现场为研究对象，研究生产要素中人、物、场所的状况以及三者在生产活动中的相互关系，根据生产活动的目的，考虑生产活动的效率、质量等制约条件和物品自身的特殊要求（如时间、质量、数量、流程等），划分出适当的放置场所，确定物品在场所中的放置状态，作为生产活动主体人与物品联系的信息媒介，从而有利于人、物的结合，有效地进行生产活动。定置管理就是对生产现场中的人、物、场所三者之间的关系进行科学的分析研究，使之达到最佳结合状态的一种科学管理方法。

2．定置管理的作用

定置管理是现场管理的一种常见和有效的管理方法，是以生产现场物品的定置进行设计、组织实施、调整、协调与控制的全部过程。定置管理是"5S"活动的一项基本内容，是"5S"活动的深入和发展。它使物流系统处于受控状态，实现人、物、场所等在时间和空间上的优化组合，达到文明操作、高效运行、安全生产的目的；有利于建立数据指标，实现有效考核，使现场管理、文明生产实现经常化、规范化与制度化，以推进企业现场综合治理工作。

3．定置管理的内容

定置管理内容较为复杂，在工厂中可粗略地分为工厂区域定置、生产现场区域定置和可移动物件定置等。①工厂区域包括生产区和生活区。生产区定置包括总厂、车间、库房定置。总厂定置包括分厂、车间界线划分，垃圾区，车辆存停区等；车间定置包括工段、工位、机器设备、工作台、工具箱、更衣箱等；库房定置包括货架、箱柜、贮存容器等。②生产现场区域定置包括毛坯区、半成品区、成品区、返修区、废品区、易燃易爆污染物停放区等。③可移动物件定置包括劳动对象物定置（如原材料、半成品、在制品等）；工卡、量具的定置（如工具、量具、胎模、容器、工艺文件、图纸等）；废弃物的定置（如废品、杂物等）。

2.2.2　开展定置管理的步骤

步骤1　进行工艺研究

工艺研究是定置管理开展程序的起点，它是对生产现场现有的加工方法、机器设备、工艺流程进行详细研究，确定工艺在技术水平上的先进性和经济上的合理性，分析是否需要和可能用更先进的工艺手段及加工方法，从而确定生产现场产品制造的工艺路线和搬运路线。工艺研究是一个提出问题、分析问题和解决问题的过程，包括以下三个步骤：

1．对现场进行调查，详细记录现行方法

通过查阅资料、现场观察，对现行方法进行详细记录，为工艺研究提供基础资料，要求记录详尽准确。由于现代工业生产工序繁多、操作复杂，如用文字记录现行方法和工艺流程，势必显得冗长烦琐。在调查过程中运用工业工程中的一些标准符号和图表来记录，则可一目了然。

2．分析记录的事实，寻找存在的问题

对经过调查记录下来的事实，运用工业工程中的方法研究和时间研究的方法，对现有的工艺流程及搬运路线等进行分析，找出存在的问题及其影响因素，提出改进方向。

3．拟订改进方案

提出改进方向后，定置管理人员要对新的改进方案做具体的技术经济分析，并和旧的工作方法、工艺流程和搬运线路做对比。在确认是比较理想的方案后，才可作为标准化的方法实施。

步骤2　开展对人、物结合状态的分析

人、物结合状态分析是开展定置管理中最关键的一个环节。在生产过程中必不可少的是人

与物,只有人与物相结合才能进行工作。而工作效果如何,则需要根据人与物的结合状态来定。人与物的结合是定置管理的本质和主体,可归纳为A、B、C三种基本状态,如表2-1所示。

表2-1 人与物结合的三种基本状态

基本状态	定义	举例
A状态	表现为人与物处于能够立即结合并发挥效能的状态	操作者使用的各种工具,由于摆放地点合理而且固定,当操作者需要时能立即拿到或做到得心应手
B状态	表现为人与物处于寻找状态或尚不能很好发挥效能的状态	一个操作者想加工一个零件,需要使用某种工具,但由于现场杂乱或忘记了这一工具放在何处,结果因寻找而浪费了时间
C状态	指人与物没有联系的状态。这种物品与生产无关,不需要人去同该物结合	生产现场中存在的已报废的设备、工具、模具,生产中产生的垃圾、废品、切屑等。这些物品放在现场,必将占用作业面积,而且影响操作者的工作效率和安全

定置管理就是要根据生产活动的目的要求,通过相应的设计、改进和控制、整理、整顿,改善B状态,使之达到A状态,消除C状态,把有价值的物品移到需要的地方,把不需要的、无价值的物品从现场清除掉。

步骤3　开展对信息媒介的分析

信息媒介就是人与物、物与场所合理结合过程中起指导、控制和确认等作用的信息载体。在定置管理中,完善而准确的信息媒介是很重要的,它影响到人、物、场所的有效结合程度。

良好的定置管理,要求信息媒介达到五个方面的要求,如图2-1所示。

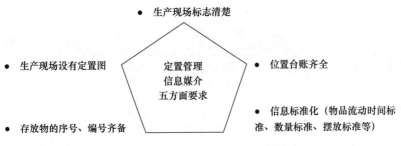

图2-1　定置管理信息媒介五方面要求

步骤4　定置管理设计

定置管理设计,就是对各种场地(厂区、车间、仓库)及物品(机台、货架、箱柜、工位器具等)进行科学、合理定置的统筹安排。定置管理设计主要包括定置管理图设计和信息媒介物设计。

定置管理图是将生产现场的定置管理用标准化的形式反映出来的一种示意图。它运用形象的图示描述生产现场人、物、生产现场的关系,在物品放置区域,用各种符号代替设备、零件、工位器具、工具箱等定置物品。

(1) 定置管理图的设计要点

1) 对场所、工序、工位、机台等进行定置诊断,根据人机工程学确定现场是否符合人的心理、生理需要与满足产品质量的需要,做到灵活性和协调性最大,操作最方便和多余动作最少,以及切实的安全和防护保障,充分利用空间与时间。

2)定置图的设计应按统一标准。如全厂范围内的定置图用 A0 纸幅;各车间、各仓库必须绘制定置管理图,图纸用 A2 纸幅,可镶在镜框内悬置明显处。

3)设计定置图时应尽量按生产组织划分定置区域。如一个分厂有四个较大的生产工段,即可在定置图上标出四个相应的定置区域。

4)设计定置图先以设备作为整个定置图的参照物,依次划出加工件定置区、半成品待检区、半成品合格区、产成品待检区、成品合格区、废品区、返修品区、待处理区等。

(2)定置管理的图形符号

定置管理一般确定若干图形符号来表示相关信息如表 2-2 所示。

表 2-2 符号与符号名称对照图

符 号	符号名称	符 号	符号名称
G	工具箱	D	凳
LJ	垃圾箱	J	检验台
B	办公桌	LJQ	器具存放器
GW	工位器具	SC	水池
C	铲车	K	空调
Q	钳工台	STC	手推车
F	废物桶	Z	蒸馏水桶
DX	电箱	RH	润滑槽
Y	油桶	A类	物紧密联系(红色)
XC	吸尘器	B类	物周期联系(黄色)
GLD	管理点	C类	物待联系(蓝色)
DS	电扇	D类	物失去联系(黑色)
TJ	踏脚板		

(3)定置管理图标注内容

车间定置管理图与工具箱内的定置管理图应标注的内容如下:

1)按工艺流程设计的工段(班组)和工作地(机床、工位)的平面布置区域。

2)有适应物流过程需要的原材料、半成品、在制品、工位器具、运输机械及检验场所等物品停放区域。

3）生产作业场地、区域、机台（工位）之间有明显的运输通道。

4）消防、安全保护设施定置状态。

5）各类残料、垃圾回收箱定点布置场地。

6）必须定置物品的大致数、生产区域和作业场所员工生活必需用品等，以及定置的物品规定。

7）可移动物品，如手推车、衡器、可移动容器的静止停放位置。

步骤 5　定置实施

定置实施是理论付诸实践的阶段，也是定置管理工作的重点。其包括以下三个步骤：①清除与生产无关之物，能转变利用便转变利用，不能转变利用时，可以变卖，转化为资金。②按定置图实施定置，将生产现场及器具等物品进行分类、搬、转、调整并予定位。③放置标准信息名牌，要做到牌、物、图相符，设专人管理，不得随意挪动。

步骤 6　定置检查与考核

必须建立定置管理的检查、考核制度，制订检查与考核办法，并按标准进行奖罚，以实现定置的长期化、制度化和标准化。

定置管理的检查与考核一般分为两种情况：①定置后的验收检查，检查不合格的不予通过，必须重新定置，直到合格为止。②定期对定置管理进行检查与考核。

定置考核的基本指标是定置率。其计算公式为

$$\text{定置率（\%）} = \frac{\text{实际定置的物品个数（件数）}}{\text{应该定置的物品个数（件数）}} \times 100\%$$

例 2-1

定置率的计算

A、B 定置区中应存放 6 箱 A、B 物品，C 定置区应放 4 箱 C 物品。但实际上 A 区旁边乱摆 B、C 物品各一箱，B 区内误摆 A 物品 1 箱，C 区内还少放了 1 箱 C 物品，如图 2-2 所示。

要求：计算物品的定置率。

解：定置率 $\frac{13 \text{ 箱}}{16 \text{ 箱}} \times 100\% = 81.2\%$

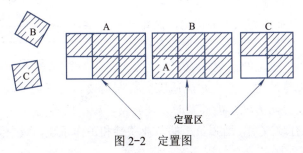

图 2-2　定置图

2.3 现场 5S 管理

2.3.1 5S 的起源

所谓 5S 就是整理（Seiri）、整顿（Seiton）、清扫（Seiso）、清洁（Seiketsu）、素养（Shitsuke）。以上五项内容在日语中都以"S"开头，故称为 5S 法。5S 起源于日本，1955 年，日本从宣传口号"安全始于整理整顿，终于整理整顿"开始，推行了前 2S，而后逐步随生产控制和品质控制的需要，提出后续 3S，即"清扫、清洁、素养"。直到 1986 年，首本 5S 专著问世，使 5S 对整个日本现场管理模式起到了引导性作用，成为日式企业独特的管理方法。

日式企业将 5S 活动作为工厂管理的基础和推行各种质量管理方法的基本平台，在生产现场中倡导从小事做起，力求使每位员工都养成事事"讲究"的习惯，将人员、机器、材料、方法等生产要素进行有效管理，从而达到提高整体工作质量的目的。随着世界经济的发展，5S 现已成为工厂管理的一股新潮流，成为管理过程中不可或缺的一个基本环节。

随后在现场管理实践中，结合安全生产活动，在原来 5S 的基础上增加了安全（Safety）要素，发展形成"6S"。还有企业加上节约（Save）形成"7S"，也有的加上速度（Speed）、服务（Service）及满意（Satisfaction）形成"10S"。但是万变不离其宗，所谓"6S""7S""10S"都是从"5S"衍生而来的。

2.3.2 5S 的效果与作用

1. 5S 的效果

企业的最终目标是创造最大的利润和社会效益，这必须通过实行优质管理才能达到。所谓的优质管理，就是在 Q（Quality，质量）、C（Cost，成本）、D（Delivery，交货期）、S（Service，服务）、T（Technology，技术）、M（Management，管理）等方面有独到之处。通过推进 5S 活动，可以有效达成 Q、C、D、S、T、M 六大要素的最佳状态，实现企业的经营方针和目标。5S 在现场管理中的功能如图 2-3 所示。

5S 是现代企业管理 Q、C、D、S、T、M 的基础，具体内容如下：

Q：5S 要求生产过程秩序化、规范化，从而生产出高质量、性价比高的产品，为良好的质量和顾客信赖打下坚实的基础。

C：5S 管理活动可以减少各种"浪费、勉强、不均衡"，提高效率，从而达到成本最优化，提高产品竞争力，奠定了企业继续生存和发展的坚实基础。

D：为适应社会个性化的需要，只有弹性、机动灵活的多品种少批量的生产方式才能适应交货期需要。交货期体现了企业的适应能力。5S 是一种行之有效的预防方法，能够及时发现异常，减少问题的发生，保证准时交货。

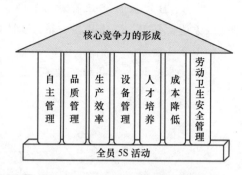

图 2-3 5S 在现场管理中的功能

S：5S 可以提高行政效率，增强员工的敬业精神和工作乐趣，减少无谓的确认业务过程，更乐意为客人提供优质服务，有效提高客户满意度。

T：通过5S标准化来优化技术，积累技术经验，减少开发成本，降低开发风险，加快开发速度。

M：通过科学化、效率化管理，使人员管理、设备管理、材料管理、方法管理达到最优化，实现利润最大化。这也是5S科学管理最基本的要求。

2. 5S的作用

日本在第二次世界大战后通过开展5S管理，其产品质量得以迅猛提升，从而一举奠定了经济强国的地位，就可以说明5S现场管理的重要作用。其中的典型案例是日本丰田公司对5S的倡导及推行。5S主要有八大作用，即亏损为零、不良为零、浪费为零、故障为零、切换产品时间为零、事故为零、投诉为零、缺勤为零。因此，这样的工厂我们也称之为"八零工厂"。5S对于塑造企业形象、降低成本、准时交货、安全生产、高度标准化、创造令人心怡的工作场所等现场改善方面的巨大作用被各国管理界所肯定。通过5S管理，企业也能健康、稳定、快速地成长，逐渐发展成对地区有贡献和影响力的企业，并且达到投资者满意（IS：Investor Satisfaction）、客户满意（CS：Customer Satisfaction）、雇员满意（ES：Employee Satisfaction）和社会满意（SS：Society Satisfaction）的目的。

2.3.3 整理的推进重点

1. 整理的含义

整理就是把工作环境中必要和非必要的物品区分开来，并且只保留合适数量的必要品，节约有效空间的技术。

2. 整理的推进步骤

整理的推进步骤如图2-4所示。

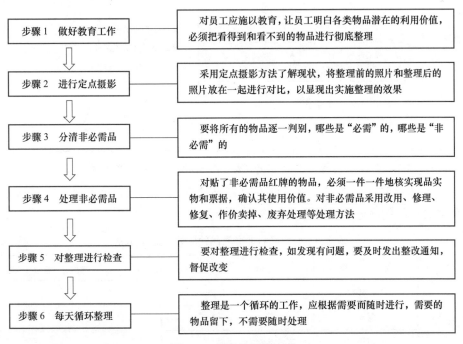

图2-4 整理的推进步骤

循环"整理"活动的具体检查内容如表 2-3 所示。

表 2-3　整理活动的具体检查内容

检查内容	不良现象	推行注意事项
作业台、椅子	①不用的作业台、椅子也放在现场 ②杂物、私人物品藏在抽屉里或台垫下面 ③当天不用的材料、设备、夹具堆放在台面上 ④材料的包装袋、盒用完后仍放在台面上	多注意被锁住的柜子内、桌底、桌顶一些平常不注意，容易隐藏的地方
货架	①现场到处都有货架，几乎变成临时仓库 ②货架大小与摆放场所的大小不相适应，或与所摆放之物不相适应 ③不用的货物、设备、材料都堆放在上面	将该区域进行三次整理工作后分类
通道	①弯道过多，机械搬运车辆通行不便 ②行人通道和货物通道并混而用 ③作业区与通道混在一块	确认区域规划的合理性
设备	①现场有不使用的设备 ②残旧、破损的设备有人使用没人维护 ③过时老化的设备仍在点点停停，勉强运作	确认设备是否需要专业部门鉴定 防止万一要使用的设备被丢弃
办公台	①办公台多过作业台，几乎所有管理人员都配有独立办公台 ②每张台都有一套相同的办公文具，未能共用 ③办公台面干净，抽屉里边杂乱无章 ④不能用的文具也在台上 ⑤私人物品随意放置 ⑥茶杯、烟灰缸放在上面 ⑦堆放了许多文件、报表	能少不用多
文件资料	①各种新旧版本并存，分不清孰是孰非 ②过期的仍在使用 ③需要的人员没有，无关人员反倒持有 ④保密文件未有管理，任人阅读 ⑤个人随意复印留底	注意文件夹内的文件整理 注意电子文档类文件的管理
公共场所	①空间用来堆放杂物 ②洗涤物品与食品混放 ③消防通道堵塞 ④排水、换气、调温、照明设施存在问题	注意垃圾场 注意公共场所各个角落 空箱、来货区的区域规划

【实用工具与方法】"必需"与"非必需"物品的区分和处理方法

先区分必需品和非必需品，然后将非必需品清理出现场，对"不要"物品给予清除。必需品和非必需品的区分和处理方法如表 2-4 所示。

表 2-4　必需品和非必需品的区分和处理方法

类　别	使用频度	处理方法	备　注
必需品	每小时	放工作台上或随身携带	
	每天	现场存放（工作台附近）	
	每周	现场存放	

（续）

类别	使用频度		处理方法	备注
非必需品	有使用价值	每月	分类后出售	普通废弃物
		一年以上	仓库封存	特别处理：涉及机密、专利
		随时	特别处理	影响人身安全、污染环境的物品
	无使用价值	随时	废弃/变卖	
		一年以上	另作他用、作为训练工具、展示教育	

2.3.4 整顿的推进重点

1. 整顿的含义

整顿就是把必要的物品进行分类，根据使用频率确定放置的方法及位置，是节约时间的技术。

2. 整顿的若干规定

（1）地面通道参考宽度

①主通道，120cm以上；②区域通道，80cm以上；③辅助通道，50cm以上。

（2）定位线

1）定位线用于地面物品的定位，视实际情况可以采用实线、虚线或四角定位线等形式，线宽3～6cm。

2）定位线通常采用黄色或白色线条。

3）对消防器材、危险物品以及配电设施的定位，为达到警示效果，其前方禁止摆放的区域（如消防栓前、配电柜前）使用红白相间的胶带警示（见图2-5）。

4）位置变动类物品定位时，常采用虚线定位法（见图2-6）。

5）形状规则的小物品定位时，可采用四角定位法，其中物品角和定位角线间距应为2～4cm（见图2-7）。

6）位置已经固定的办公桌及相应设施设备，不使用专门的定位线。

7）货架常用四角定位，有时演化为从通道线或区划线上延伸的定位形式（见图2-8）。

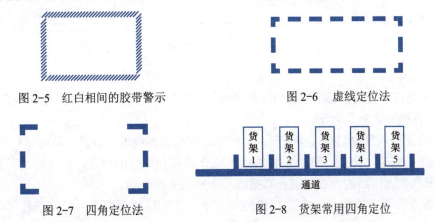

图2-5　红白相间的胶带警示　　　图2-6　虚线定位法

图2-7　四角定位法　　　图2-8　货架常用四角定位

（3）整理标识

1）生产场地整理标识，采用不同色的油漆、胶带、地板砖或栅栏划分区域。

通道最低宽度为：人行道，1.0m 以上；单向车道，最大车宽 +0.8m；双向车道，最大车宽 ×2+1.0m。

绿色，通行道 / 合格品；绿线，固定永久设置；黄线，临时 / 移动设置；白线，作业区；红线，不合格区 / 不合格品。

在摆置场所标明摆放的物品；在摆放物体上进行标识；某些产品要注明储存 / 搬运注意事项和保养时间 / 方法；暂放产品应挂暂放牌，指明管理员、时间跨度。

2）文件柜内整理标识，用分隔胶条和标贴，如图 2-9 所示；文件柜门左上角贴柜门标签（标签大小根据文件柜具体设定）。

（4）文件整理分类，用文件夹分类放置

1）文件夹应统一标识（标识应位于文件夹侧面）；统一规格，用电脑打印。

2）文件夹所在的文件盒也应有对应标识。

图 2-9　文件柜内整理标识

3）文件管理部门或责任者应明确并标识。

4）有多个文件夹（5 个以上）者，设置形迹管理线，以方便归位。

（5）各种管理对象（配电柜、办公设备、公共设施等）的标签　标签粘贴要求其高度与使用者视线基本相平，在同一平面上各标签高度、间距尽量相等。工具架标签如图 2-10 所示。

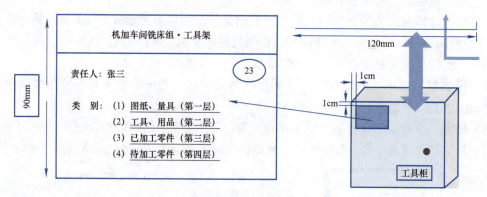

图 2-10　工具架标签

（6）办公桌

1）桌面允许放置的物品（较长时间离开时）：文件夹（盒）、电话机（传真机）、文具盒（笔筒）、电脑、水杯、台历。

2）明确文件放置盒状态（待处理、处理中、已处理）或者所放置物品的具体名称。

3）抽屉的整理、整顿：清除不要的或不应该放在抽屉内的物品；抽屉内物品要分类，做分类标识；个人用品放置在底层；有措施防止物品来回乱动。

（7）线束整理　插头（开关）标识控制对象，防止误动误用；用尼龙线扎紧线束不绊人,无裸压,不拖地,方便清扫卫生,如图 2-11 所示。

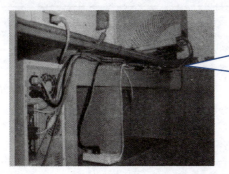

图 2-11 用尼龙线扎紧线束

（8）姓名牌、茶具、水杯的定点放置　可采用杯垫、图标等方式定位,放置位置部门内统一。

（9）垃圾桶、清洁用具的定位、标识　公用的垃圾桶、清洁用具需要定位,个人办公桌下的垃圾桶可以不定位,放置位置部门内统一。

（10）宣传板、公告栏及人员去向管理板的定位管理。

3. 整顿的推进步骤

整顿的推进步骤如图 2-12 所示。

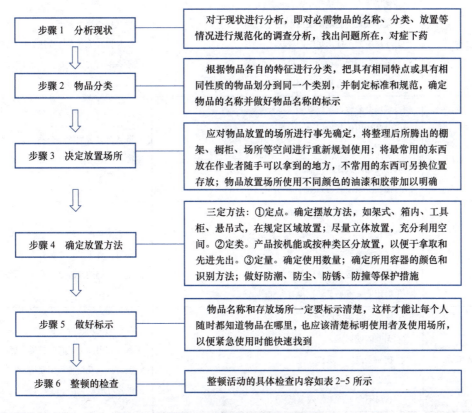

图 2-12 整顿的推进步骤

表 2-5　整顿活动的具体检查内容

检查内容	不良现象	推行注意事项
作业台、椅子	①物料凌乱搁置在台面上 ②台面上下的各种电源线、信号线、压缩空气管道乱拉乱接，盘根错节 ③作业台、椅子尺寸形状大小不一、高低不平、五颜六色，有碍观瞻 ④作业台、椅子无标识，不知道属于哪个部门，由谁管理	在确定物品定量方法时是否已做好了防呆措施
货架	①摆放的物品没有识别管理，除了当事人之外，其他人一时难于找到 ②货架太高，或物品堆积太高，不易拿取 ③不同的物品层层叠放，难于取放 ④没有按"重低轻高"的原则摆放	针对布局是否合理，提出改善提案 强调分类的重要性 注意重要物品和易损件的放置容器
通道	①未将通道位置画出 ②被占为他用，如作为材料摆放区 ③部分物品摆放超出通道 ④坑坑洼洼，凹凸不平，人员、车辆不易通行	确认区域规划，结合空间利用，设计合理的布局；人车分流，预留设备通道
设备	①使用暴力，野蛮操作设备 ②设备放置不合理，使用不便 ③运作能力不能满足生产要求 ④没有定期保养和校正，精度有偏差 ⑤缺乏必要的人身安全保护装置	确认操作标准有无 确认操作人员是否受过正确的培训 设备的管理责任是否明确并细化
办公台	①现场办公台设置位置主次不分 ②办公台用作其他用途 ③台面办公文具、通信文具没有定位 ④公共物品放在个人抽屉 ⑤抽屉上锁，其他人拿不到物品	除人员办公用的办公桌，其他的一律按物品性质定做书架、文件篮等
文件资料	①未能分门别类，也没有用文件柜、文件夹存放 ②没有定点摆放，四处都有，真正要用的又不能及时找出 ③文件种类繁多，难于管理 ④接收、发送未记录或留底稿 ⑤即使遗失不见了，也没有人知道	注意文件框内的分类是否一目了然 注意文件平时是否都有人保管 电子文档的整理是否及时、合理
公共场所	①区域、场所无标识 ②无整体规划图 ③物品无定位、定置 ④逃生路线不明确 ⑤布局不合理，工作效率低	各车间使用路牌标识 各公共用品上设有爱护提示牌 区域标识及门牌标识要统一，能有效宣传公司形象

例 2-2

物料架三定标示(无定容物品)

物料架三定标示(无定容物品)如图 2-13 所示。

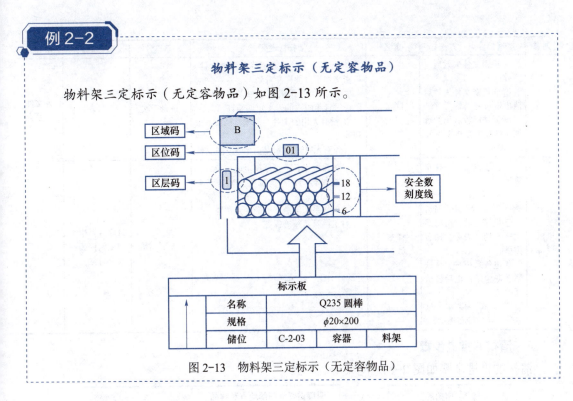

图 2-13 物料架三定标示(无定容物品)

2.3.5 清扫的推进重点

1. 清扫的含义

清扫就是通过对环境、设备、工具等设施的维护、点检和保养,使之保持良好的状态。清扫是保证品质和效率的一种技术。

2. 清扫基准和制度

清扫基准和制度如表 2-6 所示。

表 2-6 清扫基准和制度

对象	清扫要点、方法	工具	清扫标准要求	周期	清扫时间	责任人
职场	①通道、地面扫擦 ②工作台、椅自行抹擦 ③通风器铲垢 ④配管配线抹擦 ⑤开关在关电后抹擦 ⑥抹扫覆盖、护盖 ⑦天花板抹扫	拖把 抹布 毛巾 干纱布 纱布 刮刀 钢刷 扫把	①平整、无尘、无杂物遗落 ②洁净、无残缺、无画迹 ③无贴附较厚油渍、污垢,不堵塞管口 ④干净、无尘埃、无污垢,颜色鲜明 ⑤开关洁净,拨动灵活,标示清晰 ⑥灯管、灯盆明亮洁净无污垢、虫网	除了每天用 5 分钟清扫①、②点外,其他只需每周一次	每周五下午 4:30～5:00	各责任区所属单位的全体员工
办公设备	先用纱布蘸洗涤剂轻轻抹擦,再用干纱布擦净设备重点部位的表面和容易积尘的地方,如电脑、传真机、复印机、空调等	湿纱布 干纱布	主机和重点部位的正面、背面、颈部、送风口等易积尘地方无污垢	每周一次	月初周末下午 4:30～5:00	各使用人

(续)

对象	清扫要点、方法	工具	清扫标准要求	周期	清扫时间	责任人
文档	①机密文件失效后一律碎掉 ②非机密文件失效后清出资料夹 ③无法回收利用的过期文档集中废弃或变卖	目测	①各现行文档内不能尚存失效文件，机密文档不可被轻易看到 ②超过保管年限的表单及时集中销毁，保管年限内的表单定期装订 ③没有无用的卡片、册子、档案、报刊等 ④没有无用的手稿、与工作无关的文件	每月一次	月底	各文件代管人
机械设备	①空压系统——抹布擦拭 ②油压润滑系统——抹布擦拭，不能用风筒吹 ③机械传动、滑动部位——切削去垢，抹布擦拭 ④电气系统——抹拭附着灰尘，关电后轻拭开关等 ⑤工具、模具、量具——柔软纱布擦拭	抹布纱布	①各系统设备不可厚积尘埃、污垢 ②机械传动、润滑部位无阻塞污垢杂物 ③电气系统洁净、干燥、无锈蚀 ④工模量具精确锃亮	每月一次	月底或月中生产空闲停顿的时候	工程人员

3. 清扫的推进步骤

清扫的推进步骤如图 2-14 所示。

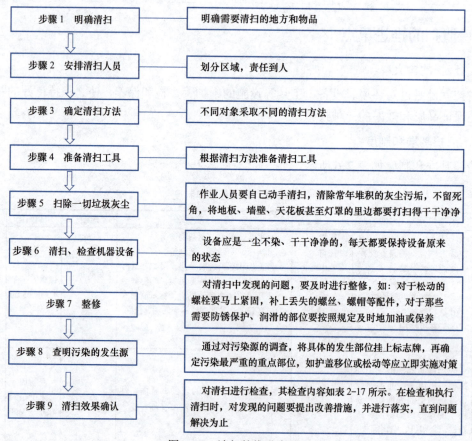

图 2-14 清扫的推进步骤

表2-7 清扫活动的具体检查内容

检查内容	不良现象	推行注意事项
作业台、椅子	①设备和工具破损、掉漆，甚至残缺 ②到处布满灰尘、脏污 ③材料余渣、碎屑残留 ④垫布发黑，许久未清洗 ⑤表面干净，里边和后边脏污不堪	这一阶段多注意设备的完好状态和点检实施的真实性、有效性
货架	①物品连外包装在内，一起放在货架上，清扫困难 ②只清扫货物不清扫货架 ③布满灰尘、脏污 ④物品放了很久也没有再确认，有可能变质	对包装箱内物品应标识有效期 清扫货架等物，保证干净、整洁 对容易失效的物品用明显的标识进行标注（目视管理）
通道	①灰尘多，行走过后有鞋印 ②有积水、油污、纸屑、铁屑等 ③很久未打蜡或刷油漆，表面斑驳，非常难看	确认清扫责任表，找出不能执行、维持的背后原因
设备	①有灰尘、脏污之处 ②有生锈、褪色之处 ③渗油、滴水、漏气 ④导线、导管破损、老化 ⑤滤脏、滤气、滤水装置未及时更换 ⑥标识掉落，无法清晰分辨	有无点检标准 有无点检记录 记录是否有效
办公台	①台面脏污，物品摆放杂乱无章，并且有积尘 ②办公文具、通信文具污迹明显 ③台下办公垃圾多日未倾倒	确认是否有办公设施责任人、区域负责人，以及值日要求、周期
文件资料	①复印不清晰，难于辨认 ②随意涂改，没有理由和负责人 ③文件破损、脏污 ④文件柜、文件夹污迹明显 ⑤未有防潮、防虫、防火措施	文件的清晰度 文件的完整性 文件的保存状态
公共场所	①玻璃破烂，不能挡风遮雨 ②门、窗、墙被乱涂乱画 ③墙壁发黑，地面污水横流 ④采光不好，视线不佳 ⑤到处都污迹明显，无人擦洗 ⑥无人定期进行必要的清洁、消毒	基础设施管理责任化 管理维护日常化 专业维护定期化

【实用工具与方法】某机械公司清扫区域与责任人实例

某机械公司清扫区域与责任人如图2-15和表2-8所示。

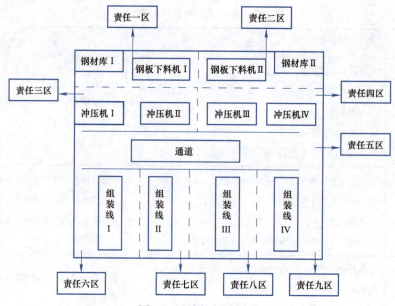

图 2-15 清扫区域划分

表 2-8 清扫区域与责任人明细

序 号	责 任 人	责任区域	色 别
1	谈锡明、沈金英	一区	红色
2	徐卫林、梁小妹	二区	黄色
3	章仲良	三区	蓝色
4	葛志豪	四区	青色
5	陈东梅	五区	棕色
6	李东升、乔红样	六区	黑色
7	张运、吴可行	七区	白色
8	龚利君、潘维东	八区	绿色
9	严伟民、杨阳	九区	紫色

2.3.6 清洁的推进重点

1. 清洁的含义

清洁就是通过建立起规范化和制度化的标准,确保前3S(整理、整顿、清扫)的成果,如表2-9所示。

表 2-9 清洁的含义

	整 理	整 顿	清 扫
没有进行清扫 ↓ 将清扫习惯化 ↓ 将清扫制度化(清洁)	必需品和非必需品混放	找不到必需品	工场到处都是脏污、灰垢
	清除非必需品	用完的物品放回原处	清扫脏污、灰垢
	不产生非必需品的机制	取放方便的机制	不会脏污的机制

2. 清洁的推进步骤

清洁的推进步骤如图 2-16 所示。

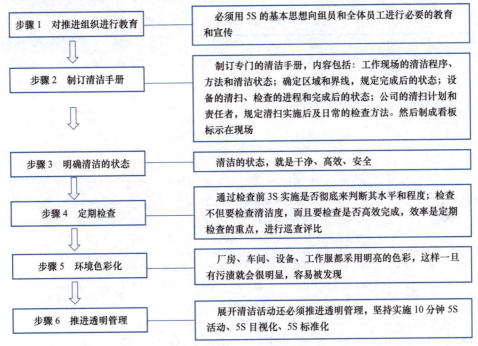

图 2-16　清洁的推进步骤

2.3.7　素养的推进重点

1. 素养的含义

素养是指全面提高员工的品质，彻底改变每个工作人员的精神面貌，这是 5S 追求的最高境界。

2. 素养的推进步骤

素养的推进步骤如图 2-17 所示。

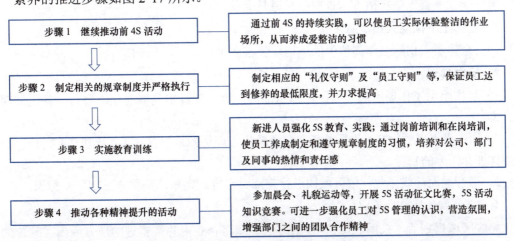

图 2-17　素养的推进步骤

【实用工具与方法】素养活动培训的内容及效果

素养活动培训的内容及效果如表 2-10 所示。

表 2-10 素养活动培训的内容及效果

培训的内容	培训效果
仪容仪表	（1）佩戴厂牌、工作证等 （2）穿着整洁得体，仪容适宜 （3）感觉精神、有活力 （4）注意良好的个人卫生
作业素养	（1）提前到达工作场所，并做好开始工作的准备 （2）上班后应严格遵守规章制度，不允许吃零食、打瞌睡 （3）工作中应严格按照相关操作规范进行操作 （4）积极参与提高改善活动 （5）积极维护整理、整顿和清扫成果
接人待物	（1）早上上班见面时应相互问："早上好""早安" （2）下午和晚上进厂，要相互说："您好""你好" （3）下班回家应互道："再见！" （4）进入其他部门办公室应先敲门，得到允许后才能进入 （5）称呼上级时应加职称，如"吴经理""赵主管"，称呼他人姓名时应加"先生/小姐" （6）不得随意翻阅他人的公文、资料，不得翻动他人的私物，得到他人的帮助时应道谢 （7）借用公物，应及时归还 （8）离开他人办公室时，应主动把门关上 （9）遵守公共场所相关规定，维护各种设施和清洁

2.3.8　5S 管理的实施

1. 前期作业准备

前期作业准备主要包括方法说明会和道具准备。

2. 全体上下彻底大扫除

动员全体员工扫除工作岗位中的一切垃圾、灰尘。

3. 区域规划

1）制作组织工作场所的平面图，标示部门位置，并标出具体面积，公布于各区域明显的地方。

2）标示盘点后的物料，设置看板，配合颜色管理达到目视管理（本模块 2.4 "目视管理"中会详细介绍）的目标。

3）进行地面标线作业，依区域图进行定点、定容、定量（简称"三定"）标识。

4. 5S 红牌作战

完成区域规划后，采用 5S 红牌作战方法，即将企业内急需整理的地方或尚需改善的问题用 5S 红牌标贴显示出来，如表 2-11 所示，加以改善，这是做好整理最有效的工具。

表 2-11　5S 红牌

分类	1. 原材料 2. 在制品 3. 半成品 4. 成品	5. 机械设备、电器装置 6. 模具、夹具、工具 7. 清扫工具、垃圾 8. 其他		
名称				
编号		数量		—
理由	1. 不必要 2. 不急用 3. 不良	4. 停产、换线 5. 没及时处理 6. 其他		
责任车间（部门）	车间（部门）		班组（科室）	生产线
措施	1. 丢弃 2. 返还 3. 清扫	4. 移到红色保管区域 5. 整理 6. 其他		
张贴日		改善期限		—
填表人				

5. 定点摄影法

利用照相机把改善前和改善后的情况拍下来，并公开展示，让执行者和大家一起评价，这是一个非常实用的做法。

6. 做成"5S 管理确认表"并实施

每个部门根据自己情况做成"5S 管理确认表"，每天一项一项地实施。

7. 现场查核与自我查核

检查人员可以进行现场点检和查核，也可以进行自我查核和记录评鉴。

8. 确定活动评比办法

（1）加权系数　加权系数包括困难系数、人数系数、面积系数、教养系数。

（2）考核评分法

1）采用见缺点先记录描述，然后再查缺点项目、代号及应扣分数的方法，这样评审人员就不必再查核和寻找项目，节约了时间。

2）评分开始时频度应较密，每日或每两日一次，一个月做一次汇总，并以此为依据给予相关人员或部门表扬和纠正。

9. 评比及奖惩

依照 5S 管理实施办法进行评比，并用看板公布成绩，每月实施奖惩。

10. 检讨与修正

各责任部门针对缺点进行改善，不断提高。在 5S 管理活动中，适当导入 QC（质量控制）和 IE（工业工程）的方法也是很有必要的，能使 5S 管理活动推行得更加顺利、更有成效。

例 2-3

现场 5S 改善实例

现场 5S 改善实例（见表 2-12）。

表 2-12　现场 5S 改善实例

区域	实施 5S 前	实施 5S 后
仓库	 问题点： ※ 物料存放分类不清晰 ※ 摆放不整齐，超高堆放 ※ 无索引和目录 ※ 未定名、定位、定量	 改善措施： ※ 按物料所属机型分类 ※ 按常用和不常用整体规划存放 ※ 按常用和不常用整体规划存放位置、定名、定位、定量 ※ 用箱、盒存放整齐 ※ 分别列出详细目录和索引
工具放置地	 问题点： ※ 工具虽有定位标示，但不便归位 ※ 未运用目视管理，工具摆放凌乱	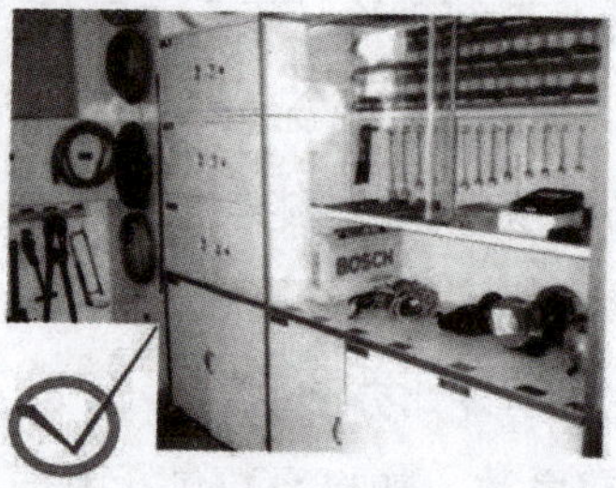 改善措施： ※ 运用形迹管理（即将物品的投影形状在保管的板或墙上描画出来） ※ 分类清晰准确 ※ 巧用吊挂式

2.4　目视管理

2.4.1　概述

目视管理是通过视觉来感知事物的一种现场管理的有效方法，即运用色彩恰当、形象直观的各式各样的视觉感知信息来完成生产现场的组织,从而能够达到提高劳动生产率的一种管理手段。目视管理最大的优点就是能够轻易了解到自己应该做什么任务,应该遵守什么标准,能够直接、迅速地看出生产现场是否处于正常运作之中,便于立刻去处理突发情况。目视管理有利于监督所有员工,让生产现场不断改善,能使企业全体人员减少差错,轻松地进行各种管理工作。例如:包装箱的箭头管理,有零件的包装箱表面箭头朝上(↑),无零件的包装箱箭头朝下(↓);排气扇上绑一根小布条,看见布条飘起即可知道运行状况,如图2-18所示。

图 2-18 目视管理之小布条示例

2.4.2 目视管理的五大基本要求

目视管理的五大基本要求如图 2-19 所示。

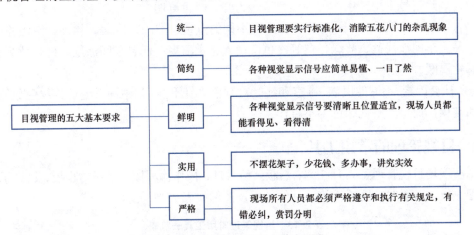

图 2-19 目视管理的五大基本要求

2.4.3 目视管理的内容

目视管理是管理上十分简单而又非常有效的一种方法。目视管理的原理在生产的现场管理中得到应用后,往往可达到事半功倍的效果,如通道线、部门标识牌、生产线看板等。现场管理中目视管理的主要内容是:

1. 生产计划及其完成情况图表化

计划指标通过层层分解落实到分厂、车间、班组、个人,列表公布,同时定期以图或表的方式公布完成情况,使员工了解生产进程、存在的问题和趋势。

2. 工作标准和规章制度公开化

将各种工作标准公布于众,让员工掌握各种规章制度以便贯彻执行。

3. 信息显示符号标准化

按定置设计的要求,采用清晰的、标准化的显示符号,将各种区域、通道、物品摆放位置鲜明地标示出来,各种设备、器具采用标准颜色涂染等。

4. 生产设置控制直观化

直观、简便地设置生产控制符号，如在设备和流水线上安装事故显示灯、在质量管理点上设置质量管理图、在车间设立废品展示台、在组织生产上应用看板管理等。

5. 物品放置标准化

物品放置和运送标准化后，可过目知数，以便实行定额装车、装箱等。

6. 统一着装，实行挂牌制度

统一而又有区别的着装，可显示企业内部不同单位、工种、职务间的区别，使人产生归属感、荣誉感和责任感；挂牌制度通过单位挂牌和个人佩戴标志，如胸章、胸标、臂章等，给人以压力和动力，达到催人进取、提高效率的目的。

7. 现场色彩标准化

现场各种色彩标准化管理，通常要考虑三种因素：

（1）技术因素　如强光照射的设备涂成蓝灰色，因为蓝灰色反射系数低，可减少对眼睛的刺激；危险信号多用红色，因为红色穿透力强、颜色鲜明。

（2）生理、心理因素　不同色彩给人以不同的重量、空间、冷暖、软硬、清污等感觉效果。如高温车间涂浅蓝、蓝绿、白等冷色，使人感觉清爽；低温车间涂红、橙、黄等暖色，使人感觉温暖。

（3）社会因素　不同的民族、国家和地区对颜色喜好不同，如中国普遍认为绿色象征自然、和平和健康，而日本则视绿色为不吉祥。

2.4.4 目视管理的常用工具

生产现场目视管理工具有红牌、看板、信号灯、操作流程图、错误防止板、错误示范板、生产管理板、警示线、区域线等。具体作用及图例如表 2-13 所示。

表 2-13　目视管理常用工具一览表

序号	工具	图示	作用
1	红牌		红牌适用于 5S 中的整理，用来区分日常生产活动中非必需品，又称为红牌作战
2	看板		用在 5S 的看板作战中，让人知道什么物品、做什么、数量多少、由谁负责等
3	信号灯　异常信号灯		用于产品质量不良及作业异常等异常发生场合，通常安装在大型工厂的较长的生产、装配流水线。一般设置红或黄这两种信号灯，由员工来控制，当发生零部件用完、出现不良产品及机器故障等异常时，往往会影响到生产指标的完成，这时员工应马上按下红灯（或黄灯）的按钮，等红灯（或黄灯）一亮，厂长（或生产管理人员）都要停下手中的工作，马上前往现场，予以调查处理

（续）

序号	工具	图示	作用
3	信号灯 运转指示灯	运行中／呼叫／换模具中／机械故障／不良品发生／加工品积压；运行中 停止中 本日目标 1000 现在目标 550 现在实绩 500 进度 △50 现在的时间	用于显示设备运转的状态，机器开动、转换或停止的状况。停止时还要显示停止原因。图样中数字的尺寸约为：纵50mm、横3mm。管理者可以直接在高挂的标盘上看到生产数量的变化，这种指示灯需在现场安装传感器来知道所通过的物品及其数量
4	操作流程图	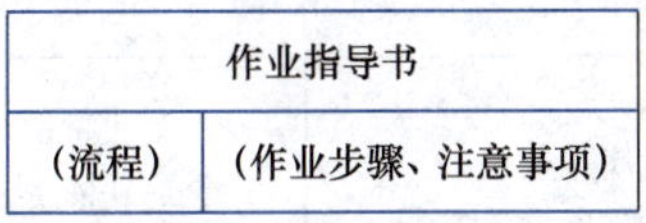 作业指导书（流程）（作业步骤、注意事项）	操作流程图是指描述工序重点和作业顺序的简要作业指导书，有时也称为"步骤图"，用于指导生产作业。一般在现场是用将人、机器、工作组合起来的操作流程图
5	错误防止板	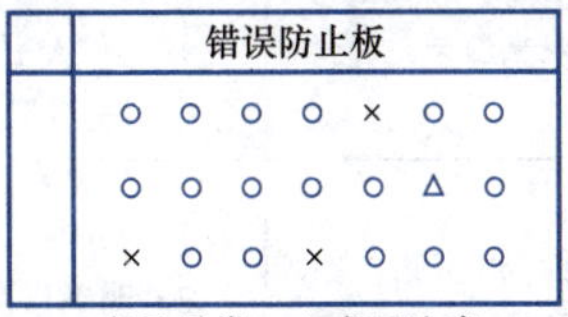 错误防止板 ○○○○×○ ○○○○△○ ×○×○○○ ×表示异常，△表示注意，○表示正常	为了减少错误而做的自我管理的防止板，一般以纵轴表示时间，横轴表示作业单位。以一个小时为单位，从后段工程接受不良品及错误的消息，在作业本身加上"○""×""△"等符号。持续进行一个月，将本月的情况和上个月做比较，以设立下个月的目标
6	错误示范板	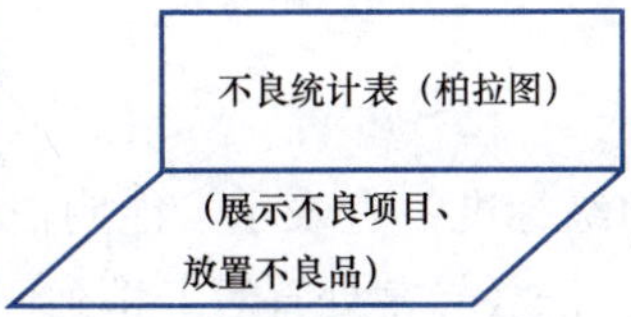 不良统计表（柏拉图）（展示不良项目、放置不良品）	把不良品直接展现出来。具体表现形式有：①不良现象及其结果揭示表；②不良品的重点事项在改正前后的对比照片；③被示范的错误动作以及与正确动作相比较的照片
7	生产管理板	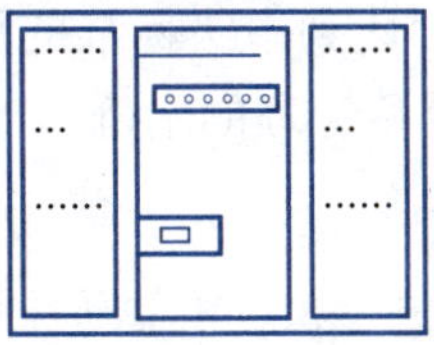	用来揭示生产线的生产状况、进度，记录生产实绩、设备开动率、异常原因（停线、故障）等，用于看板管理
8	警示线	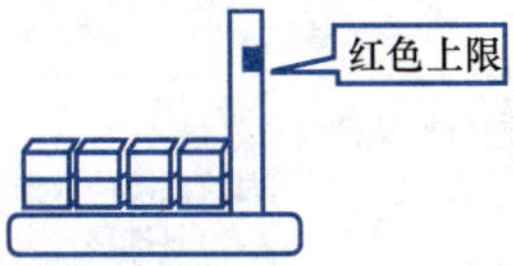 红色上限	在仓库或其他物品放置场所标示警示线，以表示最大或最小的限量，主要用于看板管理
9	区域线	通道／成品／半成品／安全线／定位线	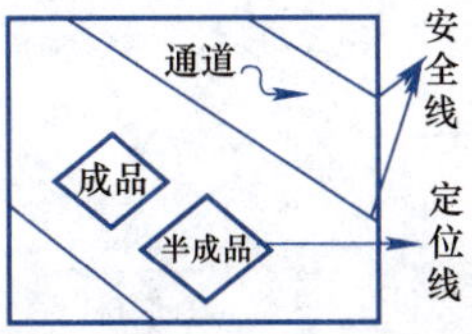 区域线就是用于划分半成品放置的场所或通道等区域的线条，主要用于整理与整顿，表示异常原因、停线故障等，用于看板管理

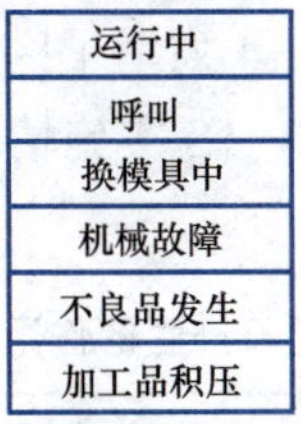

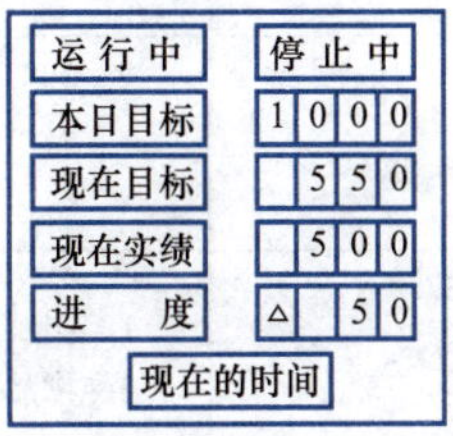

2.4.5 目视管理的实施手段

在日常工作中,目视管理的应用实例非常多。常见的目视管理工具有标志线、标志牌、显示装置、信号灯、指示书以及色彩标志等。表 2-14 列举了区域画线,物品的形迹管理,安全库存量与最大库存量,仪表的正常、异常标识,5S 实施情况确认表等目视管理实例的实施手段以及产生的作用。

表 2-14 目视管理实施手段及产生的作用

实 例	实 施 手 段	产生的作用
区域画线	1. 用油漆在地面上刷出线条 2. 用彩色胶带贴于地面上形成线条	1. 划分通道和工作场所,保持通道畅通 2. 对工作区域画线,确定各区域功能 3. 防止物品随意移动或搬动后不能归位
物品的形迹管理	1. 在物品放置处画上该物品的现状 2. 标出物品名称 3. 标出使用者或借出者 4. 必要时进行台账管理	1. 明示物品放置的位置和数量 2. 物品取走后的状况一目了然 3. 防止需要时找不到工具的现象发生
安全库存量与最大库存量	1. 明示应该放置何种物品 2. 明示最大库存量和安全库存量 3. 明示物品数量不足时如何应对	1. 防止过量采购 2. 防止断货,影响生产
仪表正常、异常标识	在仪表指针的正常范围上标示为绿色,异常范围上标示为红色	使工作人员对于仪表的指针是否处于正常范围一目了然
5S 实施情况确认表	1. 设置现场 5S 责任区 2. 设计表格内容:责任人姓名、5S 实施内容、实施方法、达到的要求、实施周期、实施情况记录	1. 明确职责,明示该区域的 5S 责任人 2. 明白日常实施内容和要求 3. 监督日常 5S 工作的实施情况

2.4.6 目视管理评价标准

目视管理评价标准可以分为三类:①初级标准:有表示,能明白现在的状态;②中级标准:谁都能判断良否;③高级标准:管理方法(异常处置等)都列明。

许多企业通常只达到目视管理的初级标准,达到中级标准的已不多见,能达到高级标准的更是凤毛麟角。下面给出了目视管理用于设备管理的示例,如表 2-15 所示,从中可以观察到初、中、高三个目视管理评价标准的差别。

表 2-15 目视管理用于设备管理(初、中、高级标准)

评价标准	目视管理内容	参考示例(故障件数)
初级标准	● 对应该管理的项目,通过结果推移图可以了解	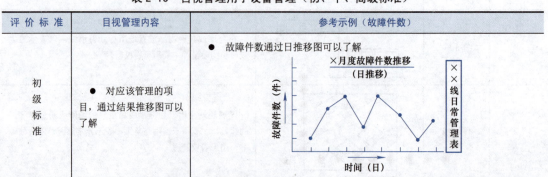

(续)

评价标准	目视管理内容	参考示例（故障件数）
中级标准	● 对应该管理的项目，通过结果推移图可以了解 ● 对应该管理的项目，明确其计划目标、管理范围及结果，且对异常与否的判断能一目了然	以日、月为单位，对目标进行管理 ×月度故障件数推移　　×年度故障件数推移 　　（累积目标／日目标）　（月推移／月目标）
高级标准	● 对应该管理的项目，通过结果推移图可以了解 ● 对应该管理的项目，明确其处理流程、方法等 ● 明确异常处理程序和方法（记录者、记录日等）	● 明确对超前、落后的处理流程、方法等 ● 明确记录者、记录时间 ×月度故障件数推移　　×年故障件数推移 （累积目标／日目标）　（月推移／月目标） 记录者：×××　　记录时间：PM 5:00 故障多发报告书 超出目标时的处理程序：操作者→班长→报告书

例 2-4

目视管理用于设备管理实例

在各类盖板的极小化、透明化上下功夫，方法是使驱动部分容易被"看见"，如图 2-20 所示。

图 2-20　驱动部分看得见（带轮运转正常）

2.5 现场作业标准管理

2.5.1 作业标准的概述

作业标准是标准化的作业方法,它是以人为中心,将人和机器有效地进行组合,以没有浪费的操作顺序进行生产,实现低成本、安全地生产出质量良好的产品。

1. 作业标准的作用

作业标准对生产现场起到的作用是多方面的,主要体现在以下几点,如图 2-21 所示。

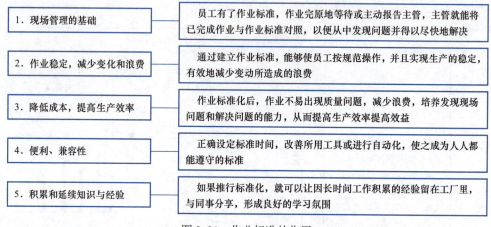

图 2-21 作业标准的作用

2. 作业标准书的形式

因企业的不同,作业标准书的叫法各种各样,如作业指导书、QC 工艺表、标准作业卡(标准作业票)、工位能力表、标准作业组合表、要素山积表、工程规格等,如表 2-16 所示。

表 2-16 作业标准书主要形式及其内容

序号	作业标准书主要形式	内容
1	作业指导书	根据零部件能力表、标准作业组合单制订,是在标准作业卡基础上细化操作要点。其内容包括:按每个人的作业顺序、周期时间、作业内容、安全品质要点、检验方法以及人员走动顺序、WIP(指工作中心在制品区)存放位置、设备整体布局等
2	QC 工艺表	QC 工艺表又名"工序品质管理表"。QC 工艺表体现品质保证的体系,并且是作业标准书的目录(记录各个工位使用的作业标准书的编号)
3	标准作业卡(标准作业票)	为了描述工位全体操作人员的作业状态,先记录节拍时间、标准作业顺序和标准在制品(即标准作业三要素),再填入质量确认、安全注意等方面内容,并在文字(口头)说明的基础上,通过图表等多种手段,帮助操作者看到自己所要完成操作的全部内容
4	工位能力表	能够按被加工的零件记录各设备的生产能力,也包含检查作业、手工作业等的生产能力。此表涵盖了作业对象的要求,包括周期时间、换模时间、工作名称、作业顺序、产能等

(续)

序　号	作业标准书主要形式	内　容
5	标准作业组合表	此表是确定作业分配和作业顺序的工具，表内填入设备布局、反应时间、生产节拍、作业顺序、作业内容、作业时间、标准待工等项目
6	要素山积表	用于确定生产线各工位的要素作业时间，在目视板上以搭积木的方式对全班的工作内容进行要素拆解和重新排列，以发现操作中存在的浪费，是最简单、科学的操作顺序
7	工程规格	在生产现场有些工位应该是共通的，如组装工位的打螺丝、铆接、焊接等。这类共通的工位用工程规格来规定，也是作业标准的一种

2.5.2 作业标准书的执行

　　作业标准书是将工序作业的各种要求以标准文书的方式予以明确规定。在整理过去的经验和成果基础上，确定工作的做法（方法、责任、权限等），并且每个人都要遵守一定的作业规则，按照所确定的方法进行作业。它具有如下特点：①选出应该管理的项目；②选出管理所需要的条件；③使选择条件稳定；④使文书形成标准书。作业标准在一般情况下是用文书的形式体现的，但有时也采用 VDT（录像机、显示器、输出端）。VDT 的图像虽不是文书，但可以反复读取这一特性是与文书相同的。

　　作业标准书是最基本的作业标准。严格遵守作业标准书的规定，是现代工业生产对员工作业的基本要求，每一个现场班组长都需要让员工自觉执行并形成习惯。班组现场作业标准的执行方法和步骤如图 2-22 所示。

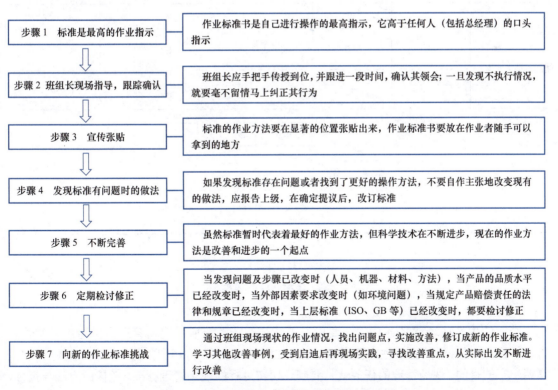

图 2-22　班组现场作业标准的执行方法和步骤

【实用工具与方法】作业标准书

制订好的作业标准书应置于作业员随时可见的地方,编写作业标准书应当明确何地、何人、何时、如何使用。其范例如表 2-17 所示。

表 2-17 作业标准书范例

零件编号	GP87—115	编制日期	22.09.21	产量	420PCS	手工
工序名称	门框加工	部门	装配一线	TT/CT	50′50′	

序号	作业名称	所需时间（分钟）	作业时间（分钟）
			5 10 15 20 25 30 35 40 45 50 55 60
1	中框检查	6	
2	组装上杆至中框并铆接	5	
3	中框铆后合框	10	
4	装锁销到中框	7	
5	装复位弹片到中框	6	
6	热熔	9	
7	检验和收料	7	
	合计	50	

标准作业单	品质	检查	安全注意点	标准在制品	TT/CT	正常作业时间
	◇	＋	●	3	50′	50′

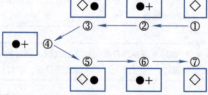

模块小结

企业的生产现场就是各种生产要素有机结合的活动场所,现场管理是指运用科学管理方法、手段,对现场的各种生产要素进行计划、组织、指挥、协调和控制,以达到优质、安全、文明生产的目的。现场管理的任务就是要制订切实可行的现场管理标准、考核的方法与指标,推行行之有效的现场管理方法和手段,以提高现场管理的水平。

定置管理是对生产现场中物品的定置进行设计、组织实施、调整、协调和控制的全过程。定置管理的基本原理是分析、研究生产现场、人与物的结合状态。

5S 管理是指对生产现场各生产要素所处的状态不断地进行整理、整顿、清扫、清洁，以达到提高素养的目的。企业推行 5S 管理可以提高工作和生产效率，改善产品的品质，保障安全生产，降低生产成本，提高企业经济效益，改善员工的精神面貌和提高企业的形象。

目视管理是利用人的视觉感知信息来组织现场生产活动，以提高生产效率的一种管理方法或手段。它具有迅速快捷地传递信息，形象、直观地将潜在问题和异常现象显现出来，促进企业文化的形成和建立的作用。目视管理一般需借助红牌、看板、信号灯、操作流程图、生产管理板、警示线和区域线等工具和手段对生产现场进行管理。

作业标准主要是指采用标准化的作业方法，以最佳的操作顺序方式进行生产，达到低成本、安全地生产出质量良好的产品而使用的作业方法指南。作业标准书的叫法各种各样，如作业指导书等。现场作业标准管理就是指导、检查、督促员工严格遵守相关规定实施工序作业，并达到作业标准。

实 训 项 目

【如何实施 5S 管理】

1. 实训目标

（1）培养学生现场观察和收集 5S 情况资料的能力。
（2）培养学生对现场 5S 现状进行分析的能力。
（3）培养学生提出改进 5S 方案的能力。

2. 实训内容与要求

（1）去实训基地或实践企业生产现场观察 5S 现状。
（2）调查实训基地或实践企业现场 5S 的存在问题。
（3）分析实训基地或实践企业现场 5S 的资料。
（4）根据所学知识提出改进 5S 方案。
（5）按现场 5S 方案提出实施计划。

3. 成果与检测

（1）提交实训基地或实践企业现场 5S 的现状资料。
（2）检查学生提出的实训基地或实践企业 5S 改进方案及其实施计划。
（3）教师评估。

思考与练习题

一、单项选择题

1. 工作台面物料杂乱摆放需要（   ）。
    A. 整理　　　　　　B. 整顿　　　　　　C. 清扫　　　　　　D. 清洁

2. 如果同一箱内有不良品和良品混放在一起，则需要（　　）。
   A．整理　　　　B．整顿　　　　C．清扫　　　　D．清洁
3. 整理主要是排除（　　）浪费。
   A．时间　　　　B．工具　　　　C．空间　　　　D．包装物
4. 公司的 5S 应该是（　　）。
   A．日常工作的一部分，靠大家持之以恒做下去
   B．第一次有计划地大家做，以后靠干部做
   C．做 4 个月就可以了
   D．车间做就行了
5. 5S 理想的目标是（　　）。
   A．人人有素养　　B．地、物干净　　C．工厂有制度　　D．生产效率高
6. 5S 与公司及员工的（　　）有关。
   A．提高公司形象　　　　　　B．增加工作时间
   C．增加工作负担　　　　　　D．安全有保障

二、填空题

1. 5S 法即整理、整顿、清扫、（　　）、素养。
2. 整理就是把（　　）物品与（　　）物品区分开来，把不要的物品坚决丢弃。
3. 整顿就是把必要的物品进行分类，根据（　　）确定放置的方法及位置，是节约时间的技术。
4. 目视管理的常用工具为（　　）、看板、信号灯、操作流程图、生产管理板、警示线、区域线等。
5. 严格遵守（　　）的规定，是现代工业生产对员工作业的基本要求。

三、判断题（正确的请打"√"，错误的打"×"）

1. 5S 管理可以通过经常整理、清洁我们的工作环境，使员工养成做事有责任心的习惯。（　　）
2. 实施 5S 法的过程中，可以把私人物品挂在工作台上。（　　）
3. 下班时，把垃圾清除掉是清扫的一部分。（　　）
4. 物料堆放超出通道并不违反 5S 的要求。（　　）
5. 把常用的工具，放在离自己最近的地方，这是整顿的内容。（　　）
6. 天天坚持清扫自己的责任区是维持清洁的有效办法。（　　）
7. 把剩下的一点开水，轻轻倒向墙角，没有引起别人注意，这并不违反 5S 的要求。（　　）
8. 用完东西，随手摆放，忘记归回原位，这符合 5S 的要求。（　　）
9. 5S 教我们从日常工作、生活的一点一滴中改变坏习惯。（　　）

四、简答题

1. 什么是现场？什么是生产现场？什么是生产现场管理？
2. 如何理解"现场"在管理结构中的位置？
3. 什么是定置管理？定置管理的基本原理和内容是什么？
4. 整顿的推进步骤有哪些？
5. 如何进行作业标准书的编制与执行？

模块 3 / Module 3

生产运作与作业计划管理

学习目标

- [ ] 了解生产运作计划和综合生产计划概要。
- [ ] 理解生产运作计划的层次体系。
- [ ] 掌握综合生产计划的八种选择策略。
- [ ] 掌握生产作业计划的编制及其实施。

学习引导

3.1 生产运作计划体系

3.1.1 生产运作计划概述

在现代企业中，企业的生产活动需要调配多种资源，按时、按量地提供所需的产品和服务。因此，必须要有周密的生产运作计划来指挥企业各部门的生产活动，保证按质、按量、按品种、按期限完成订货合同，尽可能地提高企业的经济效益，增加企业利润。

生产计划系统是一个包括需求预测、中期生产计划、生产作业计划、材料计划、能力计划、设备计划、新产品开发计划等相关计划职能，并以生产控制信息的迅速反馈连接构成的复杂系统。如何将企业的长期战略计划有效地贯彻、落实到日常工作之中，需要一个有效的分层计划体系，需要各层计划之间相互紧密联系、协调配合。图 3-1 表示出了制造型企业的分层计划体系，按计划时间跨度的长短分为长期计划、中期计划与短期计划三个层次。

企业通常在三个层次上制订生产能力决策：长期计划，通常是一年及以上计划，如年度计划、3~5 年计划；中期计划，通常是未来数月的生产计划，如季度计划、月度计划；短期计划，可以是当月计划、周次计划、即日计划等。这种以时间划分的方法，因企业规模、产品种类不同，其时间划分间隔也不同。例如，服装业的季度计划就应该算长期计划了，而电梯生产企业的季度计划连中期计划都不能算，只能算短期计划。

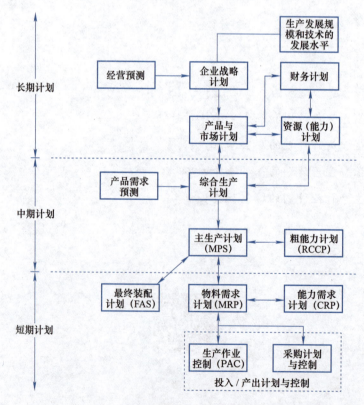

图 3-1　制造型企业的分层计划体系

3.1.2 生产运作计划的层次体系

1. 长期计划

长期计划属于企业战略范围，涉及企业战略计划、生产发展规模和技术的发展水平、产品与市场计划、财务计划以及资源（能力）计划等。

（1）企业战略计划　需要结合企业内部能力水平和企业外部经济、技术、政治等环境进行分析，确定企业的发展总目标。

（2）生产发展规模和技术的发展水平　根据企业的发展总目标，提出企业的产品线（产品系列）发展规模、体现企业竞争战略的产品质量、技术水平和价格水平以及市场渗透目标。

（3）产品与市场计划　将企业的发展总目标转化为各个细分市场和各个产品线的发展目标，其中长期生产计划是产品与市场计划的重要组成部分（是基于对未来两年或更长时间需要产出的产品的市场需求的预测）。

（4）财务计划　从资金需要量和投资回报等方面对企业发展总目标的可行性和经济性进行分析。

（5）资源（能力）计划　确定为实现企业的发展总目标和战略计划所需要增加的设施、设备和人力资源，通常也被称为长期能力计划。

2. 中期计划

中期计划是根据市场需求预测，确定在现有生产条件下的生产经营活动应达到的目标，包括产值、产量、品种、利润等，其目标是充分利用生产能力，满足预测的用户需求，同时使生产率尽量均衡，控制库存水平，并使总生产成本尽可能地低。中期计划具体表现为综合生产计划、产品需求预测、主生产计划和粗能力计划等。

（1）综合生产计划　如图 3-1 所示，所谓综合生产计划就是部门经理通过调整生产率、劳动力水平、存货水平、超时工作以及其他可控变量，来决定满足预测需求的最好生产方式的一个计划。它是衔接长期战略计划和短期生产计划之间的纽带，要处理的是将预测的产品需求转化为企业的产品产出任务计划，是按时完成能够有效使用组织资源的生产计划，满足预期需求，还使劳动力或存货水平的波动达到最小，或使服务达到一定的标准。

综合生产计划确定了企业在未来 6～18 个月内，每个月或每个季度需要产出的、企业主要的产品组（产品系列）的产出总量。综合生产计划制订的主要依据来源于产品与市场计划及资源（能力）计划。综合生产计划的目标是确定计划期内既满足产品的预测需求量，同时又使得总生产成本最小化的每个月或每个季度的产出率、劳动力水平、库存水平的最佳组合方案。

（2）产品需求预测　主要预测最终产品或备品的需求量，与综合生产计划的产出总量一起，将作为下一层次的计划——主生产计划制订的主要依据。产品需求预测信息的监控与整合的过程也称为需求管理。

（3）主生产计划（Master Production Scheduling，MPS）　主生产计划确定了每一具体的最终产品在每一具体时间段内的生产数量和时间。主生产计划在短期内（一般为 6～8 周）通常是固定不变的；6～8 周以后，就会出现各种变化；而 6 个月后，主生产计划可能会发生根本性的改变。如图 3-1 所示，主生产计划制订的主要依据是综合生产计划的输入文件，即产品与市场计划及资源（能力）计划。

（4）粗能力计划（Rough-cut Capacity Planning，RCCP） 粗能力计划也称为资源能力计划，是用来检查主生产计划的可行性，从而避免主生产计划超出能力约束范围的。粗能力计划包括核查现有的生产和仓储设施、机器设备、劳动力等资源的可用性，以及主要供应商是否安排好了足够的供货能力。

3. 短期计划

短期计划，或称生产作业计划。它的任务主要是，直接依据用户的订单，对日常的生产活动做出具体安排与调度，以确保按用户要求的质量、数量和时间交货。短期计划把生产任务分配到车间、工段、班组，如物料需求计划、能力需求计划、最终装配计划等。

（1）物料需求计划（Material Requirements Planning，MRP） 物料需求计划也称为物料计划，主要解决的是将主生产计划所规定的最终产品需求分解成各个自制零部件的生产计划，以及原材料和采购件的采购计划，以保证主生产计划按期完成。

（2）能力需求计划（Capacity Requirements Planning，CRP） 能力需求计划用于检查物料需求计划的可行性，实际上也可以称为能力需求进度计划，因为能力需求计划根据物料需求计划所规定的计划订单或已下达的 MRP 订单，详细地安排了每个工作中心的能力负荷大小及相应的工作时间，而且能力需求计划也可以帮助进一步核查粗能力计划的有效性。

（3）最终装配计划（Final Assembly Scheduling，FAS） 最终装配计划确定了最终产品的短期产出进度计划。它需要及时根据顾客的定制要求以及产品的最终特征要求，调整总进度计划。例如，一家打印机制造厂会在最终装配计划阶段，按照顾客的定制要求选择相应的控制面板来执行完成打印机生产总计划。

（4）生产作业控制（Production Activity Control，PAC） 生产作业控制用于描述车间作业进度计划与控制。具体来说，根据物料需求计划输出的派工信息，编制车间内部的设备或加工中心的作业顺序和作业完工期。从这个意义上来说，主生产计划已经被细化为切实可行的日工作计划了。

（5）采购计划与控制 根据物料需求计划输出的采购信息，编制物料采购计划，同时还需要进行物料的投入/产出计划与控制，因为通过投入/产出计划与控制不仅可以保证供应商及时供货，而且还可以及时掌握由于各种原因而重新计划采购的物料的交货情况。

（6）投入/产出计划与控制 处理各种物料投产或物料采购的进度计划与控制报告和程序，以保证物料需求计划的按期执行。

3.1.3 综合生产计划的八种选择策略

在进行综合生产计划决策时有八种选择策略，即改变库存水平、通过新聘或暂时解聘来改变劳动力数量、通过超时或减时工作来改变产出率、转包、使用非全日制雇员、需求影响、延迟交货和不同季节产品混合。其中前五种称为生产能力选择，即不改变需求而试图与需求的波动相平衡；后三种称为需求选择，即企业通过影响需求模式以消除其在计划期内的波动。

1. 生产能力选择

企业可以利用的生产能力（供给）选择有以下五种：

（1）改变库存水平 企业可以在低需求时期增加库存水平，以满足将来某时期的高需求。使用这种策略会增加有关库存、保险、管理、过期、丢失及资本占用等费用（每年这些成本可能占到一件产品价值的 15%～50%)。然而,当企业进入需求上升期,若库存不足,产品短缺加上由于产品生产周期可能较长及服务水平可能较差会导致销售额的锐减。

(2) 通过新聘或暂时解聘来改变劳动力数量　新聘或解聘一批工人以使产出率满足需求。但需要培训新的雇员,使平均产量不至于下降过多。同时暂时解聘或解雇工人也会导致产出率的下降。

(3) 通过超时或减时工作来改变产出率　企业可能改变工作时数来适应需求的变动。当需求有较大的上升时,要增加工人工作时数以提高产出,同时超时工作需支付相应高的报酬,太多的超时工作也会降低所有工作期内的平均产出。

(4) 转包　企业可通过转包一部分工作出去以应付高峰时期的需求。但需花费一定的成本,难以找到按时按质地提供产品的承包者,并且需承担一部分顾客转向竞争对手购买的风险。

(5) 使用非全日制雇员　非全日制雇员可以满足对非技术雇员的需求,特别是在服务业部门,如在超级市场、零售商场以及餐馆里经常被采用。

2. 需求选择

基本的需求选择方式有以下三种:

(1) 需求影响　当需求不景气时,企业可通过广告、促销、个人推销以及削价等手段来刺激需求,以保证产品供求平衡,例如,电风扇在冬季卖最便宜等。

(2) 延迟交货　所谓延迟交货是指顾客向企业(厂家)订购商品或某项服务而企业当时不能实现(有意或偶然),且不减少其效用或不取消其订货的情况下,等待未来某一时间加以兑现的买卖方式。例如,一些汽车经销商经常采用延迟交货的销售方式。

(3) 不同季节产品混合　许多企业设法混合制造可以在不同季节销售的产品。例如,一些企业在不同季节分别生产除草机和扫雪机。

3. 综合生产计划各种选择策略的利与弊

以上八种选择策略有其有利和不利之处,详见表 3-1。

表 3-1　综合生产计划各种选择策略的利与弊

选择策略	有利	不利	评价
改变库存水平	人力资源变化较小或不变,没有突然的生产变动	存在库存持有成本,需求上升时,短缺会导致销售受损	主要适用于制造企业而不是服务企业
通过新聘或暂时解聘来改变劳动力数量	避免了其他选择所发生的成本	聘用或暂时解聘及培训成本相对较大	主要适合劳动力资源比较容易在市场上获取的行业
通过超时或减时工作来改变产出率	同一季度变动保持一致,无须雇用及培训成本	需支付超时工作报酬,工人可能因疲劳而不能满足生产质量要求	在综合计划内有一定的弹性
转包	有一定的弹性,可以使产出与需求平衡	失去质量控制,减少利润,未来市场受损	主要适用于生产部门
使用非全日制雇员	较全日制工人节省成本且更有弹性	更换率及培训成本高,质量下降,计划较难实现	有利于劳动力丰富地区的非技术工作
需求影响	可利用过剩的生产力,通过折价可以吸引更多的顾客	需求存在不确定性,很难精确地保持供求平衡	是一种引导需求的创新营销策略
延迟交货	避免超时工作,使产量稳定	顾客必须愿意等待,但信誉受损	适合积压订单待发货的企业
不同季节产品混合生产	可充分利用资源,保有稳定的劳动力	需要公司专业生产之外的技术和设备	要承担提供的产品或服务与需求不一致的风险

尽管上述五种生产能力选择和三种需求选择的任何一种都可提供一个有效而简洁的综合计划，但它们的组合形式或称混合策略更为有效。混合策略包括采用两个或两个以上的可控变量的组合来制订一个可行的生产计划。例如，海尔集团在冰箱销售旺季利用了超时工作、需求影响以及改变库存水平这三种策略的组合。由于组合形式多种多样，所以找出一个最佳的综合生产计划必须依据企业实际情况，因势利导地加以实施。

例 3-1

某制造厂综合生产计划的制订

某制造厂生产的一种产品的需求周期为 6 个月，如表 3-2 和图 3-2 所示。生产一件产品需要 10 小时，在正常工作时间内的劳动成本为 6 元/小时，如需加班则为 9 元/小时。产品的成本估计为 200 元/件，但可以以 208 元/件的成本转包出去。部门现有工人 20 人，额外工人的雇佣和培训成本为 300 元/人，而解雇工人的成本为 400 元/人。公司的政策是维持每月预测需求 20% 的安全库存，每个月的安全库存成为下个月的期初库存。现有库存为 50 件，每月每件产品的库存成本为 2 元，每月每件产品的短缺成本为 20 元。

表 3-2 预测需求表

月 份	1月	2月	3月	4月	5月	6月
预测需求（件）	300	500	400	100	200	300
工作日（天）	22	19	21	21	22	20
工作时间（小时）（按 8 小时/天计）	176	152	168	168	176	160

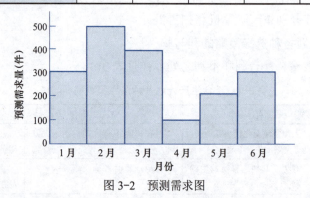

图 3-2 预测需求图

试算如下三种综合计划：

计划 1 变动工人数以满足需求。

计划 2 保持工人数 20 人不变，用加班和停工来满足需求。

计划 3 保持工人数不变，采用库存和缺货的方法。公司在 1 月初应有 50 件产品的库存。

要求：以表格的形式比较三种计划的成本。

解析：首先，我们要确定产量要求，包括下一个月预测需求的 20% 的安全库存。从 1 月份 50 件的库存开始，以后每个月的库存反映了预测需求和前一个月生产要求之间的差异，如表 3-3 所示。

3 个计划的成本分别见表 3-4、表 3-5 和表 3-6。

表 3-3　各月预测需求和前一个月生产要求之间的差异　　　　（单位：件）

月份	预测需求	累计需求	预测 20% 的安全库存	期初库存	产量要求（预测需求+安全库存−期初库存）
1 月	300	300	60	50	300+60−50=310
2 月	500	800	100	60	500+100−60=540
3 月	400	1 200	80	100	400+80−100=380
4 月	100	1 300	20	80	100+20−80=40
5 月	200	1 500	40	20	200+40−20=220
6 月	300	1 800	60	40	300+60−40=320

表 3-4　计划 1（改变工人人数）

月　份	1 月	2 月	3 月	4 月	5 月	6 月	总　计
1. 需求的产量（件）	310	540	380	40	220	320	
2. 所需的生产时间（小时）（第 1 行×10 小时）	3 100	5 400	3 800	400	2 200	3 200	
3. 工作时间（小时）（按 8 小时/天计）	176	152	168	168	176	160	
4. 需要工人数（人）（第 2 行/第 3 行）	18	36	23	3	13	20	
5. 额外雇佣的工人数（人）		18			10	7	
6. 雇佣成本（元）（第 5 行×300 元/人）		5 400			3 000	2 100	10 500
7. 解雇的工人数（人）	2		13	20			
8. 解雇成本（元）（第 7 行×400 元/人）	800		5 200	8 000			14 000

表 3-5　计划 2（加班和停工）

月　份	1 月	2 月	3 月	4 月	5 月	6 月	总　计
1. 需求的产量（件）	310	540	380	40	220	320	
2. 所需的生产时间（小时）（第 1 行×10 小时）	3 100	5 400	3 800	400	2 200	3 200	
3. 每个工人可提供的时间（小时）（按 8 小时/天计）	176	152	168	168	176	160	
4. 总的可用时间（小时）（第 3 行×20 人）	3 520	3 040	3 360	3 360	3 520	3 200	
5. 需要加班的小时数（小时）（第 2 行−第 4 行）		2 360	440				
6. 加班增加的成本（元）（第 5 行×3 元/小时）		7 080	1 320				8 400
7. 停工时间（小时）（第 4 行−第 2 行）	420			2 960	1 320		
8. 停工成本（元）（第 7 行×6 元/小时）	2 520			17 760	7 920		28 200

表 3-6　计划 3（在工人数不变的基础上采用库存和缺货的方法）

月　份	1月	2月	3月	4月	5月	6月	总　计
1. 需求的产量（件）	310	540	380	40	220	320	
2. 所需的累计产量（件）	310	850	1 230	1 270	1 490	1 810	
3. 20个工人共能提供的时间（小时）	3 520	3 040	3 360	3 360	3 520	3 200	
4. 生产的产量（件）	352	304	336	336	352	320	
5. 累计产量（件）	352	656	992	1 328	1 680	2 000	
6. 短缺量（件）（第2行－第5行）		194	238				
7. 短缺成本（元）（第6行×20元/件）		3 880	4 760				8 640
8. 过剩量（件）（第5行－第2行）	42			58	190	190	
9. 库存成本（元）（第8行×2元/件）	84			116	380	380	960

注意，计划 3 如果没有按预测需求的 20% 设置安全库存，那么就会产生缺货成本。实际上，企业的政策是付出安全库存成本，用安全库存维护其产品的销售。

总结：计划 1：10 500 元（雇佣）+ 14 000 元（解雇）= 24 500 元

　　　　计划 2：8 400 元（加班）+ 28 200 元（停工）= 36 600 元

　　　　计划 3：8 640 元（缺货）+ 960 元（库存）= 9 600 元（成本最低的计划）

3.2　生产作业计划管理

3.2.1　生产作业计划的编制

在生产主管的协助下，车间或班组长完成生产作业计划的制订。生产作业的时间一般以一周为准，具体表现为班组的作业日程安排。

1. 编制生产作业计划所需要的资料

要编制好生产作业计划，必须有充分可靠的依据资料，如表 3-7 所示。

表 3-7　编制生产作业计划所需要的资料

需要的资料项目	具体资料内容
生产计划	年、季度生产计划和订货合同
	技术组织措施计划、生产技术准备计划
	工艺装备生产计划及其完成情况
工艺文件和零件明细表	产品零部件明细表
	产品工艺技术文件
	产品零件分车间、工段和班组明细表
人员和工时定额	各种产品、零件分工种、分工序的工时消耗定额及其分析资料
	人员配备情况及其各类人员数的技术等级
材料与动力供应	原材料、外购件、外协件、工艺装备等的供应和库存情况
	动力供应情况和物资消耗情况
厂房和设备配备	设备的类型、数量及其运转情况，设备修理计划
	厂房生产面积和台时消耗定额
生产作业	上期生产作业计划预计完成情况和在制品情况
销售情况	市场动态及产品销售情况

2. 生产作业计划的编制方法

生产作业计划通常按照交货期先后、客户优劣和制程瓶颈程度大小安排班组作业。对于不同的生产类型和不同的生产组织方式，生产作业计划的编制方法也大不相同。常用的方法主要有在制品定额法等。

在制品定额是指在一定技术组织条件下，为保证生产正常进行，生产各个环节所必须占用的最低限度的在制品数量。在大量大批流水线生产的企业，在制品定额的计算是按照产品生产的反工艺顺序，从企业向车间、班组下达的生产品种、数量、质量指标、生产周期的生产任务后一个车间开始逐步向前推算各车间的在制品定额。

各车间在制品的计算公式见式（3-1）和式（3-2）。

$$\text{某车间出产量} = \text{后车间投入量} + \text{该车间外销量} + \text{（库存半成品定额} - \text{期初库存半成品预计结存量）} \quad (3\text{-}1)$$

$$\text{某车间投入量} = \text{该车间出产量} + \text{该车间计划废品量} + \text{（车间在制品定额} - \text{期初车间在制品预计结存量）} \quad (3\text{-}2)$$

例 3-2

在制品定额法在生产作业计划中的应用

一家摩托车生产企业对其摩托车生产的一个部件——前轮毂的生产作业计划如表 3-8 所示，以此来说明在制品定额法在生产作业计划中的应用。

表 3-8　前轮毂生产作业计划　　　　　　　　　（单位：件）

产品名称		XF-7712摩托车		
产品装配产量		10 000 台		
零件编号		ZQ-02	ZQ-03	…
零件名称		前轮毂		
每台件数		1		
装配车间	1. 出产量	10 000		
	2. 废品量	—		
	3. 在制品定额	500		
	4. 期初在制品预计结存量	600		
	5. 投入量（1+2+3-4）	9 900		
零件库	6. 半成品外售量	100		
	7. 库存半成品定额	600		
	8. 期初库存半成品预计结存量	450		
加工车间	9. 出产量（5+6+7-8）	9 150		
	10. 废品量	80		
	11. 在制品定额	450		
	12. 期初在制品预计结存量	400		
	13. 投入量（9+10+11-12）	9 280		
毛坯库	14. 半成品外售量	—		
	15. 库存半成品定额	—		
	16. 期初库存半成品预计结存量	100		
准备车间	17. 出产量（13+14+15-16）	9 180		
	18. 废品量	50		
	19. 在制品定额	250		
	20. 期初在制品预计结存量	200		
	21. 投入量（17+18+19-20）	9 280		

3. 编制日程计划

在一定期间的生产计划的基础上,应制订日程计划。日程计划是实施计划,即按详细的时间,按照计划进行生产。日程计划实际上是按日或班(轮班作业)将要生产的产品数量明确化。制订日程计划,同样也要与现时生产能力进行比较,进行负荷调整,以确保其是具有保证能力的计划。

班组作业计划制订以后,要针对工单的工艺和作业要求制定工序,同时将日程计划分解到各个工序中:

1)所有工序的作业顺序、方法。
2)每个工序的操作人员技能要求、需要人数。
3)每个工序的标准生产时间。
4)每个工序的材料,包括品类、数量、质量、规格和供料周期。
5)每个工序的配套工具、器具。

例如,导轨组装班组作业的工序清单如表3-9所示。

表3-9 导轨组装班组作业工序清单

品名	导轨	工序名	组装作业	数量(件)		5 000	
班组	组装班组	责任人	王晨益	完成时间		一个工作日	
序号	工序名称			单件标准时间(秒)	实际作业时间(秒)		需求人数
1	中框检查			6	8.3		1
2	组装上杆至中框并铆接			5	6.9		1
3	中框铆后合框			10.5	14.6		2
4	装锁销到中框			7	9.7		1
5	装复位弹片到中框			6	8.3		1
...							

【实用工具与方法】生产日程表

生产日程表如表3-10所示。

表3-10 生产日程表

日期: 年 月 日　　　　　　　　　　　　　　　制造部门:

序号	生产批次	指令单号	品名	数量	生产日程及工时			成本				备注
					起	止	工时	材料	人工	其他	合计	

审核:　　　　　　　　　　　复核:　　　　　　　　　　　制表:

3.2.2 生产作业计划的实施

1. 有效安排生产线

班组长在接到生产计划或生产通知单后,应依据作业步骤图和现场配置图来进行排拉,排拉的结果是要制订排拉表。

排拉表根据生产变化情况一般可分为正常工序生产排拉表和非正常工序生产排拉表(也称加工排拉表)两类。编写排拉表前必须清楚以下事项:产品每一道工序生产需用的总时间或每小时产量;生产线或机器最大可容纳人数;要求每小时的产量是多少;据产量计算所需用的人数和设备或工具数量;工序生产所需用的辅助物料;生产性、非生产性;检验时间的划分;操作方法。

例 3-3

排拉表的编写实例

某电子厂一生产线有 10 个工位,班长依据生产作业步骤和 IE 工程师给定的标准工时,在结合作业者的实际状态后制订了"工序排拉表",如表 3-11 所示。

表 3-11 工序排拉表

工时单位:秒　　　　　　　线别:G1　　　　　　　日期:2022 年 5 月 23 日

工位	标准时间(秒)	节拍工时(秒)	配置方式	配置人数	实用工时(秒)	姓名	备注
下机	35		新手	1	46	刘明军	
加工	43		一般	1	40	陈天飞	
配置	50		一般	1	49	赵和泰	
组装	52	55	熟手	1	50	张将杰	
目检	46		熟手	1	45	杨范	
调试	95		熟手	2	各45	李英、罗海敏	
检查	90		熟手	2	各42	杨敏、孔平	
包装	45		一般	1	50	高新杰	

结论:该生产线的组长通过上述配置,使得实际的节拍时间由标准状态的 55 秒减少到 50 秒(最大值),这样就可能增产 10%。这种排拉手法的三个特点是:

(1)分解调试、检查位,安排两个人作业。
(2)下机和包装位采用新手作业,延长了实用工时。
(3)组装、目检、调试、检查位采用熟手,降低了实用工时。

---

2. 生产作业进度控制

生产作业计划下达以后,当车间和班组开始作业时,班组长的工作重点应移至生产第一线,控制生产的产量、质量和进度,加强动态管理。

(1)生产进度管理的方法

1)现场观察:对于多品种、小批量的个别订货型生产,采用在现场观看作业状况,核对进度的方法。

2）日作业进度表：对于多品种整批量计划生产型的企业或整批订货生产型的整批次产品，生产具有统一、反复性且生产时间在一天以上，可利用日作业进度表，将每小时的实绩数与计划数对照，以便及时采取对策。

3）数字记录：所有企业都可采用数字记录的方法，这样就能看出预定与实绩的差异，以便掌握进度状况。

（2）生产进度跟踪手段　生产进度管理最常用的手段和方法是制造部门定期编制生产报表。生产计划部对报表进行分析，编制进度跟踪表，从而得知生产进度情况。作为制造部门，可以设置进度管理箱，让制造管理人员和作业人员都能十分直观地看到生产进度情况。

1）控制日产量——生产日报表：日产量是完成总体作业的基础。由于班组之间的生产能力有强有弱，每个车间、班组的日产量不会完全均等，这对新品种的适应能力、生产潜力和总体作业计划的完成产生比较大的影响。因此，班组长利用生产日报表明确该班组是否需要加班来完成当日计划，预测自己班组完成计划的可能性，依据班组的生产能力，差额下达生产作业计划，这样才有利于督促班组在有效工作期内努力完成生产计划，按期交货。

【实用工具与方法】生产日报表

生产日报表如表 3-12 所示。

表 3-12　生产日报表

部门：　　　　　　　　　　　　　　　　　　　　　　　　　　_____年__月__日

制造号码	产品名称	预定产量	本日产量		累计产量		耗费工时		半成品	
			预计	实际	预计	实际	本日	累计	本日	昨日
合计										

人事记录	应到人数		停工记录：	异常状况报告：
	请假人数			
	调出人数			
	调入人数			
	新进人数		加班人数	离职人数
生产情况纪要				
班长			统计制表	

2）生产作业核算：在生产作业计划执行过程中，对产品、零件的实际投入和产出量、投入和产出期、在制品占用量、各单位和个人完成的工作任务等所进行的实际记录。生产作业核算一般是用图表的方式表示。

① 投入产出进度表,如表 3-13 所示。

表 3-13　某换热器组装投入产出进度表　　　　　　　　（单位：台）

项目		1		2		3		...
	日期	当日	累计	当日	累计	当日	累计	
计划	投入	12	12	12	24	12	36	
	产出	11	11	11	22	11	33	
实际	投入	12	12	12	24	12	36	
	产出	10	10	11	21	10	31	

② 投入产出进度甘特图,如图 3-3 所示。

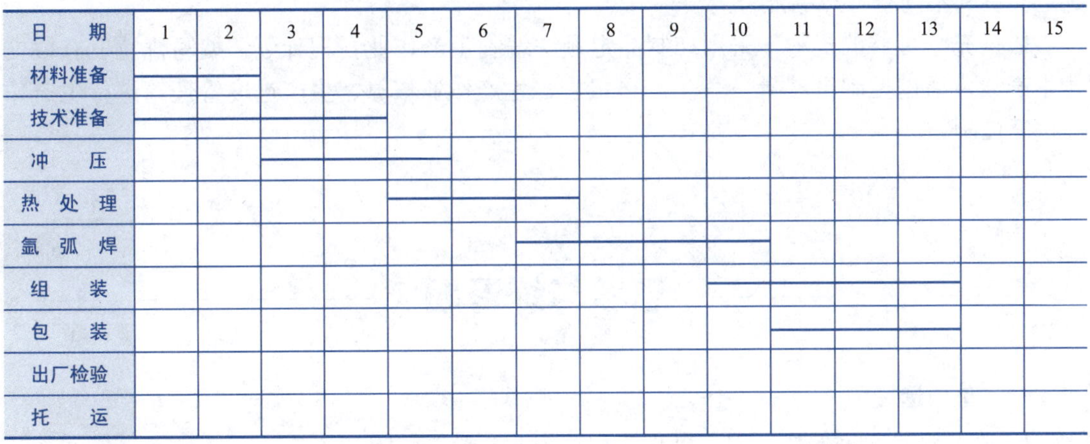

日期	1	2	3	4	5	6	7	8	9	10	11	12	13	14	15
材料准备															
技术准备															
冲　压															
热处理															
氩弧焊															
组　装															
包　装															
出厂检验															
托　运															

注:横线表示作业起止日

图 3-3　某换热器生产的投入产出进度甘特图

3)生产进度管理箱:如图 3-4 所示,这是一个有 60(30×2)个小格的敞口箱子,每一个小格代表一个日期。每行的左边三格放生产指令单,右边三格放领料单。如果是 10 月 1 日的指令单就放在左边 1 所指的格子里,而领料单则放在右边 1 所指的格子里。如过期没有处理的,就说明进度落后了,必须想办法马上解决。

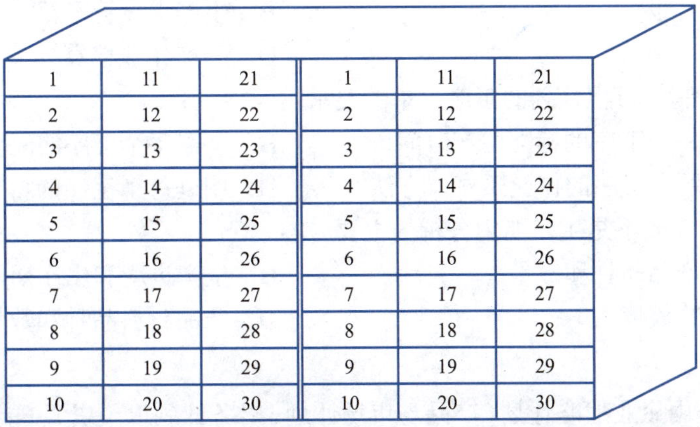

图 3-4　生产进度管理箱

模块小结

　　综合生产计划的主要目标是按时完成能够有效使用组织资源的生产计划，满足预期需求。

　　综合生产计划在整个生产运作计划的层次体系中起着纽带作用，按计划时间跨度的长短可分为长期计划、中期计划和短期计划三个层次。

　　在进行综合生产计划决策时有八种选择策略：改变库存水平、通过新聘或暂时解聘来改变劳动力数量、通过超时或减时工作来改变产出率、转包、使用非全日制雇员、需求影响、延迟交货和不同季节产品混合。

　　依据充分可靠的资料，采用在制品定额法编制生产作业日程计划，编写排拉表有效安排生产线，通过控制日产量——生产日报表、生产作业核算、生产进度管理箱进行生产作业进度控制。

思考与练习题

一、单项选择题

1. 在生产计划系统中，对于处理流程型企业，最关键的是（　　）。
   A. 长期计划　　　　B. 中期计划　　　　C. 短期计划　　　　D. 作业计划
2. 对于备货型企业，在年生产计划中，确定（　　）是最重要的决策。
   A. 交货期　　　　　B. 价格　　　　　　C. 品种和产量　　　D. 成本和质量
3. 短期计划，即当月计划、周次计划、即（　　）计划等。
   A. 年　　　　　　　B. 月　　　　　　　C. 周　　　　　　　D. 日
4. 班组长编写（　　）表以有效安排生产线。
   A. 生产日报　　　　　　　　　　　　　B. 生产进度管理箱
   C. 排拉　　　　　　　　　　　　　　　D. 生产作业核算
5. 以下不是制订日程计划的工序清单的要求是（　　）。
   A. 明确每个工序的标准生产时间　　　　B. 不需每个工序的配套工具、器具
   C. 明确所有工序的作业顺序、方法　　　D. 明确每个工序的材料
6. 以下（　　）不是生产能力分析的主要内容。
   A. 生产产品品种和数量　　　　　　　　B. 生产进度和生产期限
   C. 员工的数量　　　　　　　　　　　　D. 产品材料品种和数量

二、填空题

1. （　　）是由企业战略计划、产品与市场计划、财务计划以及资源（能力）计划等组成。
2. 进行综合生产计划决策时，属于五种生产能力选择的是改变库存水平、通过新聘

或暂时解聘来改变劳动力数量、通过超时或减时工作来改变产出率、（　　　）和（　　　）。

3．企业可以在产品低需求时期增加（　　　）水平，以满足将来某一时期产品的高需求。

4．根据每位员工的技术能力安排各自能够胜任的（　　　），班组富余人员数量的多少也可以作为灵活调节的依据。

5．当作业任务超出班组生产能力时，应在作业单上写明原因、最快交期等后退给（　　　）并确认。

三、判断题（正确的请打"√"，错误的打"×"）

1．在制品定额是指在一定技术组织条件下，为保证生产正常进行，生产各个环节所必须占用的最低限度的在制品数量。（　　　）

2．生产进度管理最常用的手段和方法是制造部门定期编制生产报表。（　　　）

3．通过新聘或暂时解聘来改变劳动力数量是进行综合生产计划决策的需求选择。（　　　）

四、简答题

1．试说明企业长期战略计划的作用和任务。

2．生产运作计划的层次体系及其内容有哪些？

3．试述综合生产计划的八种选择策略。

4．如何编制生产作业计划？

5．生产进度跟踪手段有哪些？

五、计算题

某化工公司润滑油产品的市场需求预测和成本数据、生产能力和外协能力如表3-14所示。现有库存量250吨，希望期末库存为300吨。试用图表法制订公司的生产计划（不允许任务积压和缺货）。

表3-14　市场需求预测和成本数据、生产能力和外协能力

季　度	需　求	正常生产	加班生产	外　协	库　存
1	300吨	450吨	90吨	200吨	—
2	850吨	450吨	90吨	200吨	—
3	1 500吨	750吨	150吨	200吨	—
4	350吨	450吨	90吨	200吨	—
单位产品的成本	—	1.00元	1.50元	1.90元	0.3元

模块 4 / Module 4

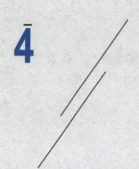

现场效率管理

学习目标

- 了解工业工程的概念、特点、知识体系和方法。
- 理解工业工程的方法研究、生产能力及效率衡量方法。
- 掌握生产线平衡分析的基本步骤以及瓶颈改善的六大具体方法。
- 掌握动作分析和动作改善方法以及遵循动作经济原则和 ECSR 原则实施作业改善的基本要点。
- 掌握快速换线换模的改善步骤及其要点。
- 掌握现场物流分析的方法以及物流改善的操作要点。

学习引导

4.1 工业工程（IE）概述

4.1.1 工业工程的概念

工业工程（Industrial Engineering，IE）是对人员、材料、设备、能源和信息所组成的集成系统进行设计、改善和设置的一门学科。它综合应用了数学、物理学和社会科学的专门知识和技术，以及工程分析与设计的原理和方法，对该系统所取得的成果进行鉴定、预测和评价。

IE 是一门改善的技术和方法，它能充分利用各种生产资源，排除工作中的不经济、不平衡和不合理现象，使企业能够更加顺畅、快捷、低成本地生产高质量的产品，更好地为客户提供服务。

4.1.2 IE 的特点和方法

IE 是实践性很强的应用学科。世界各国根据自己的国情（如社会文化传统、技术与管理的体制和水平等）形成富有自己特色的 IE 体系。例如，日本从美国引进 IE，经过半个多世纪的发展，形成了富有日本特色的 IE，即把 IE 与管理实践紧密结合，强调现场管理优化；而美国则更强调 IE 的工程性。然而，无论哪个国家的 IE，尽管特色不同，其本质都是一致的。因此，我们弄清 IE 的本质，掌握 IE 的特点和方法，对提高企业效率和效益具有重要作用。

1）IE 的核心是降低成本、提高质量和生产率。

2）IE 是综合性的应用知识体系，把技术（制造技术、工具和程序）与管理（人和其他要素的改善管理与控制）有机地结合起来。常用的 IE 方法如图 4-1 所示。

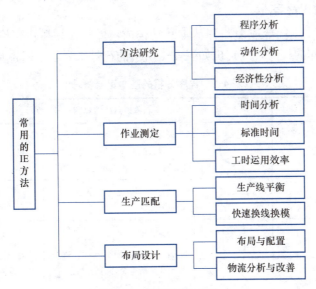

图 4-1 常用的 IE 方法

3）注重人的因素是 IE 区别于其他工程学科的特点之一。从操作方式、工作站设计、岗位和职务设计直到整个系统的组织设计，IE 都十分重视研究人的因素，包括人—机关系、环境对人的影响（生理和心理等方面）、人的工作主动性、积极性和创造性、激励方法等，寻求合理配置人和其他因素，建立适合人的生理和心理特点的机器和环境系统，使人能够发挥能动作用，并能最好地发挥各生产要素的作用。

4）IE 的重点是面向微观管理，从工作研究、作业分析、动作和微动作分析到研究制订作业标准，确定劳动定额；从各种现场管理优化到各职能部门之间的协调和改善管理等都需要 IE 发挥作用。

5）IE 是系统优化技术，对各种生产资源和环节做具体的研究、统筹分析、合理的配置；对种种方案做定量化的分析比较，寻求最佳的设计和改善方案，最终追求的是系统整体效益最佳（少投入、多产出）。

4.2 IE 的方法研究

4.2.1 程序分析

1. 程序分析的定义、对象和目的

程序分析是以产品的整个制造过程为研究对象的一种系统分析技术，它按作业流程从第一道工序至最后一道工序，从第一个工作地到最后一个工作地，从材料入厂到成品出厂进行全过程分析。程序分析采用规定的符号对研究对象从原材料投入到产品出厂的全过程进行记录，从而有效地发现现有流程中存在的问题，进而探求一个最佳的工作程序，能以此实现最低的消耗（劳动力、成本、物资等）获得最佳的效益（效率、质量、利润、生产周期等）。

2. 程序分析常用符号

程序分析的工作流程一般由四种基本活动构成，即加工、搬运、检查和停滞。为了能清楚地表示任何工作的程序，制定出如表 4-1 所示的符号来表示这四种基本活动。

表 4-1 程序分析的基本记录符号

工序名称	符号名称	符　号	符号表示的内容	示例说明
加工	加工	○	表示原料、零件或产品，依其作业目的而发生物理或化学变化的状态，增加其价值的活动	机加工、搅拌、打字等
搬运	搬运	⇨	表示原料、零件或产品从一处向另一处移动的活动	物料的运输、操作工人的移动
检查	数量检查	□	表示将目的物与标准物进行对比并判断是否合格的过程	对照图样检验产品的加工尺寸、检查设备的正常运转情况等
检查	质量检查	◇	表示将目的物与标准物进行对比并判断是否合格的过程	对照图样检验产品的加工尺寸、检查设备的正常运转情况等
停滞	储存	▽	表示原料、零件或产品，不在加工或检查状态而是处于储存或等待状态（预定的下一工序未能立即发生而产生的暂时的、不必要的停留）	物料在某种授权下存入仓库
停滞	等待	D	表示原料、零件或产品，不在加工或检查状态而是处于储存或等待状态（预定的下一工序未能立即发生而产生的暂时的、不必要的停留）	前后两道工序间处于等待的工作、零件等，等待开箱的货箱

3. 程序分析分类和特点

程序分析根据对象不同，可分为以下四种分析方法（如图 4-2 所示）：以产品工艺为对象的产品工艺分析；以办公流程、手续流程和账本流程为对象的业务流程分析；以操作者与机械之间或多名操作者之间的作业程序为对象的联合作业分析，还可以继续细分为人机作业分析和共同作业分析等；以人为对象的作业流程分析。

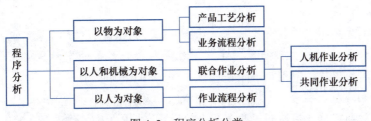

图 4-2　程序分析分类

由于分析的对象不同，所以这四种分析方法也各不相同。为了更好地理解和区分这四种分析方法，了解各分析方法的目的、作用、工序特征和优缺点，现将各种分析方法进行归纳总结，如表 4-2 所示。

表 4-2　程序分析方法对比

方法	目的	作用	工序特征	优缺点
产品工艺分析	产品的生产工艺流程合理化	● 调查原材料、零件、在制品等的加工、搬运、检查、停滞情况 ● 分析加工、搬运、检查、停滞等动作有没有浪费 ● 针对以上四个方面制订合理可行的改善方案	多人通过多台机器制造同一产品的工艺过程	● 可适用于任何产品加工工序的分析，与工序管理图对照时更易于分析 ● 作业者的动作不明确
业务流程分析	● 加快信息传递速度，提高业务效率 ● 为企业获取最大的经济效益 ● 最大限度提升顾客满意度	● 使业务工作标准化 ● 使信息传递快速化、准确化 ● 去除多余的表单文件，减少无效的事务工作	跨部门多人连续作业	● 业务流程与相互关系明了，责任清晰体现，管理标准化 ● 时间关系不够明了，标准化较困难，受特权文化影响严重，部门本位主义普遍出现
联合作业分析	● 理顺人与机械、人与人之间的关系 ● 消除作业人员在生产中的浪费，从而使生产效率得到根本性提升	● 消除设备在生产过程中空转的浪费，提高设备利用率 ● 使人和机器的作业负荷均衡 ● 在生产初期，可作为合理分配工作任务的依据 ● 为现有设备的改造提供依据	一个作业人员操作几台机械，或者几人作业人员共同进行同一项工作	● 明确彼此之间的时间关系及空闲时间清楚明了，明确人与机械的运转状态 ● 如彼此之间没有时间关系的情况，因时间精度分析问题，难以使用
作业流程分析	● 优化作业者的作业流程 ● 作为流程改善的基础数据使用	● 明确各工序的作业内容、作业顺序、作业目的 ● 根据收集的资料进行设备的合理配置	一人通过不同的机械和工具，在几个作业区之间加工、制造多个产品	● 易发现作业者的多余动作，作业者对作业方法的改善更有效 ● 因作业者不同而结果有所差异，必须紧随作业者方可观察其行动

例 4-1

联合作业分析的应用实例

在某机械公司的机械加工车间,某机械设备在新产品导入初期预测其能力是充足的,但是在转入大批量生产后,经常因其设备能力不足而导致交期延迟。

(1)现状调查

在开始工序分析之前,企业应该对作业内容进行认真仔细的调查,包括生产状况、生产规模、设备状况、生产布局、生产流程、人员配备等的实际状况,这些信息对了解各工序之间的现状很有帮助。

(2)绘制现状流程表

在改善初期可以采用绘制现状流程表的方式,从中发现工作中存在的人机配合问题。如表4-3所示为该设备加工的流程现状。从表中发现该工序的人员效率和设备利用率非常低,每一个生产周期中机器有38.5%的时间在发生空转,作业人员在生产过程中等待的时间过长,同样占总时间的38.5%,存在着严重的浪费现象。因此,必须进行改善。

表 4-3 联合作业分析表(改善前)

工 序	作业人员		机 器	
	作业内容	时间(分钟)	作业内容	时间(分钟)
加工	准备零件	2	等待	2
	安装零件	1.5	被装上零件	1.5
	等待	5	加工	5
	卸下零件	1.5	被卸下零件	1.5
	检查、修整、放零件	3	等待	3
利用率	61.5%		61.5%	

(3)制订改善方案

仍以表4-3为例,针对所发现的问题,从人员、机器、物料、方法、环境等方面进行分析后发现:在整个13分钟的作业过程中,人和机器都有5分钟的等待时间。也就是说,原计划日产60台,现在却只能生产36台。这就是生产率低的原因,也是我们改善的关键点。

由此,制订的改善方案是:作业人员在等待机器加工(5分钟)时,可以对上一个零件进行整修、检查、放置(3分钟)和做下一个零件的准备工作(2分钟),然后进行下一个零件的安装加工。这样便可以消除工作中的不合理等待时间。

(4)绘制理想的作业流程表

为了能够更直观地反映改善后的变化,可制作改善方案的分析表,如表4-4所示。从表中可以看到,加工零件的周期时间已经由原来的13分钟缩短至现在的8分钟,作业人员效率和设备利用率都达到了100%。

(5)改善方案标准化

实施作业改善方案后,应该即时地进行整理、完善,并将方案标准化,以防止因作业人员的流动而导致好的作业方法流失。

表 4-4 联合作业分析表（改善后）

工序	作业人员		机器	
	作业内容	时间（分钟）	作业内容	时间（分钟）
加工	安装零件	1.5	被装上零件	1.5
	检查、修整、放零件	3	加工	5
	准备零件	2		
	卸下零件	1.5	被卸下零件	1.5
利用率	100%		100%	

4.2.2 动作分析

动作分析就是在作业流程决定后，按作业人员的动作顺序观察其动作方法，用记号将手部、眼睛或其他身体部分的作业动作记录下来，制作成图表，并以此图表为依据，对人的各种动作进行细微的分析，通过简化或消除工作中不必要的动作，设定较好的动作顺序或组合方法，以寻求省力、省时、安全和经济有效的动作。

1．动作分析的具体目的

1）设计、改进能减轻疲劳程度而又安全的作业系统。设定最佳动作的顺序、方法以及谋求身体相关部分同时动作，使操作更安全、减轻作业疲劳、提高作业效率。

2）简化操作。把操作复杂的动作进行分解，以组成更容易的动作，改善动作的顺序和方法，决定最佳标准作业方法。

3）对机器和工艺装备进行选择和改进。设定最适合动作夹具以及动作范围内的最佳布局，使之与人的动作相适应，取得改进或设计资料。

4）努力发现闲余时间，删去不必要的动作，减少不必要的操作量，为工作测量提供准确的计算资料。

5）确定动作理想顺序，为制订作业标准提供资料。

2．动作分析的三种方法

动作分析方法按精确程度不同，可分为下列几种：

（1）目视观察的动作分析　直接观察作业人员双手、双脚的动作以及眼睛、头部的转动情况，并用一定的符号按动作顺序如实地记录下来，然后进行分析，提出改进操作的意见。由于每项动作的时间都很短，目视动作分析一般只适用于比较简单的操作活动。

（2）影像动作分析　使用摄影设备采用高速摄影、普通摄影、数码摄影方法将各个操作动作摄录在胶片或录像带上，然后放映，进行分析。它不仅可以记录人的全部操作活动，而且事后可以根据分析的需要反复再现。因此，影像分析是一种常见、有效的研究方法。

（3）动作要素分析　将人在作业中的动作分解成预先规定的若干个最基本的动作单位（动作要素），然后加以逐项分析，以获得较高效率的工作方法。

3．动作分析的四个步骤

（1）观察和记录作业动作　将作业动作分解成若干个动作要素。

（2）动作价值分析　根据动作要素对工序作业的贡献进行分类，根据价值判断发现动作浪费。

（3）消除动作浪费，优化动作　对于无价值的动作要素，应尽量消除；对于有价值的动作要素，应尽量使之做得更轻松、更快、更好。

（4）重新编排岗位作业　根据改善的动作设定优化后的标准动作，使岗位作业更顺畅、有效。

4．动作要素及其分类

研究发现，工业生产中员工作业常用的动作要素（简称动素）有18种（见表4-5），根据其对岗位作业的贡献可分为A、B、C三类，即有效动素、辅助动素和消耗性动素三类。

表4-5　工序作业中常用的18种动作要素

类别	类别名称	序号	动素名称	缩写	形象符号	说明
A	有效动素	1	伸手（Transport Empty）	TE	⌣	空手移动接近或离开目标
		2	握取（Grasp）	G	∩	用手指握住目的物
		3	移物（Transport Loaded）	TL	⌣	手持物从一处移至另一处
		4	放手（Release Load）	RL	⌒	从手中放下目的物
		5	装配（Assemble）	A	#	将两个以上目的物组合起来
		6	使用（Use）	U	∪	使用工具或手进行操作
		7	拆卸（Disassemble）	DA	++	分解两个以上的目的物
B	辅助动素	8	寻找（Search）	SH	⊙	用视觉等感官确定目的物的位置
		9	选择（Select）	ST	→	从许多目的物中选取一件
		10	定位（Position）	P	9	将物体放置于所需的正确位置
		11	预定位（Pre-Position）	PP	8	定位前先将物体安置到预定位置
		12	检验（Inspect）	I	O	将目的物与规定标准进行比较
		13	持住（Hold）	H	∩	手握物并保持静止状态
		14	发现（Find）	F	◉	发现东西时的眼睛的形状
C	消耗性动素	15	计划（Plan）	PN	ρ	决定下一操作步骤所做的思考
		16	迟延（Unavoidable Delay）	UD	⌒	不可避免的停顿
		17	故延（Avoidable Delay）	AD	⌒	可以避免的停顿
		18	休息（Rest）	R	♀	因为疲劳而停止工作，以便再恢复

5．动作改善方法及操作要点

动作改善的基本原则是使动作更加经济，即可以用更少的、更好的动作达到工序作业要求，使员工作业时做得更轻松、更快、更安全、更节省、效果更好。

（1）三大类动作要素的改善方向

根据动作要素的价值分类，对于A、B、C三大类动作要素采取不同的改善方向（见表4-6）。

表 4-6　三大类动作要素的改善方向

类别	类别名称	特点	改善方向
A	有效动素	进行工作所必要的、能使工作有效推进的动作要素,又称增值性动素	A类动作能使工作有效推进,应使之更轻松
B	辅助动素	工作时有时必要,但又会消耗作业时间的动作要素	B类动作会造成工作延迟,应尽可能减少
C	消耗性动素	本身不能推进作业的动作要素,又称无效动素	C类动作本身不能推进作业,应尽可能消除

(2) 动作改善的三大方法及其操作要点

动作要素改善方法是动作优化、减少（去除）和工装化,其具体操作要点见表 4-7。

表 4-7　动作要素改善的方法及其操作要点

改善方法	改善原则	操作要点
动作优化	1. 使肢体更加协调 2. 前后动作连接 3. 减少注意力	1. 使动作方向与作业进行方向一致 2. 合并、组合两个以上的动作要素 3. 用身体的不同部位代替手的动作 4. 尽可能多利用左手 5. 减少眼球的多余动作及不必要的判断 6. 提高自动化程度 7. 整理、整顿、定置、定位
减少（去除）	1. 减少每次的运动量 2. 减少动作次数 3. 去除不必要的动作	1. 利用重力及动力进行作业 2. 消除反重力方向的作业 3. 缩小作业范围 4. 多个工件同时作业 5. 合并动作要素 6. 适当利用工具消除某些动作要素
工装化	利用简单工具进行作业	1. 设计适当的工具用于作业 2. 改善工具形状、性能、精度,使之更便于作业

(3) 基本动作分析表的绘制要点

在绘制动作分析表的过程中,首先要准备好动作分析表,如表 4-8 所示。

表 4-8　动作分析表

调查日期：　　年　月　日

工序（工厂）名							
产品名称							
作业名称							
分析者姓名							
所属部门							
部门							
序号	要素作业	左手动作	基本动作记号			右手动作	备注（辅助说明改善目标）
			左手	眼	右手		

(续)

总括表	动作属性	第1类								小计	第2类				小计	第3类				小计	合计
	基本动作记号	⌣	⌒	ℯ	9	#	Ħ	∪	ℯ	0		⊙	◉	→	ℰ	8		⌓	⌒	ℯ	⌐	
	左手																					
	右手																					
	眼																					

其次,在动作分析记录表的基础上,运用动作经济原则与ECSR原则,对动作过程进行分析,最后得到改善办法和效果。表4-9与表4-10为改善组装螺栓螺母作业的动作分析前后对照,从中可见动作分析改善的基本路径与效果。

表4-9 组装螺栓螺母作业的动作分析(改善前)

序 号	要素作业	左手动作	基本动作记号			右手动作
			左手	眼	右手	
1	取螺栓	向螺栓伸手	⌣	⊙ ◉ →	ℯ	待工
2		抓住螺栓	⌒		ℯ	待工
3		调整角度向前面移动	ℯ+9		ℯ	待工
4	取螺母	一直拿着螺栓	⌓	⊙ ◉ →	⌒	向螺母伸手
5		一直拿着螺栓	⌓		ℯ+9	抓住螺母
6		一直拿着螺栓				调整螺母角度并移到前面
7	组装螺栓和螺母	把螺栓合上螺母	#		#	把螺母合上螺栓

表4-10 组装螺栓螺母作业的动作分析(改善后)

序 号	要素作业	左手动作	基本动作记号			右手动作
			左手	眼	右手	
1	取螺栓和螺母	向螺栓伸手	⌣	⊙ ◉ →	⌣	向螺母伸手
2		抓住螺栓	⌒		⌒	抓住螺母
3		调整螺栓角度移动到前面	ℯ+9		ℯ+9	调整螺母角度并移到前面
4	组装螺栓和螺母	把螺栓合上螺母	#		#	把螺母合上螺栓

4.2.3 ECSR原则

ECSR原则也是效率改善的重要方法,在作业改善和流程改善中被广泛运用,如图4-3所示。

图 4-3　ECSR 原则在工序作业改善中的运用

　　Eliminate（取消）：①取消所有可能取消的作业、步骤和动作；②取消不规律性，使动作成为自发性，并使各种物品固定放置在操作者前面的近处；③取消以手作为持物工具的动作；④取消必须使用肌力才能维持的姿势；⑤取消必须使用肌力的工作，而以工具取代之；⑥取消危险的工作；⑦取消所有不必要的闲置时间。

　　Combine（合并）：①把方向突变的各种小动作，组合成一个连续的曲线动作；②合并各种工具，使其成为多用途的工具；③合并可能的作业；④合并可能同时进行的动作。

　　Simplify（简化）：①用简单方法动作；②作业组作业时，应把工作平均分配给各成员；③将取消、合并之后的工序，重新排成清晰的直线顺序。

　　Rearrange（重排）：①使用最低级次的工作；②使用最简单的动素组合来完成动作；③缩短动作距离；④使手柄、操作杆、脚踏板、按钮都在手足可及之处。

例 4-2

运用 ECSR 原则对某钢铁公司的轧辊作业进行改善

　　【现　状】某公司轧辊作业现状如图 4-4 所示：钢用的轧辊，使用一段时间之后就会磨损，需要对它加工。另外，轧辊左右两端（轧辊颈）部分安装了轴承，进行研磨时，先要将它取下来，研磨完后再重新将它安装。工作小组由轧辊组装人员 A 和 B 及行车司机 C 组成，与其他公司相比，车间组装作业的人员多；在组装轧辊时，每次卸轧辊要花 1 个小时。

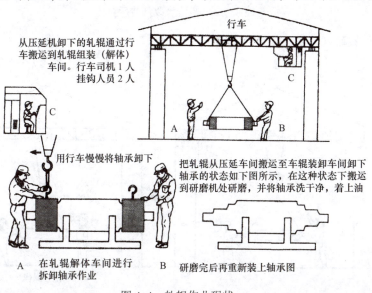

图 4-4　轧辊作业现状

【改善方法】首先应用 ECSR 原则进行分析,如表 4-11 所示。

表 4-11 应用 ECSR 原则分析

序号	ECSR 原则	提问	判断	调查研究
1	取消	①是否可以取消轧辊研磨作业	否	在目前,由于轧辊会磨损,为了保证产品质量,不能取消这一作业
		②是否可以取消拆卸、组装作业	是	如果按一定频率对轴承进行去污,可以带轴承进行研磨
		③是否可以取消搬运轧辊时的行车操作	否	不把轧辊从压延机取出是不能进行研磨的,所以搬运是必需的
2	合并	①是否可以将轧辊研磨作业和组装作业一起进行	是	按 1-②一样考虑
		②是否可以将挂钩作业和操作行车作业一起进行	是	挂钩人员使用遥控操作行车便可实现,但在一定程度上会降低效率
3	简化	①轧辊的搬运作业是否可以更简单	否	如果将搬运距离缩短,就得改变目前的工厂布局,现阶段有困难
		②轧辊拆卸、组装作业是否可以更简单	是	按 1-②一样考虑
		③轧辊研磨作业是否可以更简单	否	目前,研磨方法是最恰当的
4	重排	①是否可以在轧辊拆卸前进行研磨	是	按 1-②一样考虑
		②是否可以在搬运过程中进行拆卸	否	从工厂布局来看是不可能的,另外,也没有实际的意义

1. 轧辊研磨(见图 4-5)

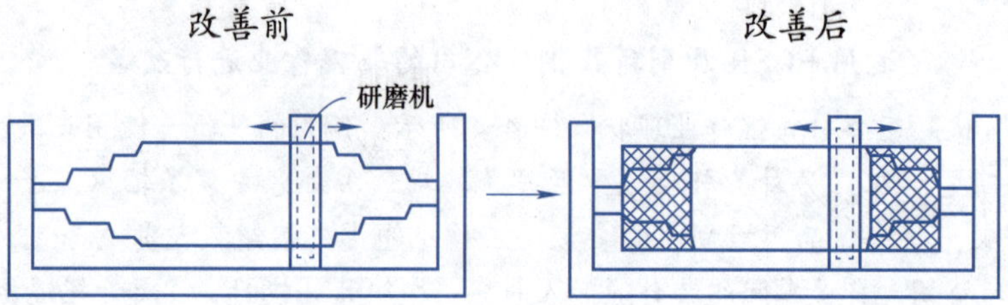

图 4-5 轧辊研磨改善前后对比

2. 轧辊搬运(见图 4-6)

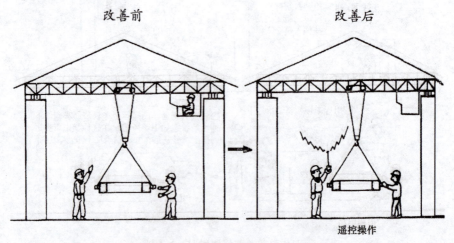

图 4-6 轧辊搬运改善前后对比

> 通过ECSR原则的分析得出：①有必要对轧辊研磨工序进行改进，取消轧辊拆卸工序，实现每使用几次之后可以带轴承进行研磨。②对轧辊搬运工序进行改进，通过遥控行车，由现在3人作业改为2人作业。
>
> 【改善效果】带轴承进行研磨，必须对研磨机进行较大的投资。但是，从效果来看，经改造之后，不需要几组作业人员了，改善效果非常明显。因对遥控装置改造所需投资非常低，用遥控器操作行车，可以取消行车司机。

4.3 IE的作业测定

4.3.1 工时消耗及标准时间

1. 工时消耗及其分类

要使用工业工程的时间研究方法来分析与研究作业时间消耗，首先要能清楚地辨识作业中各类时间及概念的界定。

工人在生产中的工时消耗，可分为定额时间和非定额时间两大部分，其构成情况如图4-7所示，各类工时的概念界定如表4-12所示。

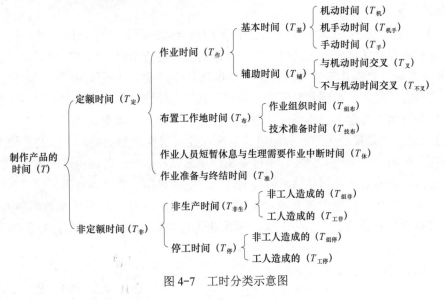

图4-7 工时分类示意图

表4-12 工时类别概念界定

工时类别	概念界定
$T_{定}$	完成职责内工作必需的劳动时间
$T_{作}$	直接用于完成生产任务、实现工艺过程所消耗的时间
$T_{基}$	直接完成基本工艺过程所消耗的时间
$T_{辅}$	为实现基本工艺过程而进行的各种辅助操作所消耗的时间，与机动时间交叉的辅助时间不应计入定额时间内
$T_{机}$	不需工人直接操纵，而由机器自动完成作业的时间

(续)

工 时 类 别	概 念 界 定
$T_{机手}$	由工人直接操纵机器完成作业的时间
$T_{手}$	由工人用手工或简单工具完成作业的时间
$T_{布}$	工人照管工作地,使工作地经常保持正常工作状态所需要的时间
$T_{组布}$	上班的准备工作或交接班工作等所消耗的时间(如上班领工具、图纸、准备材料;下班擦机床、整理工具、清理铁屑、加润滑油等)
$T_{技布}$	由于技术上的需要,用于照料工作地的时间(如:更换刀具、调整机床、磨刀具等)
$T_{休}$	工人为了解除疲劳而在工作中进行短暂休息以及生理需要的时间消耗
$T_{准}$	为了完成一批产品或一项工作,事前准备和事后结束工作所消耗的时间
$T_{非}$	与完成生产作业无关的不必要的时间
$T_{非生}$	工人做职责以外的工作或不必要的工作损失的时间
$T_{组非}$	由管理上的缺憾造成的非生产作业时间
$T_{工非}$	由工人本身过失造成的非生产作业时间
$T_{停}$	由管理不善或其他原因造成的停工时间
$T_{组停}$	由管理或技术上的原因造成的停工时间
$T_{工停}$	由工人本身原因造成的中断停工时间

时间研究就是基于工时分类对作业过程中发生的全部时耗进行测量,然后对定额时间逐项加以标定来确定时间定额标准。

2. 标准时间

标准时间的含义是"在适宜的操作条件下用最合适的操作方法,以普通熟练工人的正常速度完成标准作业所需要的劳动时间"。标准时间是由正常时间加宽放时间而得到的。

1) 正常时间,是操作者以其速度稳定工作且无停顿或休息所需的时间。正常时间是由最初用秒表测得的时间(即观测时间),经对观测时间评比(即时间研究人员将所观测到的操作者的操作时间,与自己理想的正常时间进行比较、修正)而得到的。

2) 宽放时间,是指在生产过程中进行非纯作业所消耗的附加时间,以及补偿某些影响作业的时间,如用于补偿个人需要、不可避免地延迟以及由于疲劳而引起的效能下降。它是标准时间的组成部分之一,而非指所消耗的时间。宽放时间一般分为以下五种:私事宽放、疲劳宽放、程序宽放、特别宽放及政策宽放。私事宽放,一般情形时,宽放率多为5%;疲劳宽放,轻作业的宽放率为5%～10%,重作业的宽放率为20%～30%,特重作业的宽放率为30%～60%等。

标准时间的构成如图4-8所示。

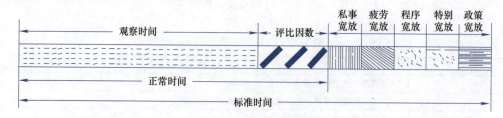

图4-8 标准时间的构成

标准时间需要通过方法研究和作业测定求得某一标准作业所需时间的一个唯一量值。测定标准时间的主要方法有:时间分析法、连续观测法、瞬时观测法、预定时间标准法、标准资料法等。标准时间主要用于确定作业或产品制造的工作量,编制生产、成本计划,制订工作标准,以便改进工作。

标准时间常用的计算公式见式(4-1)。

$$T_S = T_N(1+A) \tag{4-1}$$

式中　T_S——标准时间;
　　　T_N——正常时间;
　　　A——宽放率。

标准时间的计算步骤可以凝缩为如图4-9所示的框图。

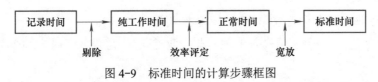

图 4-9　标准时间的计算步骤框图

3. 工时定额

工时定额是劳动定额标准中的一种。标准时间是制订工时定额的依据。一般来讲"现行定额"往往就是标准时间,当上级下达规定的工时定额时,有了标准时间,就可以知道自己单位的标准时间与上级下达定额的差异,做到心中有数。

例 4-3

工时定额计算实例

车轴套外圆共有9个操作单元:①取零件并安装在心轴上;②取垫圈螺母装在心轴上拧紧;③开动主轴;④移动刀架并对刀;⑤车削;⑥退刀;⑦停车退刀架;⑧拧下螺母,拿下垫圈;⑨拿下零件并放入零件箱。进行秒表测时,结果为:$T_定$=480分钟,$T_作$=420分钟,$T_布$=30分钟,$T_休$=30分钟;测时正常时间为:T_N=1.4067分钟/件;计算工时定额和班产量定额。

解析:根据式(4-1)计算工时定额为

$$T_S = T_N(1+A_1+A_2) = \left[1.4067 \times \left(1+\frac{30}{420}+\frac{30}{420}\right)\right] 分钟/件$$

$$= (1.4067 \times 1.1429) 分钟/件 = 1.6077 分钟/件$$

$$班产量定额 = \frac{T_定}{T_S} = \left(\frac{480}{1.6077}\right) 件 = 298.6 件$$

或

$$班产量定额 = \frac{T_作}{T_N} = \left(\frac{420}{1.4067}\right) 件 = 298.6 件$$

4.3.2　生产能力及工时运用效率衡量

标准时间、工时运用效率和出勤体制决定了生产能力和综合效率,进而决定了交货周期和合同履约能力。因此，提高生产能力及综合效率是现场管理的另一重要目标。工时运用效率是生产效率管理的重要指标，它与标准工时决定了综合生产效率。工时运用效率就是所投入的工时直接运用于有效产品产出的比率，包括有效运转率、切换率和切换效率、综合有效运转率。

1. 有效运转率

有效运转率是一种效率指标，根据月度工时统计数据可以得到阶段性有效运转率数值。所谓有效运转率就是每天投入有效产出产品的工时占当天总投入工时的比率，如式（4-2）所示。

$$有效运转率 = 有效作业时间 / 总投入时间 \times 100\%$$
$$= （总投入工时 - 非作业时间）/ 总投入工时 \times 100\% \quad (4-2)$$

式中：

非作业时间包括计划内非作业时间和计划外非作业时间：①计划内非作业时间是根据实际需要，有计划地安排的必要非作业时间，如班前会、设备点检、工间休息等；②计划外非作业时间，即经常发生的非作业时间，如设备故障、设备调整、材料待工、质量问题等。

从式（4-2）看出，为了提高有效运转率，应减少没有有效产出的非作业时间，使计划内非作业时间合理化、计划外非作业时间最小化。

2. 切换率和切换效率

在每个月的工时投入中，有一部分工时用于机型切换但不能有效产出产品的，这部分时间占月总工时的比率就称为切换率，如式（4-3）所示。

$$切换率 = 总切换时间 / 总投入时间 \times 100\% \quad (4-3)$$

有效产出产品时间占月总工时的比率被称为切换效率，如式（4-4）所示。

$$切换效率 = 1 - 切换率 \quad (4-4)$$

为了衡量生产线的切换能力可以用平均每次切换时间，如式（4-5）所示。

$$切换时间 = \sum 切换次数 \times 平均每次切换时间 \quad (4-5)$$

3. 综合有效运转率

用以上有效运转率和切换效率的综合效果来表示综合有效运转率，它是工时运用效率的整体反映，如式（4-6）所示。

$$综合有效运转率 = 有效运转率 \times 切换效率 \quad (4-6)$$
$$= 有效运转率 \times （1 - 切换率）$$

例 4-4

工序工时效率计算实例

某制盖工序出勤体制为三班制，每班出勤 8 小时，一天出勤 24 小时。2022 年 9 月 19 日，该工序工时运用的实际情况如表 4-13 所示。

表4-13 某制盖工序工时运用情况

工时消耗项目		时间（分钟）
计划内非作业时间	班前会	30
	设备点检	10
	工间休息	30
计划外非作业时间	设备故障	57
	设备调整	21
	材料待工	19
	质量问题	25
	其他	15
有效作业时间		1 233
合计	24小时	1 440

则该工序有效运转率为

有效运转率=1 233分钟/1 440分钟×100%=85.6%

该工序主要生产63、70、58三大系列产品。2022年9月，该工序生产26天，机型切换87次，机型切换消耗的总工时为1 515分钟。

则该工序切换率为

切换率=1 515分钟/（24×26×60）分钟×100%=4.05%

切换效率为

切换效率=1-4.05%=95.95%

4.4 IE的生产匹配

4.4.1 生产线平衡分析

生产线的生产能力是由其能力最低的工序决定的，工序之间能力差别越大即能力越不平衡，生产线的效率损失就越大。要提高生产线的整体效率，务必改善生产线的工序能力平衡。

1. 生产线平衡分析概述

生产线平衡分析是指分析生产线中各工序的时间差异状态，并将差异时间消除，使生产线保持顺畅的方法，也有人称之为"工序平衡分析"或"工时平衡分析"。

（1）生产线平衡分析的作用

①可以提高人员、机械的运作效率；②可以实现机械化（省人化）、自动化（省力化）；③方便进行新的工序设计；④可以提高作业效率；⑤可以缩短等待时间。

（2）生产线平衡分析的应用

①应用生产线平衡分析以求缩短每个产品的生产周期；②在生产量变动时，应用生产线平衡分析来决定适量人员；③应用生产线平衡分析来进行新产品的生产编制。

2. 生产线平衡的基本步骤和计算

（1）生产线平衡的基本步骤

生产线平衡分析的基本步骤如图4-10所示。

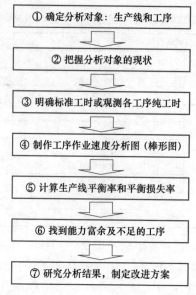

图 4-10 生产线平衡分析的基本步骤

（2）生产线平衡的计算

由于工序之间生产能力不平衡，造成待工和待料从而导致的工时损失（或能力损失），称为生产线平衡损失。该部分工时损失占总工时的比率，称为生产线平衡损失率。衡量生产线平衡状态的好坏，可以用生产线平衡率或平衡损失率来进行定量衡量。

在计算生产线平衡率或平衡损失率前，必须先设定计算的时间基准，即生产周期。决定生产线的作业周期的工序时间是最长工序的时间（Pitch Time），也就是说 Pitch Time 等于 Cycle Time，其可用以下计算方法得到。

生产线的平衡率计算公式如下：

$$生产线平衡率 = 实际作业所需时间总和 / 作业时间总和$$
$$= \sum T_i / C_i \times N$$

式中　T_i——各作业资源加工时间；

　　　C_i——瓶颈工序单位产品产出时间；

　　　N——作业资源数总和。

生产线的平衡损失率计算公式如下：

$$生产线平衡损失率 = （非加工时间总和）/ 作业时间总和$$
$$= \sum LT_i / （生产节拍 \times N）$$
$$= 1 - 生产线平衡率$$

式中　LT_i——各作业资源非加工时间；

　　　N——作业资源数总和。

一般来说，平衡损失率在 5%～15% 以内是可以接受的，否则就要进行改善。

3．生产线平衡的改善方法

掌握了生产线平衡的意义和计算方法后，还要能根据产品的生产工艺流程进行数字化的改善分析，以提升综合生产效率。所谓的生产线平衡改善就是通过生产线平衡分析，发现瓶颈工序，制订并实施改善方案以消除瓶颈工序，提高作业资源的产出，调整工序的作业内容，合理配置作业人员，使各工序作业时间达到平衡，从而降低单位产品的人工成本。

图 4-11 直观地表现了生产线平衡六种改善方法。

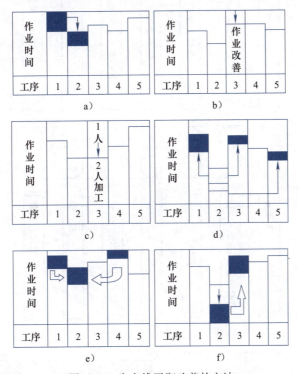

图 4-11　生产线平衡改善的方法

a) 分担转移　b) 作业压缩改善　c) 加入改变　d) 拆解　e) 重排　f) 作业改善后合并

（1）分担转移。将瓶颈工序的部分作业内容转移到相邻工序或其他工时短的工序，由作业负荷小的工序分担。

（2）作业压缩改善。将瓶颈工序的不必要部分的作业进行压缩、改善。

（3）加入改变。对于工时长的工序，可以通过增加人员来分担瓶颈工序的工作量。

（4）拆解。将瓶颈工序的作业内容拆解。

（5）重排。将瓶颈工序的作业内容拆解后，再将整条生产线的作业内容进行重新编排、分配。

（6）作业改善后合并。合并相关工序，重新排布生产工序或形成新的作业工序。在精益生产中，可凭借生产线 U 形布局和多技能员工轻易达到此目的。

例 4-5

导轨组装分厂生产线平衡分析范例

某精密制造公司导轨组装分厂为增加产出、提高效率，聘请生产管理顾问进行指导，成立以顾问、班组长、IE 工程师、质量经理、技术工程师等组成的改善小组，进行生产线平衡分析。图 4-12 是流水线布置图。

生产管理顾问为改善小组人员实施生产线平衡的知识培训后，改善小组对导轨组装进行现状分析并绘图，如图 4-13 所示。

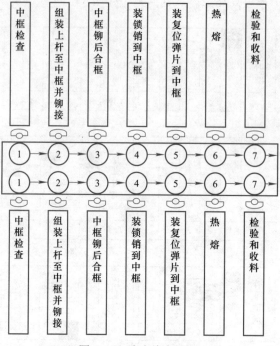

图 4-12　流水线布置图

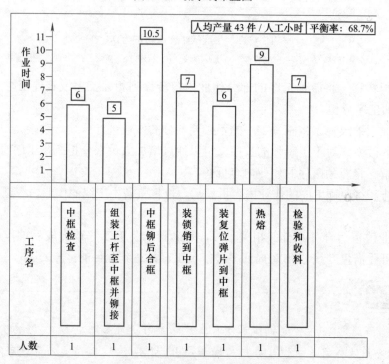

图 4-13　改善前平衡图

通过分析平衡图（见图 4-13），改善小组发现，导轨组装制造二部各工序的作业时间存在相当差异，平衡率经计算为 68.7%，生产线平衡损失率较高。

现场改善小组对导轨组装相近的工序进行研究,发现在作业改善上能采取较简便的方法是合并工序内容,调整并取消时间过短工序,把其中部分工作分配到其他工序中,所形成的具体改善方案如表4-14所示,改善前后各项产能指标比较如表4-15所示,改善后的平衡图如图4-14所示。如此达到了提高平衡率、减少工时损失、提高整体效率的目的。

表4-14 工序作业改善方案

序号	工序内容	原作业时间(秒)	改善方法与内容	调整后需求时间(秒)
1	中框检查	6	合并为一道工序,对中框检查动作进行分析,清除多余动作,并标准化	10.2
2	组装上杆至中框并铆接	5		
3	中框铆后合框	10.5		10.5
4	装锁销到中框	7	将5的放入复位弹片的内容调整至此工序	9.5
5	装复位弹片到中框	6	取消	
6	热熔	9	将5的卡紧复位弹片的内容调整至此工序	10.5
7	检验和收料	7	将热熔检验的内容调整至此工序	9
结果	生产线由原来14人两组,改为调整后的15人三组,调整后的产能及平衡见表4-15			

表4-15 改善前后各项产能指标比较

项目	改善前	改善后	变化量	变化百分率
人员	14人	15人	+1人	+7.1%
总产量	616件/小时	925件/小时	308件/小时	+50%
人均产量	43件/人工小时	61件/人工小时	18件/人工小时	+41%
生产线平衡率	68.7%	94.6%	25%	—
单件产品工时消耗	83.7秒/人·件	59秒/人·件	-24秒/人·件	-29%

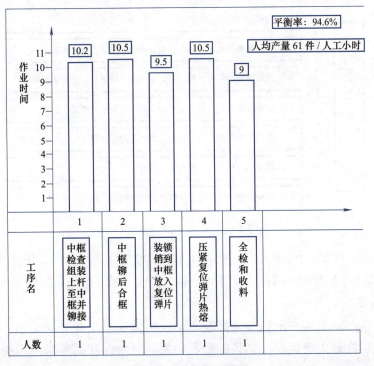

图4-14 改善后平衡图

4.4.2 快速换线换模

目前企业面对着多品种、小批量生产,每天可能会非常频繁地更换生产产品,由此带来生产线频繁地换线,以设备为主的流程则需要频繁地换模具,从而带来很多时间上的浪费。如果不加以改进,生产将处于大量毫无价值的混乱之中。

为了实现以"小批量、多品种"为特征的均衡化生产,把由安装换模所导致的机器停工时间降至最低,这就要求生产系统中的每个工序必须大大地缩短各生产前置期,以适应零部件加工批量和品种的频繁变换。

快速换模由丰田汽车的工业工程师新乡重夫(Shigeo Shingo)于 1969 年提出。因为采用这种方法可以把换模时间缩短到 10 分钟以下,所以 Shingo 博士将其称为单分钟换模,简称 SMED(Single Minute Exchange of Die),又称为快速换模。快速换模是目前能够显著缩短换模时间的最好方法,缩短换模的时间是精益生产必须要进行的一项工作。同时它很容易掌握,经过一段时间的学习后,机械安装人员和操作人员就能掌握这种方法并成功应用。

实施快速换模进而缩短换模时间是多品种中小批量生产企业实行精益生产的关键点。SMED 是一种持续改进生产准备的方法,它通过换模过程中简化、协调操作等方式减少更换工装、材料等的时间,以实现用尽可能短的时间更换模具,最终达到一触即可或无须生产准备。

1. 实施 SMED 的好处

实施 SMED 的直接目的就是缩短换模换线时间。它也带来了很多好处,如图 4-15 所示。

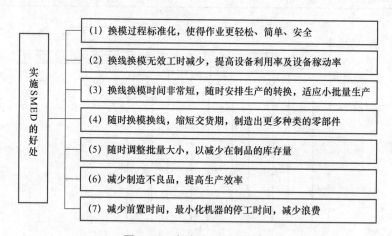

图 4-15 实施 SMED 的好处

1969 年,丰田汽车"1 000 吨的压床有 4 小时的换线(模)时间,历经 6 个月的改善降至 1.5 小时换线(模)时间;再经 3 个月的改善,换线(模)时间再降至 3 分钟内完成"。

2. 切换分类

在同一条生产线上生产的同一类产品当中,按照切换工作量的大小、功率、结构、尺寸等特点,切换分大切换和小切换;根据切换内容对停线的要求,切换又分内作业和外作业。

（1）大切换

在不同系列的不同产品型号之间的切换称为大切换。它的特点是切换内容多、工艺基准变化大、工艺条件差别大、工时消耗大。

（2）小切换

在同一系列的不同产品型号之间的切换称为小切换。它的特点是切换内容相对少、工艺基准变化不大、工艺条件差别不大、工时消耗也相对少。

（3）内作业

在机器停工时才能完成切换动作的作业，称为内作业，有时也称为线内作业，如工装夹具的切换等作业。

（4）外作业

在机器正常运转时就可以完成事前或事后切换动作的作业，称为外作业，有时也称为线外作业，如准备工具、拆下物的放置、放置台的准备等。

3. 快速切换的内容

一般来说，机型切换包括四方面内容：生产准备、材料切换、工装切换和标准切换。

（1）生产准备

新的型号生产前，准备机型切换，如：切换用具准备、切换人员安排等；前一型号生产结束后的材料撤离、数据统计、现场整理等；准备新型号生产的技术资料、作业文件、工具用具等。

（2）材料切换

不同型号的产品会用到不同型号的原材料、零件、辅助材料等，正确准备新材料，切换时将前一型号产品材料撤离生产线，将新型号材料配送上线，确保材料彻底清线、正确配送，是材料切换的关键点，也是机型切换的重要内容。

（3）工装切换

在设备加工时，通常利用工装对工件进行定位、导向等，这些工装有模具、刀具、导向夹具等。根据产品的形状、尺寸、结构等不同，使用不同的切换工装，以适应新型号产品的生产，也称"换模"。

（4）标准切换

根据不同型号的产品、不同的生产工艺，所采用技术标准不同，工艺条件、作业程序也不同。所以必须进行标准切换，以满足新型号产品的技术要求和质量要求。

在四项切换内容中，特别要注意的是工装切换和标准切换，这两者必须要进行模夹调整、设备调整、工艺条件调整和质量确认等过程，以确保生产稳定并连续地生产出合格的产品。因此，要提高切换效率，必须减少切换次数、缩短每次切换时间，从而减少切换造成的停线时间。

4. 快速换模方法

快速换模方法主要如下：

1）确定机器的生产标准。

2）将换模过程或安装过程录制下来并进行跟踪。为了准确掌握现场所发生的事情，可以利用如表4-16所示的"换模分析对策表"进行记录。

表 4-16 换模分析对策表

序号	任务	时间	内部	外部	存在问题	对策

3）分析各个安装操作并将任务分类，同时确定内作业和外作业。

4）所有的外作业都不包括在换模操作内。

5）确定并创建针对外作业的主要操作内容及时间列表。

6）确定和创建针对内作业的提前操作内容及时间列表。

7）将 5S 贯彻在换模的整个过程，确保安装所需的物品都井井有条、伸手即来。尽量减少走动时间，确保手臂运动井然有序。

8）提前准备工具和设备，减少多余的内作业时间，将内作业转换成外作业。

9）减少外作业时间。

10）把所有换模操作标准化并贯彻实施。

11）继续进行改进。

5．快速切换的改善方法和步骤

（1）快速切换的改善方法

由于机型切换造成的损失主要是生产线停线、没有有效的产品产出，所以要提高切换效率。根据式（4-3）和式（4-4），提出切换改善的思路：减少切换时生产线停顿的时间，停线时间越短越好。

1）减少切换次数。为了减少切换次数，务必合理组织生产和安排生产计划，最大限度地减少大切换，避免因安排或组织不当造成的二次切换。

2）缩短每次切换时间。通过切换改善，实现"快速切换"，必须通过切换标准化和切换培训、科学组织、合理分工、熟练切换。为了实现每次切换时间最短化，主要的重点工作在于减少切换时所耗用的人工时间。为了减少切换时间，一定要依据一定的步骤，循序渐进、按部就班地进行。

① 对"切换作业"要进行分析。利用如表 4-17 所示的"切换作业分析表"进行切换作业分析。

表 4-17 切换作业分析表

设备号		G102		工序名		制盖 2#	测时人	组长
品种（前→后）		产品 1→产品 4		切换时间		38 分 35 秒	人数	3
序号		切换作业		时间	切换区分		改善建议	
					内部	外部		
1		去取清单		2 分 30 秒		√	专用台车	
2		去取工具		1 分 20 秒		√	专用工具车	
3		…		…				
合计				38 分 35 秒	22 分 20 秒	16 分 15 秒	作业外部化	

② 缩短切换作业时间的改善重点。如外作业不寻找、不移动和不乱用，内作业调整等。

（2）快速换线换模的实施步骤和方法

为了最大限度地减少停线时间，缩短更换作业程序时间，必须实行快速切换。快速换线换模的实施步骤如图 4-16 所示。

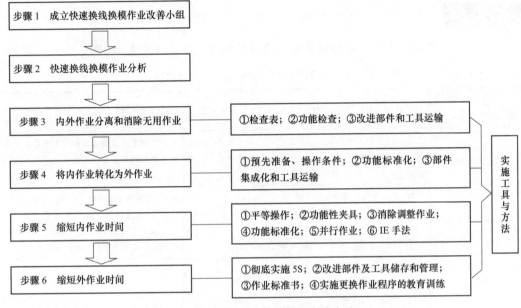

图 4-16　快速换线换模的实施步骤

1）成立快速换线换模作业改善小组。当有换线换模作业改善的需要时，在了解现状的基础上成立改善小组，并得到现场管理层的支持。

2）快速换线换模作业分析。首先要找出耗费时间多的换线换模作业，其次识别其换线换模作业内容，使用"换线换模实绩表""换线换模作业分析表"将其现状问题用表格的形式提出来。

3）内外作业分离和消除无用作业。将现有作业过程按换线换模内作业（停止机器时才能完成作业）、换线换模外作业（无须停止机器就能够完成作业）和无用作业进行划分，消除与换线换模无直接关系的作业，再将换线换模内作业和外作业分离。

4）将内作业转化为外作业。即使是内作业改变也要通过改善，使其转化为外作业，从而不断地在外部进行操作。如要将"内换模"转成"外换模"，换模时间的目标为 10 分钟。为此要彻底研究目前"内换模"作业的机能与目的，考察可否可将"内换模"转换成"外换模"。

5）缩短内作业时间。对内部作业更小的要素进行改进。应用 IE 手法对作业和对设备进行改善来缩短切换时间，制作换模标准单，进行换模作业重复改善与训练，并通过活用工装具、排除调整作业、并行作业、功能标准化等方法来实施。如采用特制的滚动导轨、导销，以免除对中找正；采用特殊螺栓、模具快夹装置、快速固定模具等。

6）缩短外作业时间。对外部准备作业须加以改善和合理化，可采取改善工夹具存储方法、提高运输速度、排除寻找物料、常用工具靠近设备、制定标准作业指导书、改善外作业（换模）的某材料、模治具的管理与搬运方法、不使用螺丝上锁、排除试行加工和调整作业等方法，以便尽可能缩短准备时间，可以减少切换的人工时间。例如"单分钟快速换模（SMED）""一触（One Touch）换模"，以最少费用处理模具构造和安装机构等。这对加快整个装换调整过程、减小生产批量也非常重要。

例 4-6

机械加工生产线和组装生产线换线快速化方法（见表 4-18）

表 4-18 机械加工生产线和组装生产线换线快速化方法

项目 \ 内容	机械加工生产线零换线换模和换线换模快速化方法	组装生产线零切换和切换快速化方法
1. 彻底抛弃现有的大批量生产方式	推行机械加工生产线的零换线换模，首先要彻底抛弃现有的大批量生产方式，接着实施零换线换模的"三个彻——彻头、彻底、彻尾"	推行组装生产线的零切换，首先要彻底抛弃现有的大批量生产方式，其次是实施零切换的"三个彻——彻头、彻底、彻尾"
2. 实施零切换	1. 建设专用机械加工生产线 ①小型专用设备；②低成本的自动化；③U形生产线 2. 混流生产 ①成组生产线；②换线换模工具的通用	1. 使用专用生产线 2. 混流生产 ①按顺序混载供给；②机械化；③物品放置在线边；④盲视作业；⑤拍手方式
3. 切换快速化	1. VTR 分析 ①零步行；②换线换模作业为零；③零螺栓；④零直列排列作业；⑤零调整 2. 现场实务 ①作业、工具标准化，并减少一些工具种类；②工具等放到手边；③将固定模具或治具的螺栓、管线和配管改作按键；④1～2人并列作业；⑤废除调整作业	一键切换 ①分散放置；②按作业顺序放置；③放置在手边；④目标尺寸较大；⑤动作经济性原则

4.5　IE 的布局设计

4.5.1　设备布置方式与合理化

为了实现多品种、小批量生产，需减少物料的运输次数和运输费用，以此缩短生产前置期，这就要把传统的以工艺技术为中心的"机群式"设备布置方式，改变为以产品为中心的"单元式"设备布置方式，即把功能不同的机器设备按生产程序的要求，集中布置在一起，组成 U 形的加工单元。这种布置方式克服了实现准时化生产的一大障碍，同时也为实行"一人多机"式生产和"弹性用工"打下了坚实的基础。

1. 缩短等待时间与同步化生产

在工序内零部件等待被加工（或等待被运输）的时间称为等待时间，它可分为两类：第一类等待时间，即由于生产过程的非均衡化使不同批量零件之间产生等待时间；第二类等待时间，即因生产运输批量过大而引起的同一批量零件之间的等待时间。

当整批零件加工结束之后，另一批零件方可加工，要缩短第一类等待时间，必须实现生产线的均衡化生产，即各工序单位的生产量保持一致。如可将两道工序的连接处特别加以设计，以便于前工序的作业人员主动帮助后工序的作业人员，以弥补作业延误。为了缩短第二类等待时间，就必须实行小批量生产和小批量运输，即以最小的搬运批量将零部件传往后工序，实行同步化生产。同步化生产在于"单件生产、单件传递"，一旦在加工过程中出现不合格的零件制品，就会立刻被相邻两道工序的作业人员发现，马上查清产生不合格品的原因，并迅速解决，使工序恢复正常生产，从而减短生产周期和提高生产效率。值得注意的是，要实现同步化生产，其所要解决的首要问题就是设备布置设计与合理化。

2. 传统的设备布置方式及其特点

产品的生产和零部件的加工都需要多种生产设备和加工机器，而且这些机器设备需要按一定规则布置在车间生产现场。传统的设备布置方式主要种类及其特点如表 4-19 所示。

表 4-19 传统的设备布置方式主要种类及其特点

设备布置方式	定义与优缺点	图例
一人一机	定义：最简单的人机配置方式是"一人一机"制，即一位作业人员只在一台机床上工作 优缺点：这种方式的最大缺点是作业人员的工作效率太低。因为，当机床加工工件时，作业人员只能站在旁边等候，白白浪费了大部分工时	车床①　车床②
鸟笼式	定义：常常把多台机床布置成为三角形或者菱形，组成一个个"一人多机"的工作站，即"鸟笼式" 优缺点：这种方式相比"一人一机"配置方式，大大减少了作业人员的待机时间，使工时得到充分利用，生产效率高。但是，这种配置方式的缺点是增加该作业人员单位时间内的生产数量，也必然会出现过量生产	铣床①②③④（菱形布置）
孤岛式	定义：根据零部件的加工工艺顺序被集中布置在一起，由一位作业人员操作 优缺点：这种设备布置方式能够使工件制品在各"孤岛"内的各种机床之间连续平稳地流转，而且缩短了"孤岛"内作业人员的连续步行路线和工件制品的运输时间，有助于形成"孤岛"内的单件生产和单件传递。但是，这种配置方式要求作业人员必须是"多技能作业员"，作业人员将会被相互隔离，难以提高工作效率；整体上没有减少运输时间和费用，免不了过量生产和不必要的零件制品的产生，从而没能解决生产系统柔性化的问题，在市场需求发生变化时，生产系统难以迅速重新调整	钻床①　铣床②　车床③
直线式	定义：打破"孤岛"，把生产某种零部件所需要的所有加工设备一字排开 优缺点：消除生产过程中各个"鸟笼"中或者各个"孤岛"中不必要的零部件和在制品的库存，从而使加工工件能够迅速而且平稳地在生产线上各工序之间流动，有助于单件生产、单件传递的全线实现。但是，"直线式"设备布置方式不便于把各生产线上的零星工时集中起来加以有效利用，也不便于调整作业人员人数	钻床①→车床②→铣床③→磨床④→……⑤

3. U形设备布置

为了适应多品种、小批量生产，改变传统的设备布置方式缺陷，现代制造企业设计并采用了多种新型设备布置方式，其中最典型的就是U形布置方式。这种设备布置方式以零部件的加工过程为中心，按照零件加工工艺的要求，把每个生产单元中的设备由"直线"弯成"折线"，形状类似英文字母"U"，所以称之为U形生产线，如图4-17所示。如将几个U形生产单元结合在一起，可联结成一个整合的U形生产线。

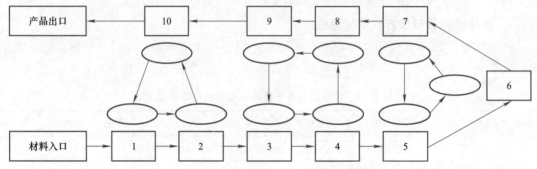

图4-17　U形设备布置

U形设备布置方式是有弹性的生产线布置，由十几台机器设备按加工工艺顺序排列组成一个U形的生产加工单元（或生产线），不但其设备布置紧凑，方便了工件制品的传递，而且第一道工序与最后一道工序由同一个作业员来操作，便于控制生产线节奏，控制生产的标准数量和质量，一旦生产过程中暴露问题，员工可以及时发现并立即解决，减少了工件和产品的运输时间和运输成本，有助于控制生产周期，有利于增减生产线上的作业人员数，提高作业人员的工作效率和整条生产线的效率。

4.5.2　现场物流分析

制造型企业通过物料的大进大出实现产品增值和资金流动，从而创造利润。现场物流直接服务于这一重要目的，所以，使现场物流有序、顺畅、高效，是现场管理的重要方面。

现场物流分析主要包括流程线路分析和搬运分析，其目的是通过物流分析减少浪费，从而为物流改善创造条件。

1. 流程线路分析

流程线路分析又称物流线路分析，是对产品的流程及作业者的路线按布局进行线路记录分析，可以对作业场地的布局及搬运方法进行研讨，与程序分析同时使用。其目的是寻找并发现流程线路的问题点，进行有针对性的改善。流程线路分析尤其有助于生产布局的设计和完善。

流程线路分析的一般步骤是：

（1）画出生产线的现场布局图，标明工序位置、名称，以及材料、在制品、半成品的存放区域。

（2）根据生产工艺流程，按照工艺加工顺序用箭头标注工件流动的实际路线，即得到现场物流线路。

（3）对现场物流线路进行浪费分析，判断是否存在下述浪费情况：①物流线路是否过长；②是否存在"孤岛"式加工，即集中式功能加工；③物流线路是否存在重叠、交叉、折返、逆行等情形；④工件停滞是否过长。

2．搬运调查

在进行搬运设计时，首先是要全面调查并了解企业中物流的流动状态，然后运用"活性系数"找出搬运的可改进点，并进行搬运状态的改善。

搬运调查主要使用搬运分析表，该表列出工序、搬运点起至、一次搬运量、距离、时间、重量、容器搬运方式等，在翔实记录的基础上分析其搬运工具、搬运容器、搬运数量、搬运时间、搬运方式、搬运距离，提出改善方向等。进行搬运调查时，应注意以下两点：①管理人员应掌握整体车间所有的搬运状况，找出真正需要改善的点，而不是只针对一个物或一个作业员的流程状况进行改善。②搬运分析表最好由生产主管自己进行填制与调查，也可要求工业工程（IE）人员协助。搬运分析表是一个进行常态调查的分析工具，每半年填制一次，特别在产品多变、新产品开发迅速的企业更为必要。

3．搬运评价

装卸作业与物品放置状态对搬运效率的影响极大。物品的放置状态往往决定了装卸的复杂程度，也决定了所需耗费的人力工时。通常，装货卸货的劳动强度大，耗费的时间也多，因此在改善搬运系统的过程中，更应重视次数多、劳动强度大、耗时多的装卸环节。

活性系数表示物料的存放状态对搬运作业的方便程度。活性系数越低，越不灵活，需要的人力工时也就越高。在搬运设计时，我们要尽量设计成搬运活性指数高的状态，这样可以节约装卸时间，也就节约了总体的搬运时间。

4.5.3 现场物流改善

在现场物流分析的基础上，对已经发现的浪费进行改善研究，遵循流程线路经济原则，综合进行物流线路、现场布局改善和搬运改善。

1．物流线路及现场布局改善

在流程路线分析的基础上，根据流程线路经济原则，对现场物流线路进行改善，同时对现场布局进行调整，以满足物流最顺畅、搬运最节省、停滞最少的要求。

流程线路经济原则：①线路长度、范围越小越好；②尽可能减少工序之间的分离；③减少或去除很难流水化的大型设备，消除"孤岛"式生产；④最大限度地减少中间停滞，消除重复的停滞；⑤消除线路重叠、交叉、折返、逆行等情形。

在现场物流过程中，常常要进行多种方案的比较分析，采取分阶段改善的办法，对物流线路及现场布局进行调整。

2．搬运改善

除了运用活性系数进行分析与改善的方法外，搬运的改善方法可从搬运距离、一次搬运量、搬运容器、搬运人、搬运方式等方面来进行思考和实施，如表4-20所示。

表4-20 搬运改善的具体方法

搬运改善项目	具 体 方 法
搬运距离	采用单元布局，使两工序间距离越短越好，以有效地降低搬运距离，减少非增值浪费；同时在布局的安排上规划人员也应注意避免逆搬运
一次搬运量	在考虑生产循环周期的状况下，应以小批量进行转移，甚至以达到单件流为目标。但若考虑搬运次数的成本，则应增加每次的搬运量，以减少搬运次数。如，U形生产线可以缩短搬运的距离，解决了小批量转移可能导致的搬运次数过多的浪费；采用输送带进行工序间的搬运，也可解决库存和搬运时间二者的矛盾
搬运容器	搬运容器的设计与选用决定了物料装卸的需求度、搬运的活性系数以及搬运数量，更直接影响搬运时间与搬运效率。因此，该容器应便于装卸，以缩短装卸时间，提高装卸效率
搬运人	如果机器设备贵重或作业员工薪水平高，则以专人搬运为宜，而在搬运距离短、物品轻的情况下，由作业员进行搬运可以省下间接人员的配置。这里要注意的是瓶颈工序段的人员若安排从事非增值的搬运活动将直接影响到产能，应优先
搬运方式	根据徒手搬运、装箱或装袋后用手搬运、用手推车搬运、用电气机动车搬运或者输送带自动搬运等不同层次的搬运方式，应采用自动化程度高的搬运方式，以减少人力需求，对产品可能造成的损害也小。但自动化设备应同时考虑经济上的投资报酬，以及车间的空间配置

例 4-7

验收厂外制作通量线工序中的物料搬运的改善

【工序现状】某企业负责验收在厂外制交上来的通量线，工序及作业过程如图4-18所示。

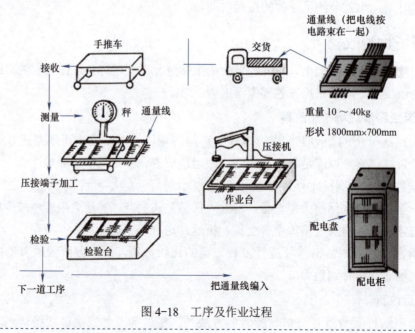

图4-18 工序及作业过程

【物流分析】 由于在厂外制交上来的通量线，单项重量达 10～40kg。在装卸这些通量线时，非常疲劳且不安全。企业立即进行了搬运工序分析及搬运活性分析。分析结果如图 4-19 所示。

1）搬运 3 次，共 30m。
2）把通量线搬到工作台、秤上，再从工作台、秤上卸下各 3 次。
3）停滞 2 次。

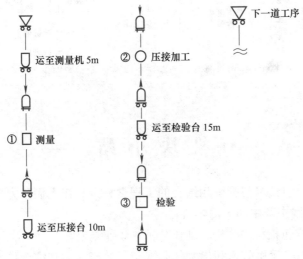

图 4-19 搬运工序分析

【物流改善】 测量重货时常使用卡车磅秤（先测量货物装在卡车上连同卡车的重量，卸下货物后，再测量卡车的重量，用总重量减去卡车的重量，就得出货物的重量）。

1）消除产品的装货、卸货过多。
2）改进活性系数低的作业工序，如卸到秤上、卸到压接台和卸到检验台。
3）缩短移动距离。

【改善效果】 改进后，把结果和改进前进行了比较，如表 4-21 所示。可以看出，操作次数由 6 次变为 0；另外，由于改变了压接机的位置，搬运距离也从 30m 减至 15m，缩短一半的距离。改进后的搬运工序分析和布置变化如图 4-20 所示。由于排除了装货、卸货，大幅度地减轻作业人员的疲劳和提高了安全系数。随着搬运的合理化，产品质量得以保证（不损坏产品）。

表 4-21 改进前后的比较

区 分	符 号	改进前 次数	改进前 距离/m	改进后 次数	改进后 距离/m	效 果 次数	效 果 距离/m
移动	🛒	3	30	3	15	—	15
操作	⚱⚱	6	—	0	0	6	—
加工、检验	○ □	3	—	3	—	—	—
停滞	▽	2	—	2	—	—	—

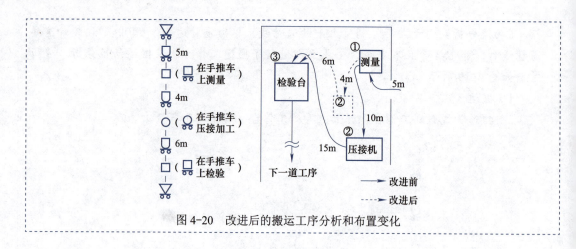

图 4-20　改进后的搬运工序分析和布置变化

模块小结

1．工业工程是一门技术与管理相结合的工程学科，是在人们致力于提高工作效率和生产率、降低成本的实践中产生的一门学科。

2．IE 的方法研究包括程序分析、动作分析、作业测定等。

3．标准时间、工时运用效率和出勤体制决定了生产能力和综合效率，进而决定了交货周期和合同履约能力。

5．通过生产线平衡分析，发现瓶颈工序，制订并实施改善方案以消除瓶颈工序，提高作业资源的产出，调整工序的作业内容，使各工序作业时间达到平衡，以提高生产线的整体效率。

6．为了实现多品种、小批量生产，需减少物料的运输次数和运输费用，以此缩短生产前置期，这就要把传统的以工艺技术为中心的"机群式"设备布置方式，改变为 U 形的加工单元，为实行"一人多机"式生产和"弹性用工"打下了坚实的基础。

7．机型切换包括四大内容：生产准备、材料切换、工装切换和标准切换。快速换线换模的七大要点：①排除准备的浪费；②事前充分准备；③不要变动标准；④并行作业；⑤标准化；⑥使用辅助工具；⑦尽量不用螺栓，使用快速夹具。

8．在流程路线分析的基础上，根据流程线路经济原则，对现场物流线路进行改善，同时对现场布局进行调整，以满足物流最顺畅、搬运最节省、停滞最少的要求。

思考与练习题

一、单项选择题

1．在运用工作研究的四种技艺时，首先应考虑采用（　　）的可能性。

A．取消　　　　　　B．合并　　　　　　C．改变　　　　　　D．简化

2. 工作研究的内容包括（　　）和时间研究。
   A．过程分析　　　B．动作分析　　　C．工作抽样　　　D．方法研究
3. 搬运的改善方法可以依搬运距离、搬运容器、搬运量、（　　）进行思考。
   A．搬运时间　　　B．搬运地点　　　C．搬运货物　　　D．搬运人

二、填空题

1. （　　）、（　　）和出勤体制决定了生产能力和综合效率。
2. IE 的核心是（　　）、提高质量和（　　）。
3. 通过（　　）进行动作改善是工序作业改善的重要方法。
4. 动作要素可分为（　　）、辅助动素和消耗性动素三类。
5. ECSR 原则为（　　）、合并、简化和（　　）。

三、判断题（正确的请打"√"，错误的打"×"）

1. 零件、物料应尽可能利用其重量坠送至工作者前方的近处，是动作经济原则之一。（　　）
2. 在同一系列的不同产品型号之间的切换称为大切换。（　　）
3. 快速切换就是最大限度地减少停线时间。（　　）
4. 为了实现多品种、小批量生产，需减少物料的运输次数和运输费用，可采用以工艺技术为中心的"机群式"设备布置方式。（　　）
5. 活性系数越低，越不灵活，所费人力工时也就越高。（　　）

四、简答题

1. 工作研究的基本目标是什么？
2. 如何计算和确定单台设备、设备组、流水线及工段（车间）的生产能力？
3. 试述动作分析的方法与步骤。
4. 试用实例说明动作经济原则。
5. 如何进行生产线平衡分析？
6. 搬运改善的方法有哪些？

五、计算题

1. 某一产品需经 4 个生产工序，分别为 A、B、C、D 工序，如表 4-22 所示，各工序的作业数都为 1，试计算生产平衡率。

表 4-22　4 个生产工序数据表

工　序	标准工时（分钟/个）	产量（个/小时）
A	20.0	3.0
B	30.0	2.0
C	15.0	4.0
D	30.0	2.0

2. 某公司生产线改善前工序名与标准时间、人数如表 4-23 所示。请管理咨询人员和生产技术人员对已存问题进行诊断和改善，其改善措施如下：①卷线机调整速度，减少 2 秒

时间，卷线工程时间为21.83秒；②L/W穿插+绕线工程增加1名人员；③4号、5号工程简单，现作业人员自身能力欠缺，更换这两项工程人员，使作业时间缩短；④二次TAPE与特性检查工程合并，并增加1名人员。改善后结果如表4-24所示，请计算改善前后线平衡率，并得出结论。

表4-23 改善前生产线

序号	工序名	标准时间（秒）	人数
1	卷线	23.83	1
2	脱皮+T/P固定	19.05	1
3	L/W穿插+绕线	58.00	2
4	焊锡（3个点）+灰色线整理穿插	26.27	1
5	TUBE整理套入	31.71	1
6	二次TAPE	34.57	1
7	L/W长度检测+Layer测试+点胶	27.41	1
	合计	220.84	8

表4-24 改善后生产线

序号	工序名	标准时间（秒）	人数
1	卷线	21.83	1
2	脱皮+T/P固定	19.05	1
3	L/W穿插+绕线	58.00	3
4	焊锡（3个点）+灰色线整理穿插	19.50	1
5	TUBE整理套入	21.71	1
6	二次TAPE+L/W长度检测+Layer测试	61.98	3
	合计	202.07	10

模块 5 / Module 5

5 现场物料、库存管理与 MRP

学习目标

- 了解物料申领流程和办法。
- 理解现场物料标识、利用和摆放。
- 掌握现场不良物料处理。
- 理解库存控制的作用和 ABC 库存分类法。
- 理解物料需求计划 MRP 的逻辑流程和计算模型。
- 掌握 MRP、MRP II 和 ERP 的组成及其应用。

学习引导

5.1 现场物料管理

5.1.1 领料管理

1. 物料申领流程

在生产现场活动中，领料管理是物料管理工作中的一项重要内容。要做好物料的领料作业，必须确定好申领工作，掌握领料的方法与技巧。物料申领流程如图5-1所示。

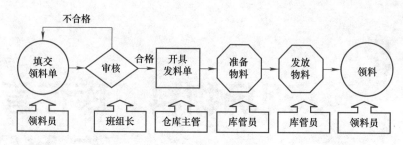

图 5-1　物料申领流程

2. 物料领用发放注意事项

1）物料的领取必须严格按照生产计划、消耗定额和规定的手续来进行，否则就会造成领料和用料的混乱。

2）对于在生产过程中发生不合格品、制造损耗的现象，班组长应事先做好核算，确定货仓应发材料。

3）仓储单位根据班组生产计划，将仓库储存的物料直接向班组生产现场发放。一般来说，计划部门在2~3天前就要开立工作指派给货仓备料，而货仓在现场制造前2~4小时内必须向制造现场直接发料。

4）必须明确领用、批准途径及责任人，以便明确物料领用责任，同时，也便于日后追查。

5）班组领料员时应将领料单填写清楚、明白，得到班组长审批后，领料员将领料单送至仓库由仓库主管开具发料单，并交予库管员，库管员安排发料并做好物料的包装。

3. 控制上线物料用量

为了提高原物料的利用率，减少原物料的使用量，生产出更多的产品，企业在生产中必须坚持"生产与节约并重"的原则，特别是要注意节约和合理直接消耗生产线上的物料。控制上线物料使用量的基本途径及其措施如下：

1）提高产品质量和工作质量，降低废品率，增加优质品，使产品延长使用寿命。

2）采用先进工艺和设备，进行技术革新，降低消耗定额；采用合适的物料或质优价廉的新型物料。

3）按生产进度及时供料，做到供料、退料手续齐全，账目清楚。

4）对班组或加工剩余物资应及时清理退库，或办理假退料手续，不得形成账外料。

5）严格实施工具管理、劳保用品管理，建立班组、个人台账卡片，严格按制度执行，按规定标准范围发放与借用，并定期核对相符。

6）开展物料综合利用，变一用为多用，变小用为大用，变无用为有用。

7）组织回收废旧料，按月公布班组修旧利废节约成果；交旧领新，回收散失器材，对不能修复利用的废旧料要及时上交。

8）定期组织物资盘点，做好定额和计划统计资料。

5.1.2 现场物料标识、利用和摆放

1. 现场物料标识分类

为了确保物料在生产过程中不被误用、混用，必须明确物料标识分类，物料标识物主要包括标识牌、标签和色标三类，其详细介绍如图 5-2 所示。

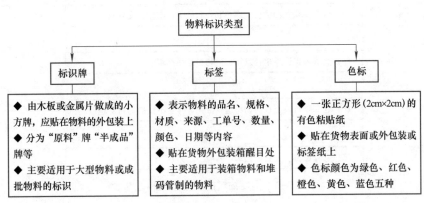

图 5-2 物料标识类型

2. 物料使用前检查

为了判定投产前物料质量，预防不合格的物料投入使用，班组长需督促、指导班组员工在使用物料前对物料进行检查，以确保投入使用的物料是合格的。

（1）管理好物料合格证　合格证能够提供可靠的物料信息，包括品名、编号、供应商以及生产日期等。合格证应随时与物料同行。开包（箱）人员应做到，一是坚决拒收无合格证的物料；二是应对照合格证确认实物，如发现有问题，报告班组长。班组长应将合格证附在实物上，一起退还给仓库。

（2）明确物料检查项目　在物料使用检查前，班组长需明确物料检查的项目及其内容，即物料和配件到位情况检查与物料质量检查，以便指导班组员工按项目要求进行检查。如物料品质是否与入库检验时、与生产的产品所要求的质量一致等。

（3）班组要指定兼职物料使用监督员　监督员工在物料使用过程中有无违反物料使用规定的地方，有无浪费现象，以及可能造成物料损失的隐患等；并认真做好物料耗用登记。

（4）要进行物料使用培训　对每一个新进员工、每一种新物料都要进行物料使用的培训，并要印制"物料使用说明书"，发给每个物料使用者。

（5）要加强对于加工余料的处理　生产现场要划出边角余料的存放区；对各类边角余料及时进行分类，将可用的边角余料综合利用于物料发放计划之中，并实行边角余料再利用奖励制度。

5.1.3 现场不良物料处理

生产中发生不良物料时，生产现场应按返交不合格品的方法与仓库交涉，仓库则依据

生产现场开具的"物料返库单"进行处理。具体的步骤和方法如图 5-3 所示。

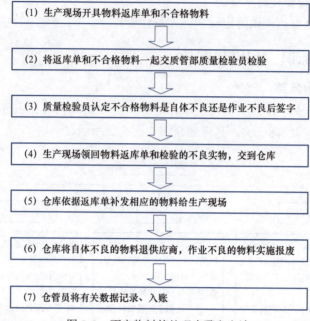

图 5-3　不良物料的处理步骤和方法

上述不良物料应每日进行一次物料返库，其数量不能超过该种物料的正常损耗量，并由质管部负责跟踪、统计、决策和控制等事项。

例 5-1

某化工公司物料色标管理

对材料进行识别管理，要做到一目了然，必要时可在内包装箱（盒、袋）上注明到货日期。例如，做"识别卡"附在实物附近或货架上；做"材料管理卡"对材料进出数量、日期进行管理。某化工公司物料色标的式样如图 5-4 所示。

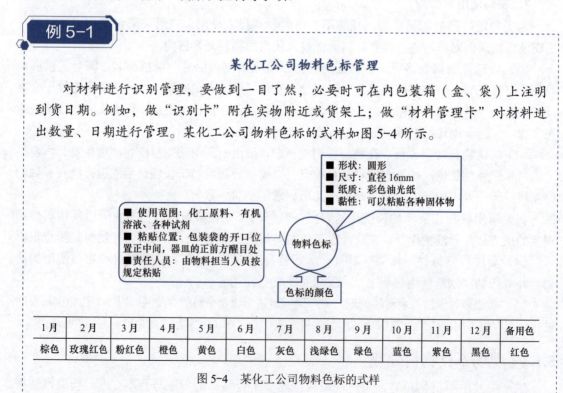

图 5-4　某化工公司物料色标的式样

5.2 库存管理概述

国民经济的各个行业,尤其是制造业和服务业都会遇到库存问题。好的库存管理是绝大多数企业成功运作的关键。拙劣的库存管理会阻碍运作,增加生产运作成本和风险,减少企业的利润,从而降低顾客的满意度。因此,库存控制是生产管理的一个主要内容。

库存(Inventory)是指一个组织所储备的所有物品和资源。库存系统(Inventory System)是指用来监控库存水平,确定应维持的库存水平,决定库存补充的时间及订购量大小的整套制度和控制手段。传统上,制造性库存(Manufacturing Inventory)是指组成产品的一部分的物资。制造性库存一般可分为原材料(Raw Materials)、产成品(Finished Products)、零部件(Component Parts)、低值易耗品(Expendable Supplies)以及在制品(Work-in-process)。在制造业和仓储保管业中,库存分析的目的是解决以下两个问题:①应该什么时候进行订购;②订购量应该是多少。

许多企业都努力与供应商建立长期供需关系,以便该供应商能为企业全年的需求提供服务。这样一来,问题就从"何时"与"订多少"转化为"何时"与"运送多少"。究竟什么是库存?库存的作用是什么?什么是库存控制系统?对库存管理有什么要求?库存问题有哪些基本模型?模型又如何应用?这些都是本模块将要回答的问题。

5.2.1 库存的作用

所有的企业(包括JIT方式下经营的企业)都要保持一定的库存,其原因如下:

(1)满足预期顾客的需求 有一定量的成品库存,可使顾客很快采购到所需商品,大大缩短顾客的订货周期,也有利于供应厂家争取预期顾客。

(2)平滑生产的均衡性,防止缺货 外部的需求总是波动的,为及时满足需方的需求,必须维持一定量的库存,以减轻生产系统尽早生产出产品的压力。

(3)拥有一定物资库存,避免价格上涨 企业对预测会涨价的物资可预先加大库存量,也可通过加大订货量以获取数量折扣。

(4)为克服原料的延迟交货而提供一定的保障 在向供应商订购原材料时,发运时间发生变化,供应商因原材料短缺而导致订单积压,送达的原料有缺陷等许多原因都将导致原材料交货延误。有了库存储备就可防止原材料交货延误,继续投入生产。

(5)分摊订货费用而降低成本 订货需要费用,若需要一件采购一件,将订货费用摊在一件物品上,是不经济的。如果一次采购一批,虽然会产生库存,但分摊在每件物品上的订货费就少了。

5.2.2 库存控制的目标

1."零库存"的境界

"零库存"在20世纪80年代成为一个流行的术语。如果供应部门能够紧随需求的变化,在数量上和品种上都及时供应所需物资,即实现供需同步。那么,库存就可以取消,即达到"零库存"。

但由于需求的变化往往随机发生,难以预测,故完全实现供需同步是不易做到的,而且由于供应部门、运输部门的工作也会不时出现某些故障，使完全的"零库存"只能是一种理想的境界。

2．库存控制的具体目标

库存控制应实现以下目标：

（1）保障生产供应　库存的基本功能是保证生产活动的正常进行，保证企业经常维持适度的库存，避免因供应不足而出现非计划性的生产间断。保障生产供应不仅仅是传统库存控制的主要目标之一，而且也是现代库存控制的主要任务。

（2）控制生产系统的工作状态　一个精心设计的生产系统通常会有一个正常的工作状态，此时，生产系统的库存处于正常状态，生产按部就班地有序进行。因此，现代库存管理理论将库存控制与生产控制结合为一体，可通过对库存情况的监控，达到生产系统整体控制的目的。

（3）降低生产成本　降低生产成本是生产管理的重要工作之一。无论是生产过程中的物资消耗，还是生产过程中流动资金的占用，均与生产系统的库存控制有关。在工业生产中，库存资金常占企业流动资金的60%～80%，物资的消耗常占产品总成本的50%～70%。因此，必须通过有效的库存控制方法，使企业在保障生产的同时，减少库存量，提高库存物资的周转率。

5.3　库存 ABC 管理

企业物资种类非常繁多，如果通过不断盘点、发放订单、接收订货等工作来维持库存，则会非常复杂而繁重，且耗费大量的时间和资金。因此，对每种物资进行模型分析并仔细控制是不切实际的，应该集中于重要物资进行重点库存控制。ABC 分析法便是库存控制中常用的一种重点控制法。

ABC 分析法是把物资按价值分成 ABC 三类：①A 类物资的品种数量约为库存物资中资金占用量最高的 15%。A 类物资可能是单价不高但耗用量极大的组合，也可能是用量不多但单价很高的组合。例如，对于一个汽车服务站而言，汽油属于 A 类物资。从订货周期来考虑的话，A 类物资可以控制得紧些，应该每日或每周进行补充。②B 类为接下来的 35%，如汽车服务站轮胎、蓄电池、各类润滑油以及液压传动油可能属于 B 类物资，可以每2～4周订购一次。③C 类物资占 50%，价格很低，占用资金少。如汽车服务站的 C 类物资可能包括阀门杆、挡风屏用雨刷、水箱盖、软管盖、风扇皮带、汽油添加剂、汽车上光蜡等。C 类物资可以每月或每两个月订购一次，甚至等用光后再订购也不迟，因为它缺货造成的损失并不严重。

观察表5-1 就会发现，表中的 A 类物资品种数量占 20%（10 种物资里有 2 种物资属于 A 类物资），B 类物资占 30%。以上分析的过程和结果在表5-2 中清楚地表示了出来。这里值得注意的是，为了保证某种物资一旦短缺会给系统造成重大的损失，不管该物资属于哪一类，均强迫将其归为 A 类或 B 类，保持较大的存储量以防短缺。

表 5-1　库存物资的年耗用价值

物 资 编 号	年资金利用量（元）	占资金的百分比（%）
22	95 000	40.8
68	75 000	32.1
27	25 000	10.7
03	15 000	6.4
82	13 000	5.6
54	7 500	3.2
36	1 500	0.6
19	800	0.3
23	425	0.2
41	225	0.1
合计	233 450	100.0

表 5-2　物资的 ABC 分类

分　类	物 资 编 号	年资金使用量（元）	占总数的百分比（%）
A	22, 68	170 000	72.9
B	27, 03, 82	53 000	22.7
C	54, 36, 19, 23, 41	10 450	4.4
合　计		233 450	100.0

5.4　MRP、MRP II 和 ERP

5.4.1　MRP

1. 概述

MRP（Material Requirements Planning）即物料需求计划，是在传统的库存管理基础上由 IBM 公司约瑟夫 A. 奥里奇（Joseph A. Orlicky）和奥列弗 W. 怀特（Oliver W. Weight）在 20 世纪六七十年代提出并发展起来的一种管理思想。物料需求计划依据主生产计划（MPS）、物料清单、库存记录和已订未交订单等资料，通过计算机计算所需物料的需求量和需求时间，从而确定材料的加工进度和订货日程的一种实用技术。MRP 适用于单件小批量或多品种小批量生产的制造企业，一般来说，MRP 在装配型企业的应用价值最高。

2. MRP 的运行系统

MRP 系统的基本组成如图 5-5 所示，主要分为输入、计算处理、输出三部分。其中，输入包括主生产计划、物料清单（BOM）以及库存记录文件。计算处理部分主要依靠编制合适的计算机程序，对输入数据进行处理。处理的结果输出为报告文件，报告文件有主报告和辅助报告两大类。

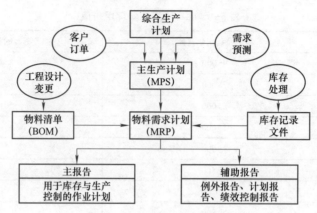

图 5-5　MRP 系统的基本组成

（1）MRP 的输入

MRP 的输入主要有三个数据来源，即主生产计划、物料清单和库存记录文件。

1）主生产计划（MPS）是用来驱动 MRP 系统的。主生产计划确定企业在一个时期内计划生产的产品（根据销售合同或者市场预测）的名称、数量和日期。

2）物料清单。物料清单（Bill of Materials，BOM），也被称为产品结构树，用来表示最终产品与各种物料之间的相关关系。它包括组成产品项目的所有零部件、毛坯和原材料以及制成产品的各个生产阶段的先后顺序等有关信息。BOM 的信息由工艺设计部门提供。

3）库存记录文件。MRP 系统中的库存记录将如实、及时、准确地记载和随时更新所有产品、零部件、在制品、原材料的库存状态信息。

4）其他需求信息。即未反映在 MPS 中，需要单独输入的需求信息。例如，来自其他工厂或仓库的需求、修理配件需求、用于质量控制的需求（用于破坏性试验等）。

（2）MRP 的计算处理过程

1）可用物料数量的计算，见式（5-1）。

$$可用物料数量 = 上周库存量 + 本周预入库量 - 安全库存 \qquad (5-1)$$

2）库存量的计算。

当可用物料数量大于毛需求量时，计算公式见式（5-2）。

$$库存量 = 上周库存量 + 本周预入库量 - 毛需求量 \qquad (5-2)$$

可用物料数量小于毛需求量时，库存量维持必要的安全库存，见式（5-3）。

$$最低库存量 = 安全库存 \qquad (5-3)$$

3）总需求（毛需求）的计算。即不考虑持有量时，某细项或原材料在各时期的期望总需求量。最终产品的总需求量常常位于产品结构树的最上层，即第 0 层，可以从主生产计划上找到，即主生产计划的规定数量。各部零部件的总需求量则源于其直接"双亲"的计划，即有父项（与其有关联的上一层物料）的产品的毛需求的计算，见式（5-4）。

$$毛需求量 = 父项的净需求 \times 倍数 \qquad (5-4)$$

上式中倍数就是指生产一个父项品目所需要的子项物料的数量，如 1 辆汽车有 4 个轮子，其倍数关系为 4，要生产 100 辆汽车则相应地需要 400 个轮子。

4）净需求的计算。即本周期的实际需求量，其计算公式见式（5-5）。

$$本周期净需求 = 本周期毛需求 - 可用库存量 \quad (5-5)$$

式中，可用库存量是指现有的可供一定时期内使用的材料数量，包括上期留存的库存、安全库存量及已订购且在计划期内可以收到的库存等。

5）计划发出订货量。即在未来一定时期内必须发出的订单，以满足未来某个日期计划必须收到材料的要求。在实际生产或采购时间，企业应考虑它们的经济性和计划周期性等因素，对净需求量加以调整。常用的调整方法有固定订货批量法、经济订货批量法、直接批量法和最小成本法等。按批量规则将净需求量调整成的生产批量或采购批量就是计划发出订货量。

6）计划收到订货量。即为了满足净需求的要求，计划必须收到的材料数量。一般来讲，订货批量的规模限制会导致计划收到的材料量大于净需求量。在这种情况下，就会产生额外库存，并带入下一个计划期。其计算公式见式（5-6）。

$$第 M 周的订货量 = 第 (M+T) 周的净需求量 \quad (5-6)$$

式中　T——提前期。

（3）MRP 的输出

计算机 MRP 系统能够对多种数据进行处理，并能够根据要求向管理者提供许多信息，即输出各种格式的报告文件，以便对物料的订购、库存、生产安排进行有效的管理。输出报告通常分为两类：主报告和辅助报告。

1）主报告。主报告的重要组成部分是生产、库存的计划与控制的报告，如计划订单、订单下达通知、取消或更改的订单、交货期更改报告、库存状态报告等。

2）辅助报告。辅助报告的主要内容是业绩控制、计划工作与异常报告、严重偏差事故报告、辅助财务分析报告等。

例 5-2

某生产厂家产品 MRP 的计算过程

某生产模具产品的制造商同时收到两份订单：一份订单订货 100 套，一份订货 150 套。在当前的进度安排中，订货 100 套的订单在第 3 周交货，订货 150 套订单在第 6 周交货。每套模具产品包括 2 个 A 部件和 4 个 B 部件。A 部件由企业自己生产，生产周期为 1 周。B 部件外购，生产提前期为 1 周。组装该产品的工期为 1 周。B 部件第 1 周的计划到货量是 70 个。订货批量规则为配套批量订货（即订货批量等于净需求）。试求解计划订货量和订货时间。

解：

第一步，确定主生产计划，如表 5-3 所示。

表 5-3　主生产计划　　　　　　　　　　　　（单位：套）

周次	1	2	3	4	5	6	7
数量			100			150	

第二步，确定物料清单，如图5-6所示。

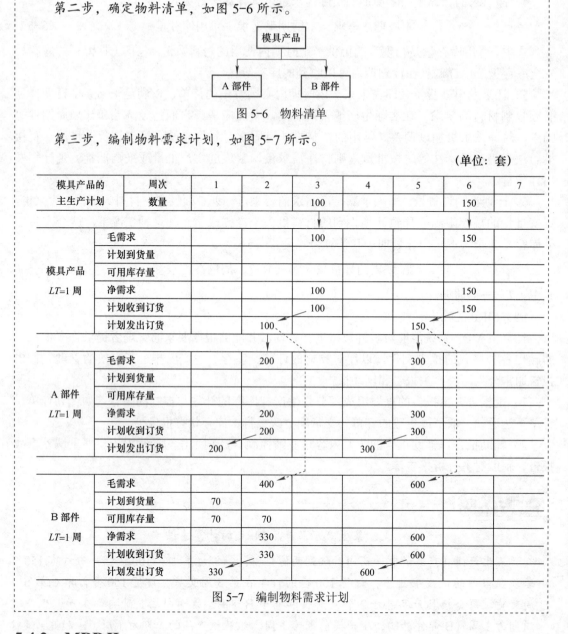

图 5-6 物料清单

第三步，编制物料需求计划，如图5-7所示。

(单位：套)

模具产品的主生产计划	周次	1	2	3	4	5	6	7
	数量			100			150	
模具产品 LT=1周	毛需求			100			150	
	计划到货量							
	可用库存量							
	净需求			100			150	
	计划收到订货			100			150	
	计划发出订货		100			150		
A部件 LT=1周	毛需求		200			300		
	计划到货量							
	可用库存量							
	净需求		200			300		
	计划收到订货		200			300		
	计划发出订货	200			300			
B部件 LT=1周	毛需求		400			600		
	计划到货量	70						
	可用库存量	70	70					
	净需求		330			600		
	计划收到订货		330			600		
	计划发出订货	330			600			

图 5-7 编制物料需求计划

5.4.2 MRP II

1. 概述

MRP 计划机制必须覆盖采购、库存、BOM、销售预测、能力计划和生产控制领域，特别是要包含能力计划机制，这就构成了闭环 MRP。闭环 MRP 的进一步发展必然超出生产领域扩展到企业经营领域；从对订单和物料的合理安排扩展到对企业资源的合理分配，这就是制造资源计划，简称为 MRP II。MRP II 系统是一种新型的、基于计算机信息管理系统的集成管理模式，主要适用具有产品的 BOM 层次较多，有较大的批量规模，需求量、生产工艺、生产能力以及供应商有一定的稳定性和可靠性，组织多品种、中小批量生产的特点的企业。

2. MRP II 系统功能和特点

MRP II 是一个包括制造、库存、车间控制、销售订单管理、工程、采购、分销、财务等业务领域的计划与控制以及相应的数据处理和存储功能的整体系统。其目的是更有效地管理制造企业的所有资源，以确保按顾客需求、按计划、按期、按量地提供产品和原材料。图 5-8 是 MRP II 系统功能结构图。

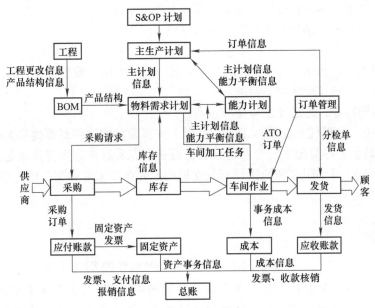

图 5-8　MRP II 系统功能结构图

从技术角度看，MRP II 与闭环 MRP 似乎并无显著区别，只不过增加了系统的覆盖范围，将经营计划与财务也纳入系统中。但正是这种扩展使系统在功能和性质上发生了根本变化。这种变化主要表现在两个方面：

（1）MRP II 可处理相关需求物料的种类和数量非常庞大，能很好地应付采购、加工及库存等企业管理中最复杂的一部分，实现了生产运营与财务系统的功能和数据集成。同时，通过经营计划、财务预算与生产计划和作业计划排程之间的闭环运作，使企业的全部经营活动真正成为一个整体。

（2）MRP II 除了保证需求预测具有一定的可靠性外，还要保证生产工艺和生产能力有一定稳定性，供应商供货有一定的可靠性。同时，实现生产经营集成后的 MRP II 系统开始具备一定程度的决策支持功能。它可以模拟不同销售预算和经营计划的可行性和财务效果，提高经营的预见性和应变能力。

5.4.3　ERP 系统

到 20 世纪 90 年代，主要面向企业内部资源全面规划管理的 MRP II 思想逐步发展为有效利用和管理整体资源的 ERP 管理思想。ERP（Enterprise Resource Planning）即企业资源计划，是一组将企业制造、财务、销售与分销、生产控制及其他相关功能达成平衡的应用软件系统。ERP 企业资源规划突出供应链的管理，除财务、分销和生产管理以外，还集成了企业的其他管理功能，如人力资源、质量管理、决策支持等多种功能，并支持国际互联网、企业内部网和外部网、电子商务等。ERP 企业不仅着眼于供应链上各个环节的信息管理，而且还能满足同时具有多种生产类型企业的需要，扩大了软件的应用范围。

ERP 系统包含下述功能：

1）整合企业流程，规范工作流程。
2）实施精益生产方式及其企业管理模式。
3）支持集团的资本运作管理，建立全面成本管理系统。
4）支持市场分析、销售分析和客户关系管理（CRM）。
5）支持电子商务（EC）。
6）多平台的（Windows NT 和 Unix）交互式、自动的电子数据交换（EDI）功能。
7）供应链、物料和配送中心管理。
8）支持协同商务、先进计划与排产技术。

ERP 软件是一种现代企业管理工具，世界上许多著名的软件商都提供 ERP 系统及其实施服务，其中最著名也是最大的企业管理软件及协同商务解决方案提供商是德国的 SAP 公司。SAP 在全球 50 多个国家和地区设有分支机构，并在多家证券交易所上市，包括法兰克福和纽约证券交易所。

例 5-3

典型的 ERP 系统——ERP 软件的 R/3 系统

图 5-9 是一个 R/3 应用系统主要模块结构的示意图。R/3 系统采用用户/服务器（Client/Server）架构，用 ABAP/4 编程语言编写。R/3 系统主要分为四大子系统：财务会计（Financial Accounting）子系统、制造与物流（Manufacturing and Logistics）子系统、销售与分销（Sales and Distribution）子系统、人力资源（Human Resources）子系统。每一子系统又包含多个功能模块，每个功能模块既可以独立运行，也可以组合起来运行。由于模块间是集成的且使用公共数据库，因此，某个功能领域的业务处理结束，可以立刻更新所有其他领域的相关信息。

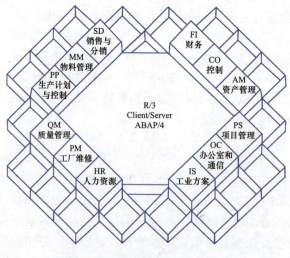

图 5-9　R/3 系统的模块结构示意图

1. 财务会计子系统

R/3 的财务会计系统包括三个主要的功能模块：财务（FI）、控制（CO）和资产管理（AM）。如：财务模块包含应收账款、应付账款、总账和资本投资模块。财务模块可以完成转账、关账、按月度和年度编制财务报表以及编制财务计划和预算的功能。企业的制造工厂或销售组织可以在任何时候从该模块得到损益报表功能模块，每个模块既可以独立运行，也可以组合起来运行。

2. 制造与物流子系统

制造与物流系统是 R/3 系统中最大也是最复杂的子系统，它可以被进一步分为五个模块：物料管理（MM）、工厂维修（PM）、质量管理（QM）、生产计划与控制（PP）以及项目管理（PS）。每个模块又包括多个子模块。

物料管理模块覆盖了供应链的所有任务，包括物料消耗计划、采购、供应商评估、发票确认，还包括库存和仓库管理；同时还支持电子看板/准时交付管理功能。

工厂维修模块支持设备维修和预防维修的计划与维修活动，并可以生成维修报告，管理维修记录。

质量管理模块能够对质量检验和质量保证体系进行管理，其质量管理体系是按照 ISO9001 标准构建的。它集成了外购和生产过程的质量控制，可以对来料质量和工序质量进行统计检验和控制。

生产计划与控制模块支持离散的和流程型的制造过程，以及支持重复性生产方式和按订单配置（Configure-to-order）生产方式。该模块所包含的多个子模块支持所有的制造管理功能，包括负荷平衡和能力需求计划、物料需求计划、产品成本核算、物料清单展开和压缩、计算机辅助设计（CAD）人机对话界面以及工程更改管理。该模块允许用户将返修任务令纳入作业计划排程，生产订单可以从销售订单生成，也可以从企业的互联网站上生成。

项目管理模块允许用户设立、管理和评价大型的复杂项目。项目财务成本子模块专注于项目的成本核算和费用预算，而项目制造子模块则用来计划和监控项目的数据和资源。

3. 销售与分销子系统

销售与分销系统提供客户关系管理、销售订单管理、配置管理、分销管理、出口管理、发运管理、运输管理，以及对支票、发票和折扣进行处理。与其他系统一样，销售和分销系统也是全球化的，用户可以在世界范围内管理销售和分销业务。由于产品是卖给或分销给客户的，因此销售和分销模块需要知道公司供应链的结构，以便 R/3 系统能够知道在哪里和在什么时候确认收入。

4. 人力资源子系统

人力资源系统包含与管理、计划、报酬、聘用人员有关的各项功能，这些功能主要通过工资、福利、事务管理、应聘人员信息管理、人力资源开发计划、用工计划、人员排程、工作轮班计划、时间管理、差旅费支出核算等模块实现。

图 5-10 描述了各个模块和系统集成管理数据之间的复杂连接。

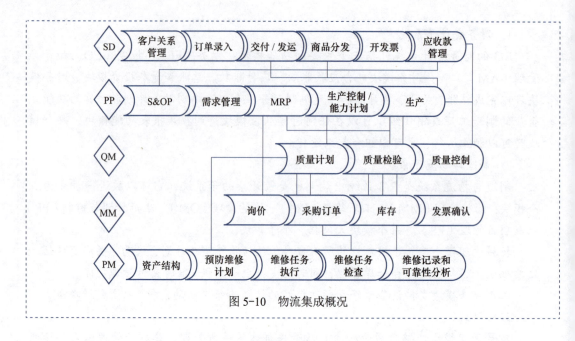

图 5-10　物流集成概况

模块小结

1．领料管理是物料管理工作中的一项重要内容，必须确定好申领工作，掌握领料的方法与技巧。

2．为了确保物料在生产过程中不被误用、混用，必须明确物料标识分类，物料标识物主要包括标识牌、标签和色标三类。

3．在现场出现过剩余料、不良物料，应该了解其产生的原因，进而采取应对措施和处理方法。

4．库存是指一个组织所储备的所有物品和资源。库存的作用是保持生产运作的独立性、满足产品需求的变化和增强生产计划的柔性等。库存控制的目标在于保障生产供应、降低生产成本，最终达到"零库存"的境界。

5．ABC 分类的目的在于根据分类结果对每类物资采取适宜的控制措施，充分利用有限的资源来对库存进行控制。

6．MRP 系统的基本组成主要分为输入、计算处理、输出三部分，MRP 的基本工作流程是根据产品订单来形成一个主生产计划，计算机程序根据主生产计划和物料清单、库存文件对数据进行处理，得出订货计划单以及生产库存控制报告。

7．MRP Ⅱ 是一个包括制造、库存、车间控制、销售订单管理、工程、采购、分销、财务等业务领域的计划与控制以及相应的数据处理和存储功能的整体系统。

8．ERP 系统是为企业提供一个统一的、共享的管理框架和数据库共享平台，以便于企业内部各个不同职能部门之间、企业与其顾客和供应商之间的相互交流与合作。

思考与练习题

一、单项选择题

1. 库存是指（　　）。
   A．存放在仓库中的物品
   B．用于生产/服务所使用的储备物资
   C．用于销售的储备物资
   D．用于生产/服务的，以及用于销售的储备物资

2. 库存控制最终达到的境界是（　　）。
   A．保障生产供应　　　　　　　　B．降低生产成本
   C．"零库存"　　　　　　　　　　D．控制生产系统的工作状态

3. ABC 分类法中把库存物资中资金占用量最高的称为（　　）类。
   A．D　　　　B．C　　　　C．B　　　　D．A

4. （　　）是作业台台面物料摆放的正确方法。
   A．将物料堆满整个作业台
   B．装载托盘大小不合适
   C．外包装物品不能直接上作业台，如纸箱、木箱、发泡盒、吸塑箱等
   D．作业台上任意摆放私人用品

5. （　　）能够提供可靠的物料信息，如包括品名、编号、供应商以及生产日期等信息。
   A．合格证　　　B．色标　　　C．标识牌　　　D．标签

6. 在库存的 ABC 管理法中，A 类物料的库存管理特点是（　　）。
   A．严格控制库存时间，不严格控制库存量
   B．严格控制库存数量，不严格控制库存时间
   C．既严格控制库存数量，又严格控制库存时间
   D．不严格控制库存数量，亦不严格控制库存时间

7. （　　）不是生产中的剩余物料产生的原因。
   A．因设计用量偏大而实际使用不了所多出的物料
   B．因取消出货而积压的产品
   C．因取消出货计划而停止生产后所积压的物料
   D．采购部门严格按生产计划进行采购

8. 供应商请求企业为降低成本或改良材料的试制期间，（　　）不是注意事项。
   A．不要在试制期间同时投入正常材料，对于试制出来的产品逐一贴上标
   B．如有必要，暂停整个生产线运作，直到将所有原料清出生产线为止
   C．尽量避免同时进行多种试制，以避免产品混淆的可能性
   D．将试制期间的原材料进行封存，结果未出来前不得随意使用或投入生产

9. 关于 MRP 的功能下列说法正确的是（　　）。
   A. 有信息反馈与控制功能　　B. 有信息反馈功能
   C. 有控制功能　　D. 没有信息反馈与控制功能
10. 下面哪一项不是剩余物料的应对措施及处理方法（　　）。
    A. 型号、规格相同的剩余物料可以申请按通用物料互用
    B. 使用不了的物料应首先想到能否退还给供应商
    C. 因取消出货计划而停止生产后所积压的物料
    D. 因保质期、场地等因素限制，不宜继续保管的物料，按废品处理
11. 下列哪一项不是 MRP 输入的数据（　　）。
    A. 主生产计划　　B. 主要报告
    C. 物料清单　　D. 库存记录文件
12. （　　）不是现场不良物料处理步骤和方法。
    A. 控制在制品
    B. 将返库单和不合格物料一起交质管部质量检验员检验
    C. 生产现场开具物料返库单和不合格物料
    D. 质量检验员认定不合格物料是自体不良还是作业不良后签字

二、填空题

1. 库存控制最终达到的境界是指（　　）。
2. 先来先用物料原则就是要按照生产物料的（　　）顺序来使用。
3. 在闭环 MRP 的基础上，扩展了（　　）功能就形成了制造资源计划。

三、判断题（正确的请打"√"，错误的打"×"）

1. 库存控制系统的目的是通过控制供应商和订货量来满足需求，达到用最低库存成本控制库存。（　　）
2. 企业对投入（原材料、外购、外协件等）部件的需求，从库存控制的角度理解，是指具有不确定性，企业自身不能控制的需求。（　　）
3. ERP 实施要求仓库管理人员保证库存数据的准确率达到 90%。（　　）

四、简答题

1. 简述退料补货的工作程序及其管理方法。
2. 如何进行现场过剩余料处理？
3. 什么是库存？怎样认识库存的作用？
4. 如何根据 ABC 分析法采取不同的控制策略？
5. MRP 系统有哪些输入和输出？MRP 系统的处理过程如何？
6. 物料清单的作用是什么？
7. 为什么说 MRP II 是整个企业的系统？
8. 简述 MRP II 系统的组成及特点。
9. 试述 ERP 系统的主要功能和特点。

五、计算题

1. 某公司欲降低产品成本,增强市场竞争力。在产品库存成本分析中,该公司根据预测认为 2022 年公司对原材料甲的年需求量（D）为 2 400 单位,并且当年原材料甲的一次订货成本（S）为 3.20 元/次；保管成本（H）为 0.008 元/（单位·月）。试分析当年该公司原材料甲订货量增减 10% 或 20%,库存总成本的变化情况。

2. 某发动机厂主作业计划如表 5-4 所示,物料清单如图 5-11 所示。装配批量为 20 台,提前期为 1 周。

表 5-4　某发动机厂主作业计划　　　　　　　　　　（单位：台）

周次	1	2	3	4	5	6	7
产量	15	5	7	10	15	16	20
期初库存	10						
计划到货	20						

假设：齿轮箱的批量为 30 件,期初库存为 10 件,安全库存和计划到货为零。请用 MRP 计算方法做出发动机、齿轮箱的生产作业计划。

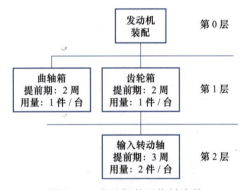

图 5-11　发动机装配物料清单

3. 部件 A 和部件 B 的物料清单如图 5-12 所示,在预计的 13 周内,产品产出计划如表 5-5 所示。试确定对零件 C 下 12 周的需求量。

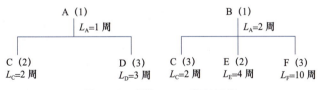

图 5-12　部件 A、B 物料清单

表 5-5　产品产出计划　　　　　　　　　　（单位：件）

周次	1	2	3	4	5	6	7	8	9	10	11	12	13
部件 A			200	150	200	200	150	250	300	200	250	150	200
部件 B			100	150	200	150	250	200	200	250	300	200	150

4. 长丰汽修厂在维修过程中用到A型轮胎。据调查，后10周各周总需要量、预计到货量以及库存量（现有库存100件）如表5-6所示。已知订货提前期为4周，试确定净需求量和计划发出订货量。

表5-6 A型轮胎的需求量情况 （单位：件）

周 次	1	2	3	4	5	6	7	8	9	10
总需求量	100	250	300	150	250	150	300	250	150	100
预计到货量		600		350						
剩余库存量	0	350	50	250	0	−150	−450	−700	−850	−900
净需要量										
计划发出订货量										

模块 6 / Module 6

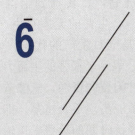

准时生产与精益生产管理

学习目标

- ❏ 理解准时生产的概念和准时生产的基本手段。
- ❏ 了解看板的功能和种类，掌握看板的运作和使用规则。
- ❏ 掌握如何应用看板进行生产计划管理。
- ❏ 了解精益生产的原理。
- ❏ 掌握精益生产系统的结构和内容。

学习引导

6.1 准时生产（JIT）

6.1.1 准时生产概述

准时生产（Just-in-time，JIT）又称为无库存生产方式（Stockless Production）、零库存（Zero Inventory）、一个流（One Piece Flow）或者超级市场生产方式（Super Market Production）。准时生产（JIT）是美国管理学家对日本以丰田汽车公司为代表的生产方式的概括。自 20 世纪 60 年代以来，JIT 从产生到逐步完善，已传播到全世界不同的行业。IBM 的连续流制造（Continuous Flow Manufacturing）、惠普的无库存生产（Stockless Production）、GE 的可视管理（Management Bysight）都是准时生产的代表。可以说，JIT 已经取代了福特创造的大量生产（Mass Production）方式，显示了极强的生命力。

准时生产必须追求零库存。零库存是指没有任何暂时闲置的资源，意味着当时生产的都是立即要用的，保证"需要一件生产一件"，则一定不能出现不合格品，即追求"零缺陷"。减少调整时间，达到全面消除过量生产的浪费、等待时间的浪费、运输的浪费、库存的浪费、工序的浪费、动作的浪费和产品缺陷的浪费的目的。

6.1.2 JIT 的基本手段

JIT 采用的基本手段有以下两种：

1．适时适量生产

适时适量生产指的是将必要的零件和材料以必要的数量在必要的时间送到生产现场进行生产。这是在 20 世纪 60 年代为适应消费需要变得多样化、个性化而建立的一种生产体系及为此生产体系服务的物流体系。只有适时适量的生产才不会引起生产过剩导致的库存等各种浪费。

2．弹性作业人数

传统的人员配置都是采用"定员制"，然而这样的缺点是即使设备生产量减少，仍然需要同样数量的人力成本，产生了人力成本的浪费。而 JIT 采用的是一种"精减人员的方法"，根据生产量的变动，弹性地增减各生产线的作业人数以及尽量用较少的人力完成较多的生产。当然，这一方面需要对各类设备进行重新布置，如改为 U 形布置，而另一方面也意味着每个员工的工作内容、组合等更加丰富。

6.1.3 JIT 的核心管理工具——看板管理

JIT 的核心管理工具是看板管理。看板管理是实施目视管理的重要工具，它是通过看板的运动或传递实现的。班组看板管理责任者为基层班组长，在班组通过推行现场看板管理，使每名员工对每天要干什么、生产进度安排、每项工作、公司发表消息等情况一目了然。

1．看板的功能

（1）记载生产及运送的工作指令　看板记载着生产和运送的数量、时间、目的地、放置场所、搬运工具等信息，从装配工序逐次向前工序追溯。在装配线将所使用的零部件上所带的看板取下，以此再去前一道工序领取。前工序只生产被这些看板所领走的量，从而由看板实现"后工序领取"及"适时适量生产"。

(2) 防止过量生产与过量运送　各工序如果没有看板，就既不能生产，也不进行运送；因此运用看板能够做到自动防止过量生产、过量运送。

(3) 目视管理的工具　零件或产品的货架上若附有看板，则可以知道后工序的作业进展情况、本工序的生产能力利用情况；明确地判断库存量、产品编号、产品名称，也易于搬运。

(4) 改善的工具　在拉式生产方式中，通过不断减少看板的数量来减少在制品库存，不断通过改善活动来解决生产线生产、质量和设备等问题，从而提高整个生产线效能。

2. JIT 生产看板的种类

(1) 传送看板　传送看板不仅是在工厂内部使用，也可用于针对外部供应商。在固定的时间由专人用货车将总装配线旁的零部件空箱及供货商看板运送到有关的协作工厂，并换取装满了零部件的箱子。对外订货看板上必须记载进货单位的名称和进货时间、每次进货的数量等信息。传送看板又可分为工序间看板和外协看板。

1) 工序间看板。工序间看板的示意图如图 6-1 所示。工序间看板挂在从前工序领来的零部件的箱子上，当该零部件被使用后，取下看板，放到设置在作业场地的看板回收箱内。看板回收箱中的工序间看板所表示的意思是"该零部件已被使用，请补充"。现场管理人员定时来回收看板，集中起来后再分送到各个相应的前工序，以便领取需要补充的零部件。

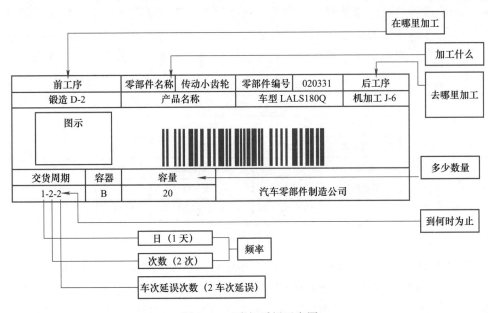

图 6-1　工序间看板示意图

2) 外协看板。外协看板用于公司向其零部件协作工厂发出生产或供货指令信息。如在总装配线旁，当零部件被装配线取用时，这些来自供货商工厂的零部件箱子便会空出来。在固定的时间由专人用货车将总装配线旁的零部件空箱子及供货商看板运送到有关的协作工厂，并换取装满零部件的箱子。外协看板示意图如图 6-2 所示。

外协看板的摘下和回收与工序间看板基本相同。回收以后按各协作厂家分开，等各协作厂家来送货时带回，成为该厂下次生产的生产指示。在这种情况下，该批产品的进货至少将会延迟一次以上。因此,需要按照延迟的次数发行相应的看板数量,这样就能够做到按照JIT进行循环。

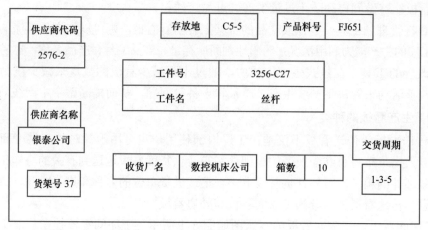

图6-2 外协看板示意图

（2）生产看板　生产看板可分为工序内看板和信号看板。

1）工序内看板。为单一工序进行加工时所用的看板,记载着后工序向前工序领取的零部件种类和数量等信息。如果两个工序乃至两个以上的工序紧密连接着,以至于可视为一个工序,则这些相连接的工序之间就没有必要使用工序间看板。在这种情况下,这些工序间可以使用一张共同的看板。像这样的看板就被称为"工序内看板"。图6-3为工序内看板的范例。

工序内看板			
工程名	SB-8		
产品名称	曲轴	产品代号	731113
收容数	10	看板发行张数	3
看板编号	A5-2	安全库存	50
车型	SX50BC-150	放置处号码	F18-8

图6-3 工序内看板示意图

2）信号看板。信号看板挂在成批制作的产品上,当该批产量低于基准数时摘下看板,送回生产工序,生产工序按该看板指示进行生产。此外,零部件出库至生产工序,亦可利用信号看板来进行指示配送。信号看板有三角看板和材料领取看板两种类型,如图6-4所示。

三角看板一般挂在一个批量（若干箱）的某个物料箱子上,如图6-4c所示的位置。当领取到挂着这张看板的物料箱时,生产指示就必须下达,其功能相当于工序内看板。图6-4b为冲压工序的三角看板,当零部件箱领取到下数第2箱时,就指示生产300个门条。

材料领取看板也称材料准备看板、材料看板（见图6-4a）,当领取到挂着这张看板的位置时,搬运指示就必须下达,其功能相当于工序间领取看板。图6-4c为看板的使用方法,当领取到第3箱的时候,即材料领取看板所挂位置,则冲压工序就必须到物料存放处去领取一个批量（8箱即300张）钢板。

前工序	仓库（存放处） ⇨	冲床 No.6	后工序
编号	FT-6	品名	钢板
材料规格	70cm×30cm×5cm	托盘容量	50
批量规格	300	托盘编号	8

a）

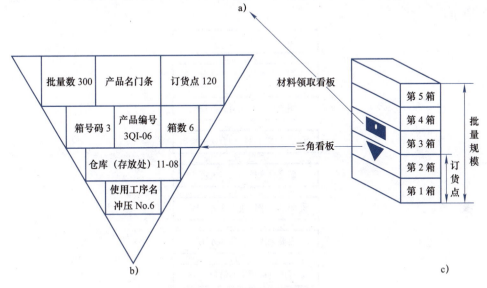

图 6-4　信号看板示意图

a）材料领取看板　b）三角看板　c）看板的使用方法

（3）临时看板（紧急看板）　临时看板是为了应付不合格品、设备故障、额外增产等情况而需要一些库存时，暂时发出的。此种看板可以按工序间看板或生产看板的形式使用，但使用后一定要立即收回。临时看板的样式如图 6-5 所示。

<table>
<tr><td colspan="3">临时生产指示看板</td><td rowspan="3">工序</td></tr>
<tr><td>存放场</td><td></td><td></td></tr>
<tr><td>产品编号</td><td></td><td></td></tr>
<tr><td>品种</td><td></td><td></td><td rowspan="2"></td></tr>
<tr><td>型号</td><td></td><td>发行时间</td></tr>
</table>

图 6-5　临时看板示意图

3. 看板运行规则

所有人员必须了解并正确使用上述传送看板和生产看板，同时在看板管理中还须遵循以下原则，方能确保看板制度运行的有效性。

1）不向后一道工序送不合格品。

2）在必要的时间由后一道工序来领取。

3）前道工序只按后一道工序的取货量进行生产。

4）进行均衡生产，各工序均匀地领取零部件。

5）要使生产工序稳定化、合理化，不断减少看板数量。

看板运行规则是保证看板顺利运行的纪律，是管理者必须遵守的管理原则。看板掌管了工厂的调度工作，是提升管理水平的工具。为了充分发挥看板的功能，除遵守以上五条原则外，必须根据计算出来的看板数量，制订看板运行规则。这成为指导作业员在收到看板信号时如何行动的指导书，也能明确通过怎样的程序以获得帮助。拉动看板运行规则的内容如图6-6所示。

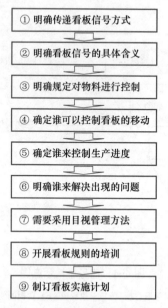

图 6-6　拉动看板运行规则的内容

制订看板实施计划这一步骤的最后，要把各个规则作为任务加以分解，最终形成一个具体的实施计划，包括需要采取的各项措施，以及各项措施计划完成的日期。

4．看板数量的计算

（1）JIT 系统看板数量

$$N_m = \frac{DT_m(1+A_m)}{b} \tag{6-1}$$

$$N_p = \frac{DT_p(1+A_p)}{b} \tag{6-2}$$

（2）看板容器数量

$$N = \frac{DT(1+S)}{B} \tag{6-3}$$

式中　N_m——传送看板数量；N_p——生产看板数量；N——看板容器数量；

　　　D——平均每天对零件的需求量（在均衡化生产为前提的基础上，产品的产量不应该有大幅度的变动；万不得已产量有变动时，应做调整）；

　　　T_m——零件的等待时间（传送看板的循环时间）；T_p——零件的加工时间（生产看板的循环时间）；T——容器完成一次循环的时间；

　　　A_m——等待时间的容差；A_p——加工时间的容差；

S ——安全库存与需求量的百分比(生产线往往因产品不良、设备故障及其他异常而无法按照计划生产,因此,安全库存一般根据企业的实际情况而定。在此公式中安全库存为与特定时段内所需产品平均需求量相比较的一个比值,与 D 相乘后方为在一特定时间内的安全库存数);

b ——标准容器中放置某种零件的数量;B ——容器容量。

例 6-1

汽车配件公司的看板计算

某汽车配件公司生产消音器组件,该公司消音器组件的装配作业包括切断和弯曲多根管子,再焊接到消音器和汽车的排气净化器上。消音器和净化器是基于需求而进行看板拉动控制物料作业的。

净化器以 10 个为一批的方式进行生产,并使用看板和容器运送到消音器作业站,该站每 4 小时发出对净化器的需求。消音器装配组作业站平均每小时装配 8 个组件,每个组件均使用相同的净化器(净化器作业站就位于消音器的旁边)。为了保证稳定生产,以需求量的 10% 作为安全库存。那么,需要多少套看板卡来管理净化器的供应任务?

解:净化器的需求为每小时 8 个,容器完成一次循环的时间为 4 小时,安全库存为需求的 10%,容器容量为 10 个,依据式(6-3)可得看板容器数量 =[8×4×(1+0.1)/10] 个 =3.52 个。

由此可知,该公司需要 4 套看板,即在系统中设置 4 个装载净化器的容器。

6.1.4 JIT 适时适量生产方式——拉动式准时化生产

拉动式准时化生产以最终用户的需求为生产起点,强调物流平衡,追求零库存,要求上一道工序加工完的零件立即可以进入下一道工序。

拉动式生产是以准时生产中确保减少过度生产与库存浪费为主要实现手段。拉动系统依其发送信号的方式可分为空箱拉动系统(见图 6-7)、电子拉动系统与卡片拉动系统(见图 6-8)。

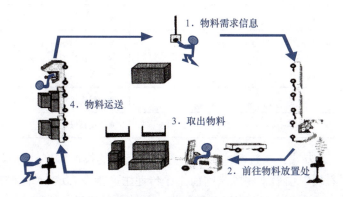

图 6-7 空箱拉动系统

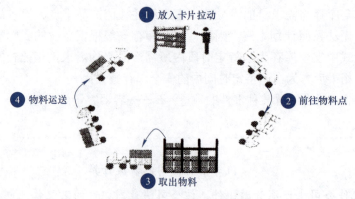

图 6-8　卡片拉动系统

（1）拉动式准时化生产与传统推动式生产的差异　拉动式生产是精益生产的核心方法。通过拉动式生产可以实现"在需要的时候，按需要的量，生产需要的产品"这种精益理念。拉动式生产方式是一种由下游向上游提出实际生产需求的生产控制方式，其在生产计划的制订与传递方式等方面与传统推动式生产有很大的区别，如表 6-1 所示。

表 6-1　传统推动式生产与拉动式生产的比较

项　目	推动式生产	拉动式生产
观念	● 先做库存生产，以防断货 ● 提前超额完成任务	● 只生产销售出去的产品和数量 ● 接到生产指示板后生产
市场应变	● 能力弱	● 能力强
产量	● 产量预测	● 精确的产量
生产	● 大批量	● 小批量
计划	● 计划下达所有工序 ● 计划调整较困难	● 计划下达最后工序（后序向前指令） ● 计划调整较容易
制造周期	● 比较长	● 短
物料	● 估计使用量	● 实际消耗量
在制品存货	● 大量存货	● 少量存货
资源	● 浪费	● 减少浪费
出现异常的影响	● 可能只影响本工序 ● 有缓冲库存 ● 改善压力小	● 几乎影响所有工序 ● 无缓冲库存 ● 改善压力大
管理	● 应急管理	● 目视管理
沟通	● 沟通不畅	● 沟通畅达

1）生产指令下达方式。在拉动式生产中，生产指令的投产顺序计划只下达到最后一道工序，同时通过"看板"由后工序顺次向前工序传递生产指令。这一特点与推动式生产管理中的生产指令下达方式有很大的区别，可用图 6-9 与图 6-10 进行比较。

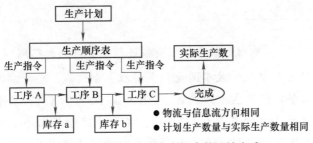

图 6-9　传统推动式生产指令的下达方式

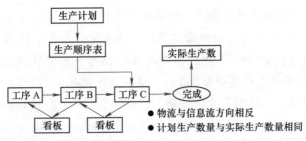

图 6-10　拉动式生产指令的下达方式

在传统推动式生产中，生产指令同时下达给各个工序，前一工序将零件生产出来"推给"后一工序进行加工，即使前后工序出现变化或异常，仍按原指令不断地生产，其结果会造成工序间生产量的不平衡，因此容易产生工序间的在制品库存。

在拉动式生产中，根据需要加工多少产品下达计划给最后一道工序，要求前一作业工序生产加工正好需要的零部件。其具体特点如下：

① 生产计划只下达给最后一道工序，以最后一道为起点，前工序按照后工序要求的数量生产并领取必要的物料。

② 前工序进行生产加工并为后工序提供该物料，前工序生产加工时向更前一道工序去领取所需的零部件进行生产。这样一层一层向前工序领取，直至原材料部门，就可以把各个工序都连接起来，实现拉动式生产。

③ 除了最后一道工序按生产计划进行生产，前面的其余各工序按后工序的看板指令进行生产。

从以上可以得到结果：拉动式生产能避免不必要的产品生产；避免和减少非急需品的库存量；使得库存降低到最小限度，进而降低制造成本。

拉动式生产指令以天为单位，通常在生产开始的前一两天才下达，从而能够反映最新的订货和最新的市场需求，缩短了从订货或市场预测到产品投放市场的时间间隔。

2）管理指标。拉动式生产系统与传统推动式生产系统在生产管理指标上也有所不同。如传统推动式生产系统在生产管理指标上追求生产总量增加，以至超额完成计划与设备的最高利用率。拉动式生产系统在生产管理指标上追求准时生产，以及减少在线生产各种浪费。

（2）拉动生产计划与看板管理　看板管理是实施拉动生产的重要工具，根据前文看板的类别，使用看板规划进行拉动式生产计划的管理。

例 6-2

电视组装车间以看板进行生产计划的范例

某电视机生产企业整机组装车间生产电视机,制订 X、Y 两零件的看板。某日某一条生产线电视机整机组装主生产计划为:B 产品 50 台。X、Y 零件是 B 产品的专用零件。X 零件在 B 产品上的用量为 2 个/台,在 B 产品组装工序 1 使用,从 X 零件生产现场到工序 1 送货往返需 10 分钟。Y 零件在 B 产品上用量为 1 个/台,在 B 产品组装工序 15 使用,从 Y 零件生产现场到工序 15 送货往返需 16 分钟。

X、Y 零件由不同生产车间生产。组装生产线的节拍为 300 秒(即每 300 秒生产一台电视机),下午 13:30 开始上线组装 B 产品。每次交付数量为 10 台。X 零件换模具调度准备及首件检查等需 20 分钟,单件生产周期为 78 秒。Y 零件换模具调度准备及首件检查等需 30 分钟,单件生产周期为 252 秒。该企业为 8 小时工作制,每日出勤时间为上午 8~12 时,下午 13~17 时。生产数量:X 零件的生产数量 =50 台 ×2 个/台 =100 个;Y 零件的生产数量 =50 台 ×1 个/台 =50 个。首批送货时间:根据 X 零件在工序 1 使用,使用时间是 13:30,X 零件送货往返 10 分钟,第一批送货时间应在 13:25 出发(往返 10 分钟除以 2)。

Y 零件在工序 15 使用,使用时间应该是 13:30+300 秒(节拍)×(15-1)=14:40。Y 零件送货往返 16 分钟,第一批送货时间应在 14:32 出发。

根据以上主生产计划与工艺编排倒推得出:

每次送货为 10 台用量,每批送货的间隔时间为:10 台 ×300 秒(节拍)=50 分钟。

生产时段,X 零件生产用时为:生产数量 100 个 ×78 秒(单件生产周期)=130 分钟。

X 零件生产准备用时为:换模具调试准备及首件检查等需 20 分钟。

X 零件生产用时总计为:130 分钟 +20 分钟 =150 分钟。

X 零件开始生产时间:第一批送货时间是 13:25。X 零件生产准备用时 20 分钟,第一批送货数量生产用时 26 分钟(10 台 ×2 个/台 ×单件生产周期为 78 秒),工作中间休息(12:00~13:00),在企业实际中会考虑余裕时间(如 9 分钟),定在上午 11:30 开始生产。

X 零件生产终止时间:11:30+ 工作中间休息(12:00~13:00 的 1 小时)+X 零件生产用时(总计 150 分钟),所以会在 15:00 完成生产。表 6-2 为 X、Y 零件送货时间表。

表 6-2　X、Y 零件送货时间表

X 零件交付地点:工序 1,每次数量:20 个(10 台用量)		
当日生产量	生产时间段	送货时间
100 台	11:30~15:00	13:25
		14:15
		15:05
		15:55
		16:45

（续）

当日生产量	生产时间段	送货时间
	Y 零件交付地点：工序 15，每次数量：10 个（10 台用量）	
50 台	余裕时间为"0"情况下： 13:00 ～ 17:00 第 2 日 8:00 ～ 8:22	14:32 15:22 16:22 17:02 第 2 日 8:52

6.2 精益生产（LP）

精益生产（Lean Production，LP）是美国麻省理工学院数位国际汽车计划组织（IMVP）的专家对日本准时"丰田生产方式"的赞誉之称。日本制造业在 20 世纪 70 ～ 80 年代的崛起和"精益生产方式"概念的出现在世界范围内掀起了一股研究先进制造系统模式的浪潮。精益生产方式是指以整体优化的观点，以社会需求为依据，以发挥人的因素为根本，有效配置和合理使用企业资源，最大限度地为企业谋求利益的一种新型生产方式。精益生产方式的核心思想在于消除浪费、强调精简组织机构和不断改善、精益求精。

德国在精益生产方式的基础上进一步提出了精益管理的思想，精益管理要求整个企业的所有活动都必须面向用户。精益管理、精益生产和团队工作的关系如图 6-11 所示。

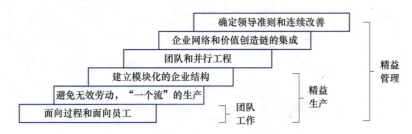

图 6-11　精益管理、精益生产和团队工作的关系

6.2.1　精益生产方式与传统大批量生产方式的比较

精益生产方式与传统的大批量生产方式有明显的不同，如表 6-3 所示。

表 6-3　精益生产方式与传统大批量生产方式的比较

项　目	精益生产方式	传统大批量生产方式
生产目标	追求尽善尽美	尽可能好
分工方式	集成、综合工作组	分工、专门化
产品特征	面向用户和生产周期较短的产品	数量很大的标准产品
生产后勤	准时生产（JIT）的后勤支援	在所有工序均有在制品缓冲存储
产品质量	在生产过程的各个环节始终由工人开展质量保证活动	由检验部门事后进行质量检验
自动化	柔性自动化	倾向于刚性和复杂的自动化
生产组织	加快速度的同步工程模式	依次实施顺序工程模式
工作关系	强调工作友谊、团结互助	感情疏远、工作单调、缺乏动力

6.2.2 精益生产系统结构

精益生产系统的目标是零库存、多品种、无缺陷，即消除一切浪费、追求精益求精和不断改善，以最优品质、最低成本和最高效率对市场需求做出最迅速的响应。精益生产系统结构模式如图 6-12 所示，该精益生产模式要求充分发挥人的主观能动性，通过持续改进，建立目视管理、标准作业和生产均衡化等基础管理工作，实施自动化和 JIT 拉动式生产两大支柱体系，消除制造中的各种浪费，降低成本，实现精益生产最终目标，即企业利润的最大化。精益生产系统结构模式体现了精益生产的技术支撑体系，反映了实现精益生产的各种方法，以及它们之间存在管理方式与环境之间相互需求、相互适合的关系，同时也存在各个具体手段之间相互支持、相互依赖的关系。

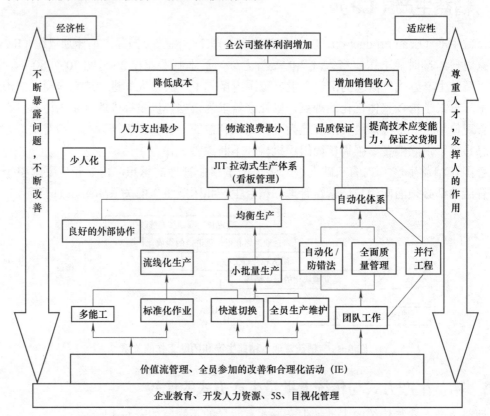

图 6-12　精益生产系统结构模式

6.2.3 精益生产管理实现方法

精益生产管理实现方法就是活用精益改善工具。精益改善基于"生产的准时化"和"自动化"展开，必须采用以下准时化工具和自动化工具。

1. "5S 活动"

"5S 活动"就是整理、整顿、清扫、清洁、素养。5S 的目的之一是创建一流的安全生产环境。5S 是一个工厂管理的基础，只有全面地发动全体员工做好 5S 工作，进行主动改善，才能进行后续的快速换线换模，实现一个流生产。

2. 目视管理

目视管理是利用形象直观而又色彩适宜的各种视觉感知信息来组织现场生产活动，达到提高劳动生产率的一种管理手段。在推行精益生产时，强调信息流也要快速、畅通，以提高工作效率，这种信息流加快的简单做法就是利用目视管理来完成的。因此，目视管理是精益生产推行的又一基础工具和方法。

3. 价值流

站在客户立场上观察流程中增值动作和时间，重视价值流管理，消除企业经营环节各种非增值的浪费。

4. IE持续改善

IE（Industrial Engineering）即工业工程。IE持续改善是精益生产的基础，即正确应用传统IE方法进行持续不断改善，必须很好地应用动作分析方法，注重微观，帮助员工提高效率。

5. 快速切换

快速切换即快速换线或快速换模技术，就是要在最短的时间内完成大型模具的切换或者生产线的切换。通过实施快速切换，提高快速反应能力及流程效率，缩短切换时间，减少有效作业时间的浪费。

6. 团队工作法

精益生产的中心是员工，将员工的智慧和创造力视为企业的宝贵财富和未来发展的原动力。团队工作法（Team Work）就是通过工作小组共同协作，传授工作经验，一专多能，互相提高，保证工作顺利进行；团队工作的基本氛围是信任，以一种长期的监督控制为主，避免对每一步工作都实施稽核，提高工作效率。具体特点表现为：

（1）以人为本　企业把每一位员工放在平等的地位，鼓励员工参加管理和决策，并尊重员工的建议和意见。例如，合理化建议制度和QCC小组活动；注重上下级的交流和沟通；员工能以主人翁的态度开展工作，发现现场管理工作中的问题，不断改善提高。

（2）重视培训　为了培养出高素质的技术和管理人才，充分发挥员工各自的能力，及时发现和解决生产过程中的问题，精益生产更重视对员工的培训，以挖掘他们的潜力，如多能工培养、在岗培训（OJT）和人才育成等活动。

7. 全面生产维护

全面生产维护（TPM）就是通过企业全体员工参与设备自主性维护管理，确保设备停机零故障，以提高设备综合效率（OEE），进而提高生产效率。

8. 自働化

为了保证产品质量、树立企业形象和达到无缺陷目标，必须实施自働化方法，即具有自动监视和管理异常状况的方法，也可以是防止产生不合格品的装置、方法和机制。通过自働化在生产组织中建立两种机制：①设备上安装了各种自动停止的装置、加工状态检测装置；②生产第一线的操作工人发现产品或设备的问题时，有权自行停止生产线的运转。企业以此防止异常情况的发生，杜绝不良品的重复出现，从而避免了由此可能造成的大量浪费。

9. 品质保证

(1) 全面质量管理　精益生产以"零不良"为目标,强调在生产过程中对每一道工序进行质量的检验与控制,运用统计工序控制(Statistic Process Control,SPC)、按灯系统和目视化管理等手段,保证及时发现、警视和预防质量问题。因此,必须坚持重点培养每位员工"质量第一"的意识,以全员参与为基础,如果在生产过程中发现质量问题,根据情况,可以立即停止生产,组织相关的技术与生产人员作为一个小组,一起尽快协作解决质量问题,以生产合格产品,使顾客和所有相关方受益而达到长期成功。

(2) QCC小组活动　每一个工作小组都成立QCC小组自主进行管理,用QC七大方法解决设计、生产、工程、质量、供应链管理和销售等一系列日常工作问题,最大限度满足顾客需求,提高顾客满意度。

10. 并行工程

精益生产提倡活用并行工程(Concurrent Engineering)思想,即对产品及其相关过程(包括制造过程和支持过程)进行并行、一体化设计的一种系统化的工作模式。这种工作模式力图使开发人员从设计开始就考虑产品整个生命周期中从概念形成到产品报废的所有因素,包括质量成本、进度与用户需求。利用现代计算机集成制造(Computer Integrated Manufacturing,CIM)技术,通过设计人员的团队化和设计过程的并行化,最大限度地减少反复设计,缩短设计、生产准备和制造时间,从而进一步提高产品质量,降低产品成本,缩短产品开发周期和产品上市时间。

11. 单元生产

"单元生产"(Cell Production)即"一个流"生产,是精益生产的一个重要模块,为日本以及欧美企业所广泛采用。在小批量多品种生产方式下,采用"单元生产"U形生产线大大超过了大批量生产条件下传送带流水线的效果,可以弹性地增减各生产线的作业人数,缩短生产周期,快速地应对市场需求的变化。因此,实施单元生产可以把精益生产深入企业每一个"细胞"的改善活动,以此在布局、人才培养、物料控制方面都发生极大的改变,从而把精益生产推向更深的层次。

12. 均衡化生产

均衡化生产是实现适时适量生产和看板管理的前提条件。采用均衡化生产就是与各种产品的平均销售速度同步进行生产,通过生产排程尽可能地使生产任务均衡化,即总装线在向前工序领取零部件时,应均衡地使用各种零部件,混合生产各种产品,以应对库存、设备和劳动力等配置的需求数量变化。流水线式的生产形式中,均衡化是通过混合生产(同时生产多个品种)来实现的。在设备的使用上,均衡化是通过专用设备通用化和制定标准作业来实现的。

13. 拉动式的准时化生产

准时化生产是缩短生产周期、实现零库存的主要方法。拉动式的准时化生产(Pull-JIT)就是以最终用户的需求为生产起点,缩短生产周期,强调物流平衡,追求零库存。在精益生产方式中,通过看板管理传递生产和运送的指令,按必需的产品、按必需的数量、在必需的时候进行生产,从而控制库存,实现生产管理调整;使生产工序稳定化、合理化,顺应多品种小批量生产的需求。

6.2.4 MRP 与看板管理的结合

模块 5 所介绍的 MRP 是一个良好的生产作业计划系统，其优点是能够快速而有效地编制复杂的多品种生产作业计划，并具有模拟的功能；但它难以降低库存，达不到看板控制的效果。而看板控制管理系统简单易行，是一个良好的生产控制系统；但对大量重复性生产适用，对多品种小批量生产不适用，因为品种的变化使出、入口存放处的零件没有意义，零件也难以形成固定的流动路线。

根据 MRP 与看板管理各自的优点，如能将它们结合使用，将在生产管理上更好地发挥作用。例如：从图 6-13 可以看出，通过 MRP 软件按推进式来组织，可以生成外购件、原材料的需求计划和产品装配计划。按照产品装配计划进行产品装配，由产品装配得出所需的外购零部件和自制零部件及其所需原材料的需要量。通过拉动式零件加工和原材料供应，生产合格产品供给客户。这一部分是按照拉动式生产组织的，可以通过看板控制系统来实现。

图 6-13 MRP 与看板管理的结合

例 6-3

某汽车公司推行精益生产方式的实践

1. 公司生产管理模式

1）要建立一个能够适应市场需求变化的拉动式生产物流系统（PS），包括流水生产的工艺布局、准时化供储系统、多品种混流生产的柔性生产线，并力求不断减少调整转换时间。

2）要建立一个能够满足市场多样化需求、反应敏捷的生产计划与控制系统（PPS），不断缩短计划提前期，提高生产系统的市场应变能力和多品种混流生产的标准化生产水平。生产实现闭环控制。

3）不断减少在制品、成品和原材料库存，按照"一个流"生产方式的要求组织同步均衡生产，向零库存挑战，利用看板的优化机能，不断暴露问题，进行永无止境的改进。

4）实施准时采购和供应链管理。

5）建立一个集成化的管理信息系统和技术支撑平台。

6）建立一个确保整个供应链产品质量的质量保证体系。

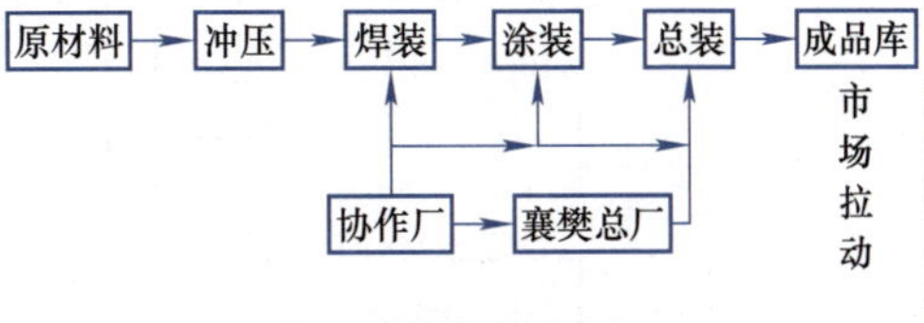

2. 公司生产物流系统

公司按照 15 万辆一次投入的大批量、高起点法则，引进了大量先进技术和先进工艺装备，同时按照现代化大生产和多品种可调的混流生产的要求进行工艺设计和布局。这样，先进的工艺布置为实现准时生产打下了基础，工艺流程如图 6-14 所示。

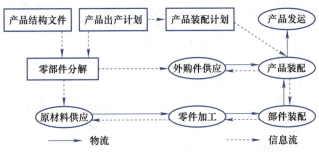

图 6-14 工艺流程

为了实现多品种混流生产，公司的生产物流系统进行了以下的适应性改造与完善。

1）总装配线、涂装生产线、车身焊装线均进行了柔性改造，具备两厢车、三厢车多品种混流通过的能力，总量达年产量15万辆。

2）车身和开启件在总装、涂装、焊装车间之间，各生产线之间的运输均采用运输悬链并实现自动控制。

3）从原材料和零件出库到商品车出库的制造全过程100%采用条码技术和看板控制。

4）建立了以条码技术为数据采集手段的SPV/SPC生产自动跟踪系统和整车产品质量在线监测系统。

3. 公司生产管理信息系统

公司在引进先进的产品和技术的同时，还引进了法国××公司的生产管理技术——NGP生产管理系统（其原理相当于MRPⅡ，是××公司的生产组织方式）。其中包括：

NUP	制造明细表	FC	零部件流
FV	整车流	BGS	工艺卡管理

此外，公司根据国情和准时化生产要求又配套开发了以下系统软件，与NGP构成了一个完整的生产管理信息系统，它们是：

SGPS	库存管理	PAP	KD件按件采购
MHF	生产外物料管理	VVN	新车销售
SKB	看板管理	SAP	财务管理

这些系统软件通过公司管理系统规划（POMS）的实施，实现了按照MRPⅡ管理思想的整合，下一步将通过计算机开展生产管理系统的实施，实现符合ERP（企业资源计划）要求的整合，如图6-15所示。

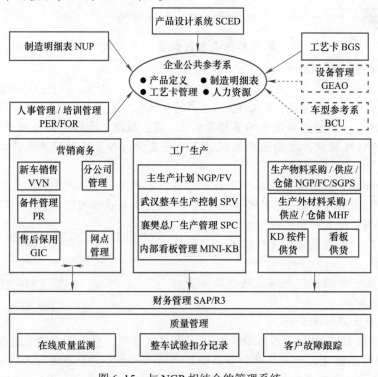

图6-15 与NGP相结合的管理系统

4. 生产计划与控制系统及多品种混流生产的组织

公司建立了一个多品种混流生产的计划与控制系统（PPS）。

（1）生产计划的形成、下达与跟踪

1）生产计划的生成。公司生产计划分为年度、周期、周、日生产计划以及作业顺序计划（即日排产）五个层次。

生产部负责年度、周期生产大纲和周生产计划的编制，并组织使其平衡与生效，其流程如图 6-16 所示。

周期、周生产计划和物料需求计划均采取滚动预告方式，由 NGP 计算机管理信息系统自动生成。

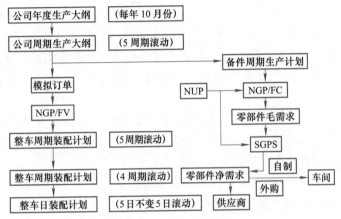

图 6-16　生产计划的形成

2）生产计划的平衡。生产大纲的生成必须经过市场需求（订单 + 预测）与物料资源和制造能力的平衡过程。正式的物料需求计划由 NGP 系统根据输入的生产大纲自动生成，如图 6-17 所示。

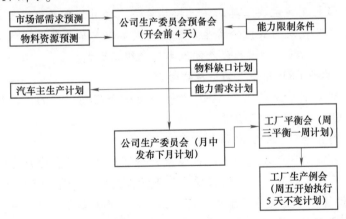

图 6-17　生产计划平衡图

3）工厂生产计划的构成及生产指令的下达。公司的生产指令由排产员下达到总装上线点和油漆上线点；其余车间、工段不下达生产作业指令。各车间之间、生产线之间只建少量储备，生产均由后工序看板拉动控制。总装上线计划可作为其他车间、工段的参考计划。

（2）混流生产的组织

1）日排产。工厂每日从 NGP 系统订单夹 PNO 中抽取一日产量的新车订单，经能力平衡与资源平衡之后制订出 5 日滚动的日生产作业计划（有车型、颜色、数量，无上线顺序），交总装上线点和油漆上线点排产员做即时排产。

2）客户的紧急需求。当客户有紧急需求时，在不破坏生产线平衡原则的前提下可对总装或油漆上线顺序做微量调整，以满足客户的紧急需求。

3）客户的特殊需求。对于超出产品定义选装范围的客户特殊需求，制订特殊批量生产程序，以满足客户的个性化需求。（这是对××公司生产方式的重要补充和修正。）

（3）同步作业与生产跟踪系统　同步化作业是实现准时化生产的基础。准时生产制的同步化作业得力于生产跟踪系统（整车流 SPV 系统、零部件流 SPC 系统）、条码技术和看板控制的支持，实现了以下三种形式的同步化作业：

1）"一个流"生产。各车间、各生产线的生产以总装为龙头，以看板拉动控制，做到了同步化生产；生产线内不建在制品储备，实现了"一个流"生产，有效地控制了过剩的生产。

2）同步分装与同步集配。当车身在总装上线时，由 SPV 系统将订单信息通知相关分装工序，分装工序将按该零部件装配点与车身上线点之间的时差提前装好，准时送到线边，满足订单的各种不同要求。

3）同步供货。同样的原理，将车身上线时间及订单信息输送给邻近的供应商，供应商也可与总装配线同步组织相关零部件的生产，将零部件准时送到装配工位，这称为"同步供货"。

（4）缩短作业更换时间　公司采用液压滑动快速换模装置，使冲压生产线"换模时间"仅为 2～3 分钟，运用冲压看板系统自动完成生产准备工作，使零件转换的"准备时间"比使用看板前压缩 50% 以上。

（5）以看板控制为主要工具的物流控制系统　公司的生产组织形式主要有以下三种：以冲压生产为代表的成批轮番生产组织形式、以整车总装装配线为代表的混流生产组织形式、以发动机机加工为代表的流水生产组织形式。

5．准时采购与 ERP 指导下的供应链管理

公司的准时采购系统是依据 MRP II 和 ERP 管理思想建立的，其技术支撑的管理信息系统是 NGP 和 SGPS、PAP 系统。

（1）以准时化为目标的三种供货方式

1）计划供货。MRP 方式由系统根据生产计划与库存信息自动生成。它主要用于供应商距离较远、采购周期过长的零部件及原材料。日供货要求提前 5 天滚动预告。

2）看板供货。这主要适用于供应商距离较近、产品质量稳定、获得免检资格的零部件。库存下降 30%，玻璃、轮胎两个看板供货就节省仓库面积 5000m^2。

3）同步供货。让零部件供应商与总装配线同步生产，消除两头的中间储备，供应商零部件直接上线装车。

（2）第三方物流的实施　实现了 40 多家远距离供应商的零件配送与看板供货，为改善公司准时化采购系统起到了重要作用。

（3）基于EDI+互联网的KD件供应系统　公司实现了将进口KD件成套采购转为按件采购，为实施全球采购打下了基础。

此外，公司采用EDI方式传递银行单证，使支付周期从20天压缩到1天；利用信息技术超前处理发货信息，缩短国内运输周期；签订开口订单，减少支付频次；通过建立互联网来达到电子商务、同步作业、资源共享的目的。图6-18显示了在互联网下的供应链网络结构。

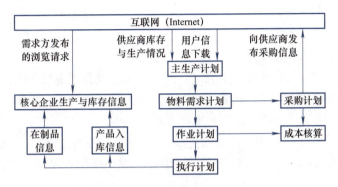

图6-18　公司互联网下供应链网络结构

6．公司生产管理模式的特点

综上所述，我们可以将该公司生产管理模式的特点做如下归纳：

1）MRP Ⅱ（NGP）计划主导，JIT看板拉动，使生产系统反应敏捷、控制有效，实现了拉动式准时化生产和柔性多品种混流生产。

2）信息技术（含EDI、互联网）、看板技术、条码技术等先进技术的采用，实现了计划自动生成，过程自动跟踪，数据自动处理以及物流、信息流、资金流"三流"合一，具备了同步作业和多选装作业能力。

3）在MRP Ⅱ与JIT相结合的生产管理实践中，以物流运作为载体，大胆创新，实施准时采购和供应链管理。

模 块 小 结

1．准时生产（JIT）是采用适时、适量生产，以消除库存等各种浪费为目的的新型生产模式。JIT的核心管理工具是看板管理，用看板组织生产的过程来实现准时生产。

2．看板总体上可分为三大类，即传送看板、生产看板和临时看板。在看板管理中还必须遵循使用规则，确保看板制度运行的有效性。

3．精益生产管理思想最终目标是企业利润的最大化。精益生产的系统目标是零库存、多品种、无缺陷。精益生产管理实现方法需采用准时化工具和自动化工具，即"5S活动"、目视管理、价值流、IE持续改善、快速切换、团队工作法、全面生产维护、自働化、品质保证、QCC小组活动、并行工程、单元生产、均衡化生产、拉动式的准时化生产。

思考与练习题

一、单项选择题

1. 以下哪一项不是组织准时生产的条件（　　）。
   A. 减少调整准备时间　　　　　　B. 准时采购
   C. 建立推进式系统　　　　　　　D. 建立"U"形生产单元
2. 从概念上讲，JIT 可做到（　　）。
   A. 工件在加工过程中没有等待　　B. 没有无事可干的工人
   C. 没有等待零件加工的机器　　　D. 以上各项
3. JIT 的生产现场是一种（　　）生产方式。
   A. 推动式　　B. 拉动式　　C. 推拉结合式　　D. 计划型
4. JIT 的实践表明，在多品种生产过程中，实现小批量以至"一个流"生产的关键是（　　）。
   A. 均衡化　　　　　　　　　　　B. 缩短提前期
   C. 缩短生产准备时间　　　　　　D. 提高质量
5. 精益生产的核心是（　　）。
   A. 并行工程　　B. 敏捷制造　　C. MRP　　D. JIT

二、填空题

1. 看板的种类有（　　）、（　　）和临时看板。
2. 看板运行规则中规定不向后一道工序送（　　）产品。
3. 看板记载着生产和运送的（　　）、时间、目的地、（　　）、搬运工具等信息。
4. 精益改善基于"（　　）"和"自动化"展开。

三、判断题（正确的请打"√"，错误的打"×"）

1. 按照 JIT 原理，凡是不增加价值的活动都是浪费。（　　）
2. 超级市场生产方式、JIT、无库存生产、一个流生产，实质上都是一回事。（　　）
3. 库存不仅浪费了资源，而且掩盖了管理中的各种问题。（　　）
4. 推行 JIT 主要是第一线生产工人的任务。（　　）
5. 拉动生产计划中的中期计划主要是用以评估未来数月中，生产能力、供货商是否能满足市场需求。（　　）
6. 精益生产要消耗较多的原材料。（　　）
7. 看板的种类有传送看板、生产看板和临时看板。（　　）
8. 精益生产就是推动式准时化生产。（　　）

四、简答题

1. 实现 JIT 最终目标的基本要素有哪些？
2. 什么是看板管理？看板的种类有哪些？如何计算看板的数量？

3. 试述看板的使用规则。
4. 简述 JIT 生产与传统生产方式的区别。
5. 什么是 JIT 生产方式的精髓？
6. 试比较 MRP 与 JIT 在管理思想方面的异同。
7. 简要说明如何利用生产指示看板和取货看板控制生产过程。
8. 简述精益生产的含义和精益生产的基本原理。
9. 为什么精益生产比大批量生产的成本更低、质量更好、品种更多？
10. 简述准时化工具和自动化工具。

五、计算题

1. JIT 系统的工作地每小时对零件 A 的需求量为 200 件，一个标准容器可放置该零件 30 件。传送看板的循环时间为半个小时，生产看板的循环时间是两个小时，其中等待时间和加工时间的容差均为 0.1 小时。试求出需要的传送看板和生产看板的数量。

2. 加工中心运用看板系统组织生产，其中零件 B 的日使用量为 60 件，标准容器可装该零件 12 件。容器完成一次循环的时间是 0.2 天，所需安全库存占零件需求的比例是 25%。试求出需要的看板数量。

模块 7 / Module 7

现场质量管理

学习目标

- 了解质量管理历史发展的三个阶段及重要意义。
- 掌握现场质量检验，如首件检验、制程巡检、完工检验、成品检验等方法。
- 掌握常用的 QC 七大方法，即检表法、排列图、因果图、散布图、直方图、分层法和控制图的应用步骤和作图方法。
- 掌握现场问题解决的七步法。
- 了解 ISO9000 族标准的产生和构成。
- 掌握质量管理体系文件的内容、质量手册和程序文件的编写方法。
- 了解 6σ 的含义、常用的度量指标，理解 DMAIC 过程改进流程。

学习引导

7.1 质量管理的发展及其八大要点

7.1.1 质量管理历史发展的三个阶段

人类对质量的认识和对产品质量的管理古已有之，但真正成为一门科学是从20世纪初开始的，其发展大致经历了三个阶段：

第一阶段：质量检验阶段（20世纪初—20世纪40年代初）。在这一阶段，主要依靠少数专业检验人员，按技术标准采用事后检验的方法，进行"把关型"的质量管理。这一阶段中，对管理科学发展做出重要贡献的人物有：泰勒（T. W. Taylor，1856—1915）、休哈特（W. A. Shewhart，1891—1967）、道奇（H. F. Dodge）、罗米格（H. G. Romig）、皮尔逊（E. S. Pearson）等。

第二阶段：统计质量管理阶段（20世纪40年代初—20世纪60年代初）。在这一阶段，对生产过程的质量问题，采用数理统计方法进行质量分析与控制，以减少或消灭废品的发生，它是以质量控制为主的"预防型"的质量管理。这一阶段经历了第二次世界大战及战后世界经济大发展时期。第二次世界大战中，美国为解决军用产品质量差及交货拖延的问题，制订了战时质量管理标准。战争中及战后，统计质量管理（Statistical Quality Management，SQM）在世界范围内普遍受到欢迎和重视，尤其质量管理在日本得到了迅速发展。

第三阶段：全面质量管理阶段（20世纪60年代初至今）。由统计质量管理阶段发展到全面质量管理阶段是质量管理科学的一次大飞跃。全面质量管理（Total Quality Management，TQM）的概念、理论和方法是20世纪50年代末、60年代初由朱兰（J. M. Juran）和费根堡姆（A. V. Feigenbaum）等人提出的。全面质量管理是为满足用户对产品质量的需要，要求企业全体员工把专业技术、经营管理和数理统计方法结合起来，对产品的设计开发、生产制造以及售后服务的全过程进行系统的管理，形成一个完整的质量管理体系（企业质量体系的重要组成部分），用最经济的方法可靠地生产出用户满意的产品。因此，它是对质量进行系统管理和系统保证的"系统型"质量管理，至今已发展成为有一套质量管理思想、理论、技术和方法的新学科，形成了完整的科学体系。

7.1.2 质量管理的八大要点

质量管理应坚持"预防为主，过程控制"的原则，争取一次就把事情做对，从细节抓起，把小事做实，真正做到"严格""慎重""细致""实在"，确保"零缺陷"。具体要点如表7-1所示。

表7-1 质量管理的八大要点

序号	要点	内容
1	定规矩严制度	建立起标准化和规范化的日常工作流程，保证了每项工作都能够有章可循、有据可查；严格执行质量管理的各项规章制度，注重细节，严格把关，保证生产时刻在质量管理体系的监控之下进行
2	追责任可追溯	落实质量责任制，质量可追溯到物、责任可追究到员工，使操作者明确本工序的质量标准，做到"三按"（按图样、按工艺、按标准生产），进行"三自"（自检、自分、自做标识）和"三不放过"（发生质量事故的原因不查清不放过、责任不清不放过、纠正措施不落实不放过）

（续）

序号	要点	内容
3	抓重点关键件	针对关键件（重要件）及关键工序，加工过程稳定性有影响的薄弱环节，开展质量策划，组织有关人员进行加工前的预想及加工过程回顾；对可能出现质量问题提出注意事项、预防措施，确保产品加工质量
4	自互检防异常	为了防止错检、漏检，制定"自检、互检工作规程"，贴在每一员工工位上，让自检、互检等必须做到的环节清楚呈现；修订作业标准书；使用管制图，非管制状态时的处理要标准化；制程异常时的报告及应急措施一定要确实做好
5	出数据勤分析	以数据说话，建立质量控制指标，例如优质品率、超差品率、废品率等，对出现的不合格品所造成的损失，计算所付出经济的代价；结合产品加工过程，班组每周开展"三分析"的质量分析活动（分析质量问题的危害性、分析产品质量问题的原因、分析应采取的措施）；采取互动经验交流、典型质量问题剖析、质量分析与技术攻关相结合等多种方式，及时总结经验教训，防止质量问题的重复发生
6	树典型做点评	把宣传、坚持、执行"质量第一"理念放在员工教育的显要位置，进行典型质量案例教育，树立质量无小事的观念；进行正面引导，发挥导向、示范作用；将典型问题产品进行陈列，附加分析，警钟长鸣；坚持班前班后会、质量分析会等点评员工们的生产情况，让大家讲述影响质量的因素，探讨确保质量的办法，及时发现质量管理中存在的问题并向车间反映，以杜绝质量隐患，提高管理水平
7	常培训提素质	推行"一带一"的培养方式，采取"传帮带"、名师带徒、轮训、技术练兵及技术交流等一系列做法，传授绝技绝招，开展技术培训、质量体系培训、岗位轮换等活动，培养骨干，以点带面，提高班组员工整体素质，避免质量问题发生
8	搞活动建文化	结合工序特点，充分利用班前班后会、质量专题分析会及班组园地等，开展多样化的群众性质量管理活动，如小组活动、质量信得过活动、"三无"（无违章、无工艺违纪、无缺陷）活动，以树立和加强操作者的质量改进意识与管理自主；营造人人重视质量的良好氛围，将"零缺陷"管理理念落实在实际工作中

7.2　现场质量检验

现场质量检验主要包括首件检验、制程巡检、完工检验、成品检验等。

7.2.1　首件检验

1. 首件检验项目

首件检验是在生产开始时，或是在换班或工序因素调整后（换人、换料、换活、换工装、调整设备等）对制造的第一件或前几件产品进行的检验。首件检验的目的是尽早发现生产过程中影响产品质量的系统因素，防止产品成批报废。首件检验项目如表7-2所示。

表7-2　首件检验项目

必须首检情形	1. 新产品的第一次试制 2. 新工艺、新材料、新设备的第一次使用 3. 新员工的第一次上岗操作 4. 每个班次开始加工前或操作人员发生变化时 5. 使用新的工装与模具 6. 批量生产时的第一个产品
首检主要内容	1. 图号与工作单是否相符合 2. 材料、半成品和工作任务单是否相符合 3. 材料、半成品表面处理与安装定位是否相符合 4. 配料是否符合规定要求 5. 首件产品加工出来后的实际质量特征是否符合图样或技术文件规定的要求

2. 首件检验的程序

首件检验的程序如图 7-1 所示。

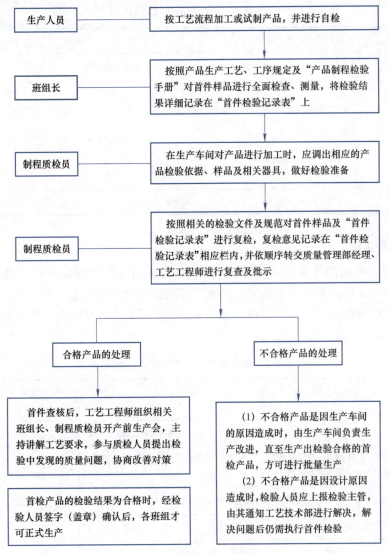

图 7-1　首件检验的程序

自检进一步可发展为"三自检制",即操作者"自检、自分、自记",具体如表 7-3 所示。

表 7-3　三自检制

项目	责任者	职能	管理内容	确认者	评议
自检管理	操作者	自检	首件自检(换刀、设备修理)	检查员	检查员
			中间自检(按频次规定执行)	班组长	班组长
			定量自检(班组实测)	检查员	质量员
		自分	不良品自分、自隔离、待处理	班组长	车间主管
		自记	填写三检卡	质量员	质量科主管

【实用工具与方法】首件检验记录表

首件检验记录表如表 7-4 所示。

表 7-4 首件检验记录表

制 造 单 位		产品编号		产品名称		日期	
首 件 类 型		□新产品	□新订单	制造命令号码			
首 件 数 量				制造责任人			
品管检验判定	主管：				检验：		
开发检验判定	主管：				检验：		
结 论							

7.2.2 制程巡检

制程巡检又称巡回检验、流动检验，是指检验人员在生产现场按一定的时间间隔或检查频率对关键性工序的产品质量和加工工艺进行的监督检验。

通过对生产线的巡检，检查影响产品质量的生产因素，得到检查结果并采取相应对策，如表 7-5 所示。

表 7-5 检查影响产品质量的生产因素表

项 目	内 容	检查结果 是（√） 否（×）	对 策
影响产品质量的生产因素	当操作人员有变化时，对人员的教育培训以及评价是否及时实施		
	设备、工具、工装、计量器具在日常使用时，是否定期对其进行检查、校正、保养，是否处于正常状态		
	物料和零部件在工序中的摆放、搬送及拿取方法是否会造成物料不良		
	不合格品是否有明显标志并放置在规定区域内		
	工艺文件（作业指导书之类）是否齐全、是否正确指导生产		
	产品的标志和记录是否保证可追溯性		
	生产环境是否满足产品生产的需求，产品、物料是否散落在地面上		
	对生产中的问题，是否采取了改善措施		
	员工是否胜任工作		
	生产因素变换时（换活、修机、换模、换料）是否按要求通知质检员到场验收		

制程巡检专员应协助制定制程质量控制点，并确定相关的检验工具及检验规范。制程质检员依据产品生产工艺单、样品和巡回检验要求对各道工序每日分上午、下午、加班时段对

各生产班组执行巡回检验,严格按检验标准或作业指导书检验,包括对关键工序的产品质量、工艺、规程、机器运行参数、物料摆放、标识和加工工艺的监督检验,将检验结果记录于"巡检日报表"内,并及时反馈给质量主管。在巡检中发现有不合格品的现象,需及时填制"成品检验报告",经审核后交装配部改善,同时跟进改善结果,直至合格为止。若发现可能引起重大质量事故的隐患,制程巡检专员有权要求立即停工,并及时通知生产车间负责人和制程检验主管。

【实用工具与方法】巡检日报表

巡检日报表如表 7-6 所示。

表7-6 巡检日报表

部门：　　　　班次：　　　　组长：　　　　　　　　　　日期：　　年　月　日

本班生产工单	序号	生产时间	工单编号	产品／工模编号	产品名称	装潢	颜色	工单数量	生产数量

巡回检查记录	检查时间								
	来货与工单核对								
	模／夹具确认								
	工艺参数核对								
	设备运行状态								
	有无 QC 签办								
	货品标示								
	货品摆放								
	不合格品标示								
	不合格品隔离								
	员工作业状态								
	环境保护状态								
	品质可否接受								

不合格处理	序号	时间	不合格项目及说明	生产部签认	不合格处理	改善结果确认	备注

IPQA：　　　　　　　　IPQA 主管：　　　　　　　　　　　　　　审核：

备注：在巡检记录栏内,打"√"表示合格;打"×"表示不合格。

　　　QC：　　　　　　　　　　　　　　　　　　　审核：

7.2.3 完工检验

完工检验是指对全部加工活动结束后的半成品、零件进行的检验。完工检验的工作包括验证前面各工序的检验是否已完成，以及检验结果是否符合要求，即对前面所有的检验数据进行复核。检验人员应该按照作业指导书、产品图样、抽样方案等有关文件的规定，做好完工检验工作，严格禁止把不合格品投入装配。完工检验的重点如图7-2所示。

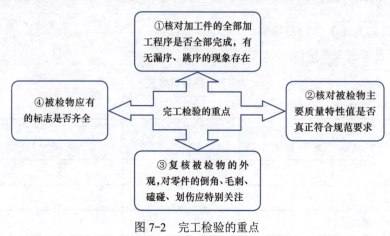

图7-2 完工检验的重点

【实用工具与方法】半成品抽查日报表

半成品抽查日报表如表7-7所示。

表7-7 半成品抽查日报表

报告编号：
生产班组：　　　　　机号／组长：　　　　班次：□白班　□晚班　　　日期：

生产单编号	产品名称与规格	产品编号	颜色	生产单数量	起止追溯号	生产时间	生产数量	样本数	次品分类	判定结果	缺陷描述

副本分发：□QC　　□生产部　　□其他

检查员：　　　　　批检：　　　　　生产部：

注：次品分类用严重、主要、次要和合格表示。
　　判定结果用冻结、拣用／工厂加工、退货表示。

7.2.4 成品检验

成品检验包括的检验项目较多，一般有组装检验和产品外观、完整性、性能、精度、清洁度、喷漆、包装和可靠性检验等。

（1）成品包装检验

产品包装是生产过程的最后一道工序，经过此环节后的产品将会入库或直接发给客户。

因而这一关的质量控制相当重要。

包装检验的项目包括:包装材料、包装方法、包装外观、标志(起吊重心、防潮、防震动、放置方向等标志)、随机文件、随机附件、备件等。

(2)成品入库检验

成品入库检验的项目包括产品功能、产品外观、产品结构、产品尺寸(安装尺寸、连接尺寸)、易于检验的性能、包装及包装物。按照产品标准规定的入库验收项目,包括附件、备件、产品的合格证(或其他品质证明文件)、随机技术文件等,逐条逐项进行检验。

成品入库检验的操作程序如图 7-3 所示。

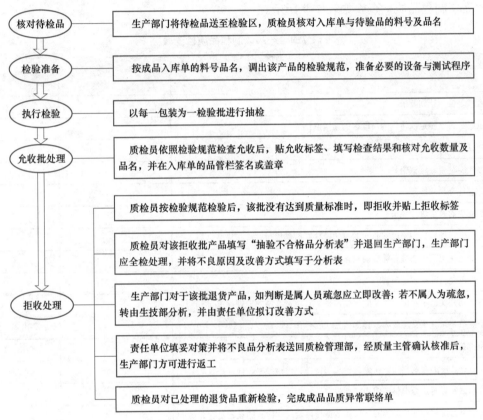

图 7-3 成品入库检验的操作程序

【实用工具与方法】产品质量检验标准表

产品质量检验标准表如表 7-8 所示。

表 7-8 产品质量检验标准表

检 验 项 目	检 验 方 法 或 标 准
外观	目视、手感及参照生产样品验证
尺寸	使用量具检测
功能特性	可用检测仪器进行验证,必要时取样给品质工程师做试验
机器运行参数	将实际参数与"产品工艺指导单"上的数据进行对比

（续）

检验项目	检验方法或标准
产品物料摆放	检验产品、物料、边角废料、不合格品是否摆放在规定的区域
环境	检验环境是否清洁，是否有产品、物料散落在地面上
员工作业方法	检验员工是否按规定制度操作机器，更换产品生产时是否通知制程检验，检验员到场验证（包括修机、修模、换料）
其他	检验物料、产品、机器标识状态是否正确

【实用工具与方法】产品/制程品质检查表

产品/制程品质检查表如表7-9所示。

表7-9 产品/制程品质检查表

问题	检查结果 是（√） 否（×）	意见或措施
是否满足控制计划要求		
供应商是否已确定谁将作为与顾客的质量联络人		
在制订或协调控制计划时是否需要顾客质量保证或产品工程部的帮助		
工程性能是否经过试验		
是否进行全尺寸检验		
问题解决前是否进行分析		
对每一个对控制计划来说都非常关键的操作是否都提供过程指导书		
每一个操作上是否都具备标准的操作指导书		
检验规范是否包括容易理解的工程性能规格		
是否计划并实施了对出厂产品的定期审核、对质量系统的定期评审		
检验规范是否包括试验频率、样本数量、文件化		
监控作业站是否提供地方放置检验量具、指导书、参考样品、检验记录本		
是否有进货产品控制程序，明确被检验的特性、检验频率、样本数量		
量具和试验设备是否提供证明和定期校准		
当提供所有零件初期和现行的全尺寸数据时，全尺寸检验的设施是否充足		
是否具有返工/返修程序		
是否有进货产品控制程序，对不合格产品进行处理		
是否有识别、隔离和控制不合格产品以防止不合格产品装运出厂的程序		

7.3 不合格品管理

7.3.1 不合格品标识

标识的形式包括核准的印章、标签、产品加工工艺卡、检验记录以及试验报告等。工厂不合格品的标识物主要分为标志牌、标签、卡片以及色标，具体分类及应用如表 7-10 所示。

表 7-10　不合格品标识

标识物	概念	形式	应用
标志牌	由木板或金属片做成的小方牌，按货品属性或处理类型做出相应的标志	企业的标志需求，可分为"待验"牌、"暂收"牌、"合格"牌、"不合格"牌、"待处理"牌、"冻结"牌、"退货"牌、"重检"牌、"返工"牌、"返修"牌、"报废"牌等	适用于大型物料或成批产品的标识。如：如果工厂内部对成批货质量无法确定，需要外部或客户确认时，可在该批货品外包装上挂"待处理"或"冻结"标志牌，以示区别
标签纸或卡片	一般为一张标签纸或卡片，通常也称之为"箱头纸"。在使用时将物料判别类型标注在上面，并注明物料的品名、规格、颜色、材质、来源、工单编号、日期、数量等内容	在标志品质状态时，管理员按物料的品质检验结果在标签或卡片的"质量"栏盖相应的QC标志印章	适用于装箱产品和堆码管制的产品或材料、配件，一张标签或卡片只能标注同类货物。如：员工自检出的或质检员在巡检中判定的不合格品，员工应主动放入"不合格品箱"中。待该箱装满时或该工单产品生产完成时，由专门员工清点数量，并在容器的外包装表面指定的位置贴上箱头纸或标签，经所在部门的QC员盖"不合格"字样或"不接受"印章后搬运到现场划定的"不合格"区域整齐摆放
色标	一般为一张正方形的（2cm×2cm）有色粘贴纸。它可直接贴在物料表面规定的位置，也可贴在产品的外包装或标签纸上	色标颜色分为绿色、黄色、红色三种： （1）绿色代表受检产品合格，贴在物品表面右下角易于看见的地方 （2）黄色代表受检产品品质暂时无法确定，贴在物品表面右上角易于看见的地方 （3）红色代表受检产品不合格，一般贴在物品表面左上角易于看见的地方	1. 量具、刀具、工具、检验器材、生产设备的校验结果的标注 2. 大型产品质量标识 3. 全检产品质量标识 4. 模具状态的标识 5. 大型型材等特殊性物品品质的标识

7.3.2　不合格品的隔离

对经过标识的不合格品应放置在有隔离措施的场所，这些隔离措施应能保证可以容易地被识别，或不易被错误使用。常用的方法是：

（1）在每台机器或每条生产线的每个工位旁边，配有红色的盒子、盘子、箱子或平台等器皿，用来放置生产线运转中出现的不合格品；并专门划出一个专用区域，这个区域悬挂写有不合格字样的标签，用于放置成批的不合格品，即"不合格品暂放区"（此区域的不合格品摆放时间一般不超过 8 小时）。

（2）用封闭的区域（如房间等）放置等待报废的不良品，这个房间要有明显的标识，且由指定人员掌管钥匙。不合格品放置区要用有色油漆进行画线和文字说明，区域面积的大小视班组产生不合格品多少而定。

（3）对不合格品摆放区域，只能放置本部门产生的不合格品，不得放置合格产品。

（4）对不合格品区域中的不合格品，实行严格的使用规定，予以严格管制。使用或处理不合格品区内的货物时，在未拿到质管部的书面处理通知前，班组长不得擅自处理或使用。

（5）将当天产生的不合格品数量如实记录在当天的巡检报表上，同时对当天送往不合格区域的不合格品进行分类，并详细填写在"不合格品隔离统计表"上，后经班组长或生产主管签认后交质管部存档备查。

7.3.3 不合格品的处理

通常情况下，对生产中出现的不合格品，作业者（检查人员）在按检查基准判明作业工件为不合格品后，将不合格品放入红色不合格品盒中。班组长在每两小时对生产线出现的不合格品情况进行一次巡查，并将各作业者位处的不合格品进行确认，填入不合格品统计表内。

同时，工艺技术部、质量管理部、生产部三方共同商榷处理办法，分析不合格品的成因并采取相应措施防止再次发生，评审结果交由相关责任车间，由相关责任车间具体处置不合格品。

【实用工具与方法】某公司不合格品区货品管制规定

1）不合格品区内的货物，在没有拿到质量部的书面处理通知前，任何部门或个人不得擅自处理或使用不合格品。

2）不合格品的处理必须要由质量部监督进行。不合格品处理流程如图 7-4 所示。

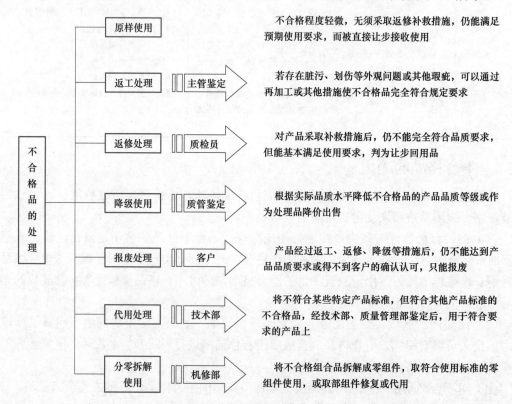

图 7-4　不合格品处理流程

例 7-1

C 公司的不合格品处理单

C 公司的不合格品处理单如表 7-11 所示。

表 7-11　C 公司的不合格品处理单

编号：002　　　　　　　　　　　　　　　　　　　　　　　填写日期：2022-10-9

产品名称		检验数	
产品编号	PG98837	不良数	
不良原因说明	产品的表面有起皱、亮点		检验员：上官云峰 2022-10-9
处理及联络事项	报废处理		现场品质主管：钟继羽 2022-10-9
回复栏	挑选后报废处理		品质主管：马石路 2022-10-9

7.4　现场质量控制及其方法

用于现场改进的质量控制（Quality Control，QC）是 1962 年由日本科学技术联盟最先提出的，20 世纪 70 年代备受日本工业界推崇，并在日本的现场质量改进方面立下了汗马功劳。质量控制的七大基本方法包括检表法、排列图、因果图、散布图、直方图、分层法和控制图。

1. 检表法

（1）查检表的定义　使用简单、易于理解的表格或图形，使工作者可依规定做查检记号，记录结果及状况，并统计整理数据，即称为查检表。

（2）检查表的应用

1）为现场最容易取得有效数据的一种表格。如调查不良项目、工程分布等标准表格。

2）可以用于自主检查时，以收时效。如 5S 检查表、工业安全检查表、内部审核表等。

3）可利用检查表建立工作上标准表格文件。如 QC 检验记录表、机器保养记录表等。

4）可借用检查表做在职教育训练。如教育训练检查表等。

（3）检查表实例

检查表实例如表 7-12 所示。

表 7-12 检查表

班组：冲压班		件名：冲压件		型号：QWE12		起始时间 3月18日—3月22日	
检查人：吴卫东		查检方式：全检		查检时间：全天		查检符合	√
不合格项	日期	3月18日	3月19日	3月20日	3月21日	3月22日	总计
弯曲		√√√	√	√√	√	√√	9
毛刺		√√	√√√	√	√√√	√	10
起皱		√√	√	√√√		√	7
划伤		√√√	√√	√√		√√	9
曝漆		√		√		√	3
脏污		√√	√√	√√√	√	√	9
裂纹			√		√		2
合计		13	10	12	7	7	49
查检数		79	65	89	58	61	302

2. 排列图

（1）排列图的定义　将在一定期间内收集的不良数、缺点数、故障数等，依项目、原因、位置加以分类，并按其出现数据的大小顺序列出，同时表示累积和的图形，称为排列图，或称重点分析图或 ABC 图，由意大利经济学家帕累托（V. Pareto）提出，因此又称帕累托图。

（2）排列图的实施步骤

排列图的实施步骤如图 7-5 所示。

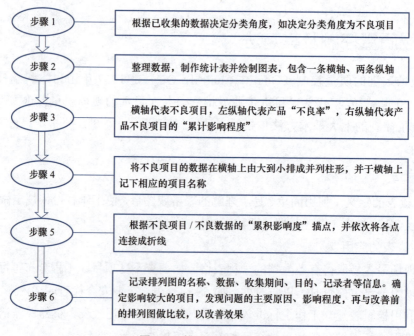

图 7-5 排列图的实施步骤

（3）排列图的应用

排列图可以决定改进目标，找出问题点；可作为清除不良、改正缺点、降低费用等的依据。如与因果图配合使用，可使因果关系更明确化，使报告、记录一目了然。

（4）排列图实例

排列图实例及绘制方法如图7-6所示。

3. 因果图

（1）因果图的定义　因果图是借着许多人共同讨论，采用头脑风暴的方法，以找出事物的因果关系的一种技巧。首先设定待分析的主题，找出造成此主题结果的各种可能原因，然后将其中的要因列为次主题，再次讨论分析出下

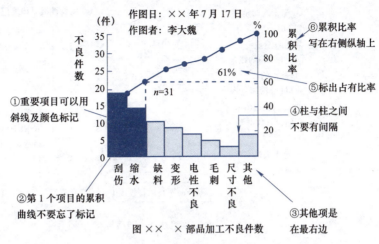

图7-6　排列图实例及绘制方法

一层原因，如此一层一层地分析下去，直至该事项的因果关系完全掌握为止。在分析过程中，因果关系以箭头表示，最后绘制出因果图，或称特性要因图，因图形如同鱼骨，又称鱼骨图，此图为日本石川馨博士发明，故又称石川图。

（2）因果图的绘制步骤与方法

因果图的绘制步骤如图7-7所示。

图7-7　因果图的绘制步骤

因果图的绘制方法如图 7-8 所示。

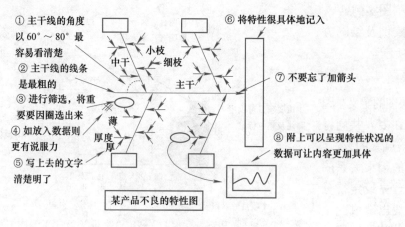

图 7-8　因果图的绘制方法

(3) 因果图的应用

与其他方法如检表法、排列图、直方图、5W（5 次问为什么）配合使用，能得到更好的效果。

(4) 因果图实例

为了尽快解决生产计算机用 6 英寸硅片生产率偏低的问题，生产部经理责成相关人员迅速采用因果图分析，以寻找真正的原因。如图 7-9 所示，从 4M1E（人、机器、物料、方法、环境）五大方面展开因果图。

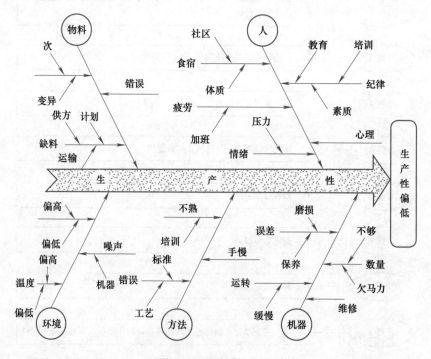

图 7-9　因果图的应用

4. 散布图

（1）散布图的定义　散布图是在坐标轴上以点的分布来表示两个对应变量之间的关系的图形，又称相关图。散布图易于了解及掌握成对的两组数据间的关系，应用于检定因果图中的特性结果及要因（原因）的关系，也可用来表示特性与特性间的关系。

（2）散布图的种类

六种常见的散布图如图 7-10 所示。

（1）正相关　当变量 z 增大时，另一个变量 y 也增大。①强正相关（图 7-10a），如功率与载重的关系。②弱正相关（图 7-10c），如体重与身高的关系。

（2）负相关　当变量 z 增大时，另一个变量 y 却减少。①强负相关（图 7-10b），如投资率与失业率的关系。②弱负相关（图 7-11d），如血压与年龄的关系。

（3）不相关　两个变量之间没有线性关系。例如图 7-10e 中，变量 z（或 y）增大时，另一变量 y（或 z）并不随之增大或减少。如气压与温度的关系。

（4）曲线相关　两个相关变量的相关关系近似曲线。例如图 7-10f 中，变量 z 开始增大时，y 也随着增大；但达到某一值后，则当 z 再增大时，y 反而减少，如记忆与年龄的关系。

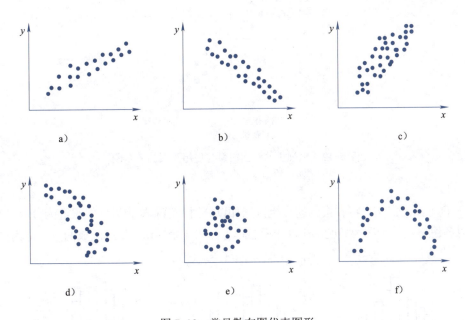

图 7-10　常见散布图代表图形

a）强正相关　b）强负相关　c）弱正相关　d）弱负相关　e）不相关　f）曲线相关

（5）散布图的绘制步骤　散布图的绘制步骤如图 7-11 所示。

（6）散布图的实例　如图 7-12 所示，电视机的使用年限越长，其画面清晰度也就越低，也就是说，电视机的清晰度与使用年限是有关系的。这种关系称为相关，而要检定此种相互关系，散布图是很有效的工具。

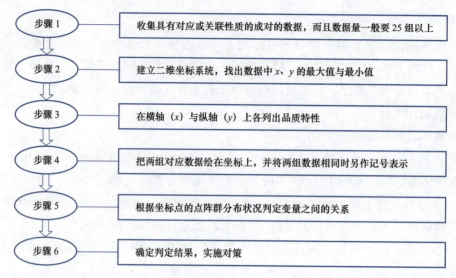

图 7-11 散布图的绘制步骤

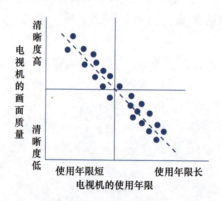

图 7-12 电视机的画面质量与使用年限的散布图

5. 直方图

（1）直方图的定义 将收集到的一组数据加以分组，沿着横轴以各组组界为分界，组距为底边，以各组出现的频次为高度，在每一组组距上画出一个矩形，依此画成的图形称为直方图。

（2）直方图的常见类型（见图 7-13）

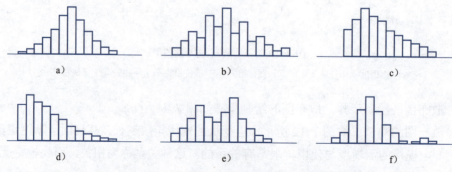

图 7-13 直方图的常见类型
a）标准型 b）锯齿型 c）偏峰型 d）陡壁型 e）双峰型 f）孤岛型

①标准型：左右对称，这是正常情况下的形状。②锯齿型：数据分组过多，或测量读数错误。③偏峰型：由于产品尺寸为单侧公差，会对操作者造成心理影响。④陡壁型：工序能力不足，进行了全数检验后的形状。⑤双峰型：均值相差较大的两种分布混在一起。⑥孤岛型：数据中混有少量另一分布的数据。

（3）直方图与公差标准的比较

1）当直方图在标准界限之内。

①直方图充分满足标准的要求，形状无须做任何调整，如图 7-14a 所示。

②直方图能满足公差要求，但不充分，图的两侧与标准界限之间没有间隙，稍有波动，就会超越标准界限，如图 7-14b 所示。

2）当直方图不满足标准要求。

①直方图平均值向左（或右）偏离，致使超出标准界限，因此必须采取措施，使平均值回到标准中心，如图 7-14c 所示。

②与直方图标准型相比偏差太大，左右两边都超出标准界限，因此必须采取措施，减少标准差（波动），如图 7-14d 所示。

③与直方图标准型相比既大又偏，这时要采取措施既减少波动又使平均值回到中心位置，如图 7-14e 所示。

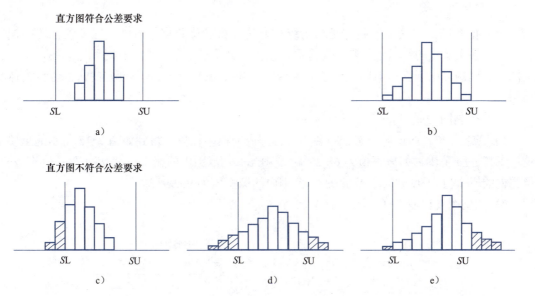

图 7-14 直方图与公差之间的关系

（4）直方图的应用　直方图的功效主要体现在以下几点：①测算过程能力；②计算产品的不良率；③检测分布形态；④制订规格界限；⑤与标准值比较。

6．分层法

（1）分层法的定义　依原料、机器、人员、工作方法、时间等分别收集数据，并进一步加以整理，以找出其中差异的方法，称为分层法。

（2）分层法实施步骤

1）收集原始数据（或识别需要整理的数据）。

2）确定数据的性质、范围或要求的目的。

3）将数据分层归类。

4）根据分层结果进行处理或改进措施。

（3）分层法的应用

1）在收集数据或使用查检表时，必须先做出层别，才能进一步解析，获取更多的信息。

2）分层法无固定的图形，必须和其他QC方法结合应用，如因果图、排列图、直方图等，才能发挥其功效。

（4）分层法实例　某装配厂的气缸盖，由于供应的气缸垫有质量问题，经常发生漏油，分层表如表7-13所示。

表7-13　气缸垫的供应厂家分层表

供应厂	漏油（次）	不漏油（次）	漏油率（%）
A厂	9	14	39
B厂	10	17	37
合计	19	31	38

7. 控制图

（1）控制图的定义　控制图是指用统计方法分析品质数据的特性，并设置合理的控制界线，对品质变化的原因进行判断和管理，使生产处于稳定状态的一种时间序列图，也称管制图、管理图。由于它是美国统计学家休哈特（Shewart）于1924年创立的，故也称为休哈特图。

（2）控制图的原理

1）正态分布。通过对正态分布各相关范围内的概率计算，得到如图7-15所示的重要结论：①在$\mu\pm\sigma$范围内的概率值为68.26%；②在$\mu\pm2\sigma$范围内的概率值为95.45%；③在$\mu\pm3\sigma$范围内的概率值为99.73%；④在$\mu\pm4\sigma$范围内的概率值为99.99%。

2）控制图设计原则（见图7-16）。

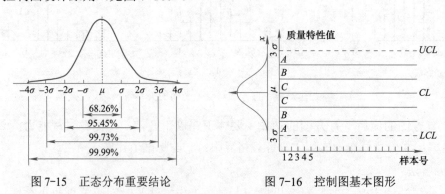

图7-15　正态分布重要结论　　　图7-16　控制图基本图形

①3σ原则，以$\mu\pm3\sigma$设计控制图的控制界线时，受控概率达99.73%，同时还体现在$\mu\pm3\sigma$为控制界限时，符合最经济的原则。

②控制图以典型分布的分布中心μ为控制中心线，符号为CL（Control Limit）。

③控制图以典型分布的 $\mu+3\sigma$ 为控制上限，符号为 UCL（Upper Control Limit）。
④控制图以典型分布的 $\mu-3\sigma$ 为控制下限，符号为 LCL（Lower Control Limit）。
⑤在控制图中加入 $\mu\pm\sigma$、$\mu\pm2\sigma$ 四条线，将控制图划分为 6 个区域，以利于控制图的分析。

（3）控制图的应用

1）控制图各种符号含义。

①n：采样数量大小，也可指数据量。
②k：采样的组数。
③X：采样的单位或单位特性值。每一个数值分别用 X_1，X_2，…，X_n 来表示。
④$\overline{X}$：采样的平均值，见式（7-1）。

$$\overline{X} = \frac{X_1+X_2+\cdots+X_n}{n} \tag{7-1}$$

⑤$\overline{\overline{X}}$：采样的总平均值，有时称总平均值，见式（7-2）。

$$\overline{\overline{X}} = \frac{\overline{X}_1+\overline{X}_2+\cdots+\overline{X}_n}{n} \tag{7-2}$$

⑥R：极差，一组采样数据中最大值与最小值的差。
⑦$\overline{R}$：R 的平均值，也称极差平均值，计算方法同④。
⑧P：不良率，为采样中的不良数与采样总数的比值。
⑨P_n：不良个数，即采样中所有的不良项目数。
⑩S：采样的标准偏差，有时称标准差或方差，见式（7-3）。

$$S = \sqrt{\frac{(X_1-\overline{X})^2+(X_2-\overline{X})^2+\cdots+(X_n-\overline{X})^2}{n-1}} \tag{7-3}$$

⑪σ：总体的标准偏差。

按表 7-14 计算 $\overline{X}$ 控制图和 R 控制图中的 CL、UCL、LCL。

表 7-14　$\overline{X}$ 控制图和 R 控制图

$\overline{X}$ 控制图	R 控制图
UCL=$\overline{\overline{X}}+A_2\overline{R}$ CL=$\overline{\overline{X}}$ LCL=$\overline{\overline{X}}-A_2\overline{R}$	UCL=$D_4\overline{R}$ CL=$\overline{R}$ LCL=$D_3\overline{R}$

其中 A_2、D_3、D_4 为控制图用系数，由表 7-15 查出。

表 7-15　$\overline{X}-R$ 控制图用系数表

n	A_2	B_3	B_4	C_4	D_3	D_4	M_3A_2
2	1.88	0	3.267	0.797	0	3.267	1.88
3	1.023	0	2.568	0.886	0	2.574	1.187
4	0.729	0	2.266	0.921	0	2.282	0.796
5	0.577	0	2.089	0.94	0	2.114	0.691

(续)

n	A_2	B_3	B_4	C_4	D_3	D_4	M_3A_2
6	0.483	0.03	1.97	0.951	0	2.004	0.549
7	0.419	0.118	1.882	0.959	0.076	1.924	0.509
8	0.373	0.185	1.815	0.965	0.136	1.864	0.432
9	0.377	0.239	1.761	0.969	0.184	1.816	0.412
10	0.308	0.284	1.716	0.972	0.223	1.777	0.363
11	0.285	0.321	1.679	0.975	0.256	1.744	—
12	0.266	0.354	1.646	0.977	0.283	1.717	—
13	0.249	0.382	1.618	0.979	0.307	1.693	—

2）控制图的用途。控制图可以直接控制生产过程，起到预防为主、稳定生产、保证质量的作用。其用途可归纳为：

① 应用于质量诊断，评估过程（工序）的稳定性，即过程是否处于受控状态。

② 应用于质量控制，决定某一过程（工序）何时需要调整，何时需要保持原有状态。

③ 应用于质量改进，可以用来确认过程是否得到了改进，以及改进到何种程度。

3）过程能力指数。

① 过程能力。过程能力也叫工序能力，是指受控状态下工序的实际加工能力，用 B 表示。通常 $B=6\sigma \approx 6S$。

② 过程能力指数。过程能力指数也称工序能力指数，是指工序质量标准的范围与工序能力的比值，即过程结果满足质量要求的程度，用 C_P 表示。

过程能力指数的表达式见式（7-4）。

$$C_P = \frac{T}{B} = \frac{T_U - T_L}{6S} \tag{7-4}$$

式中　T——公差范围，即产品设计所规定的质量标准；

　　　T_U——公差上限；

　　　T_L——公差下限。

③ 过程（工序）能力指数的评定及应用。过程能力指数的评定是对过程能力能够满足质量标准的程度做出判断。其目的是对过程（工序）进行预防性处置，以确保生产过程的质量水平。理想的过程能力既要满足质量要求，又要符合经济性原则。过程能力指数评定标准如表 7-16 所示。

表 7-16　过程能力指数评定标准

C_P	$C_P > 1.67$	$1.33 < C_P \leq 1.67$	$1.00 < C_P \leq 1.33$	$0.67 < C_P \leq 1.00$	$C_P \leq 0.67$
等级	特级	一级	二级	三级	四级
评价	过高	充分	尚可	不充分	不足

对不同过程能力状态，应在过程中采取不同的措施：对于特级（$C_P > 1.67$），应放

宽对尺寸的范围，降低设备和工装的精度要求；对于一级（$1.33 < C_P \leq 1.67$），应适当降低对原材料的要求，改全数检验为抽样检验，或减少抽样检验的频次等；对于二级（$1.00 < C_P \leq 1.33$），必须采取控制手段对过程实施监控，以便及时发现异常波动；对于三级（$0.67 < C_P \leq 1.00$），应该分析工序能力不足的原因，采取措施加以改进，实施全数检验或增加检验频次；对于四级（$C_P \leq 0.67$），一般应立即停产整顿，找出原因、采取措施、改进工艺，提高工序能力。

提高过程能力能够大幅度降低不合格品率，提高产品质量，有效地减少资源浪费，提高企业的经济效益和社会效益。

例 7-2

控制图实例

某厂生产食用油，采用灌装机灌装，每桶标准重量为（5 000±50）克，采用 $\overline{X}-R$ 控制图对灌装过程进行控制。现决定对每桶抽取样本 5 个，即 $n=5$，共取 25 组，记入控制图表（见表 7-17）。

解析：

（1）确定控制对象，采集数据

根据题意得：

1）样本数据 25 组（要至少采集 25 组）。

2）样本量 $n=5$（通常取 4～5 个）。

（2）计算控制图表中的 $\overline{x}-R$，求 $\overline{\overline{x}}$，$\overline{R}$

$$\overline{\overline{x}} = 746.6/25 = 29.86 \quad \overline{R} = 686/25 = 27.44$$

（3）计算 $\overline{X}$ 图和 R 图的控制界线

$\overline{X}$ 图：$UCL = \overline{\overline{x}} + A_2\overline{R} = (29.86 + 0.577 \times 27.44)$ 克 $= 45.69$ 克

$$CL = \overline{\overline{x}} = 29.86 \text{ 克}$$

$$LCL = \overline{\overline{x}} - A_2\overline{R} = (29.86 - 0.577 \times 27.44) \text{ 克} = 14.03 \text{ 克}$$

R 图：$UCL = D_4\overline{R} = (2.114 \times 27.44)$ 克 $= 58.04$ 克

$$CL = \overline{R} = 27.44 \text{ 克}$$

$$LCL = D_3\overline{R} = (0 \times 27.44) \text{ 克} = 0 \text{ 克}$$

A_2、D_4、D_3 可通过控制图系数表查得。

表 7-17 控制图表

组号	测量值					$\sum x_i$	$\overline{x}$	R
	x_1	x_2	x_3	x_4	x_5			
1	47	32	44	35	20	178	35.6	27
2	19	37	31	25	34	146	29.2	18
3	19	11	16	11	44	101	20.2	33

(续)

组号	测量值					$\sum x_i$	$\bar{x}$	R
	x_1	x_2	x_3	x_4	x_5			
4	29	29	42	59	38	197	39.4	30
5	28	12	45	36	25	146	29.2	33
6	40	35	11	38	33	157	31.4	29
7	15	30	12	33	26	116	23.2	21
8	35	44	32	11	38	160	32.0	33
9	27	37	26	20	35	145	29.0	17
10	23	45	26	37	32	163	32.6	22
11	28	44	40	31	18	161	32.2	26
12	31	25	24	32	22	134	26.8	10
13	22	37	19	47	14	139	27.8	33
14	37	32	12	38	30	149	29.8	26
15	25	40	24	5	19	158	31.6	31
16	7	31	23	18	32	111	22.2	25
17	38	0	41	40	37	156	31.2	41
18	35	12	29	48	20	144	28.8	36
19	31	20	35	24	47	157	31.4	27
20	12	27	38	40	31	148	29.6	28
21	52	42	52	24	25	195	39.0	28
22	20	31	15	3	28	97	19.4	28
23	29	47	41	32	22	171	34.2	25
24	28	27	22	32	54	163	32.6	32
25	42	34	15	29	21	141	28.2	27
合计							746.6	686
							$\bar{\bar{x}}$ =29.86	$\bar{R}$ =27.44

（4）画控制图并描点，溢出量 $\bar{X}$—R 控制图如图 7-17 所示。

（5）对控制图进行分析判断

若判异，则需执行查明原因，采取措施，加以消除，确保不再出现，并重新转入第（1）步收集数据。

若判稳，则转入下一步。本例根据判稳准则，并无异常，可判稳。

（6）计算过程能力指数，判断 C_P 是否充分

过程能力指数一般要求 $C_P \geq 1$。若 $C_P \geq 1$，则转入下一步。若 $C_P < 1$，则需采取措施提高过程能力。

本例 $C_P = 0.64 < 1$，故过程能力严重不足，需对灌装机进行技术改造。

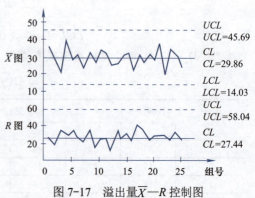

图 7-17 溢出量 $\bar{X}$—R 控制图

7.5 ISO9000 质量管理体系

7.5.1 ISO9000 概述

1. ISO9000 族标准的构成

ISO9000 族标准是由 ISO 成立的"质量保证技术委员会"制订的标准、指南、技术报告和小册子的总称。ISO9000 族现在有四个核心标准,除此之外的文件均为"附属物"。ISO9000:2000 族标准的总体构成如图 7-18 所示,ISO9001:2015 标准的总体构成如图 7-19 所示。

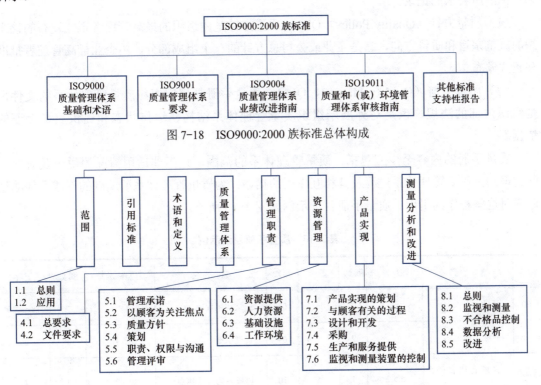

图 7-18 ISO9000:2000 族标准总体构成

图 7-19 ISO9001:2015 标准总体构成

2. 质量管理体系基础

《质量管理体系基础和术语》(GB/T 19000—2016/ISO9000:2015)为 ISO9001 及 ISO9004 标准的制订给出了总体原则和基本概念,提出了以顾客为关注焦点、领导作用、全员积极参与、过程方法、改进、循证决策和关系管理七项质量管理原则。

7.5.2 质量管理体系的建立

质量管理体系的建立,应在贯彻 ISO9000 族标准的基础上,进行质量管理体系的总体设计及质量管理体系文件的编制。

1. 质量管理体系的总体设计

质量管理体系总体设计是按 ISO9000 族标准在建立质量管理体系之初对组织所进行的统筹规划、系统分析、整体设计,并提出设计方案的过程。

质量管理体系总体设计的内容为:领导决策,统一认识;组织落实,成立机构;教育培训,制订实施计划以及质量管理体系策划。

2. 质量管理体系文件的编制

质量管理体系文件至少应包括:形成文件的质量方针和质量目标;质量手册;标准所要求的形成文件的程序;组织为确保其过程的有效策划、运行和控制所需的文件,如质量计划;标准所要求的记录。

(1)质量方针(Quality Policy,QP) 质量方针是由组织的最高管理者正式发布的该组织的质量宗旨和质量方向,它是企业或公司总方针的一个组成部分,由企业最高管理者批准和正式颁布。

(2)质量手册(Quality Manual,QM) 质量手册是规定组织质量管理体系的文件,是组织内部的法规,也是对外展示组织质量管理体系结构、运作状态和提供质量保证的依据。

质量手册的内容至少应包括:质量管理体系的范围,包括非适用情况的说明及对其判断的理由;质量管理体系过程及其相互作用的描述;为质量管理体系所编制的形成文件的程序或对这些程序的引用。质量手册目录示例如图 7-18 所示。

表 7-18 质量手册目录示例

章次	章 名	对照标准号	页数	页序	章次	章 名	对照标准号	页数	页序
00	目录		2	1~2	08	记录控制程序	4.2.4	2	18~19
01	质量手册说明		2	3~4	09	管理承诺	5.1	1	20
02	管理者代表任命书	5.5.2	1	5	10	以顾客为关注焦点	5.2	1	21
03	公司概况		2	6~7	11	质量方针	5.3	1	22
04	公司组织机构图		1	8	12	质量控制程序	5.4.1	2	23~24
05	质量职能分配表		1	9	13	质量管理体系策划	5.4.2	2	25~26
06	质量管理体系	4.1 4.2.1 4.2.2	3	10~12	14	职责、权限与沟通	5.5	5	27~31
07	文件控制程序	4.2.3	5	13~17	15	管理评审控制程序	5.6	3	32~34

(续)

章次	章名	对照标准号	页数	页序	章次	章名	对照标准号	页数	页序
16	资源提供	6.1	1	35	25	测量、分析和改进	8.1	1	53
17	人力资源控制程序	6.2	2	36～37	26	顾客满意控制程序	8.2.1	2	54～55
18	基础设施	6.3	1	38	27	内部审核控制程序	8.2.2	4	56～59
19	工作环境	6.4	1	39	28	过程的监视和测量	8.2.3	1	60
20	产品实现的策划	7.1	2	40～41	29	产品的监视和测量控制程序	8.2.4	2	61～62
21	与顾客有关的过程控制程序	7.2	2	42～43	30	不合格品控制程序	8.3	2	63～64
22	采购控制程序	7.4	3	44～46	31	数据分析	8.4	2	65～66
23	生产和提供服务控制程序	7.5	4	47～50	32	改进、纠正和预防措施控制程序	8.5.1 8.5.2 8.5.3	3	67～69
24	监视和测量装置控制程序	7.6	2	51～52	33	质量手册更改记录		5	70～74

（3）程序文件　程序文件所描述的对象是质量活动或过程，其内容通常包括文件编号与标题，目的和适用范围，术语，职责，工作流程和控制要点，报告和记录，相关文件。程序文件是质量管理体系的基础文件，对确保体系有效运行起着重要作用。

（4）质量计划（Quality Plan，QP）　质量计划为针对特定的项目、产品、过程合同，规定由谁及何时应使用哪些程序和相关资源的文件。质量计划的内容包括技术和经济目标，组织实际运作过程的步骤，项目各阶段中责任、权力和资源的分配，应采用的特定程序以及作业指导书，设计、开发等各阶段的实验、检验和审核大纲等。

（5）记录（Record）　记录是质量管理体系运行的客观反映，由原始记录、统计报表和分析报告等构成，为采取纠正、预防措施和质量追踪提供了依据。

7.5.3　质量管理体系的实施

1. 建立质量体系的程序

在建立质量体系的程序上，质量管理体系和质量保证体系之间的差别在于：质量管理体系要素由企业自行选择；而质量保证体系要素选择则由供需双方协商、确定并在合同中予以规定。建立和完善一个新的质量体系一般要经过如下几个阶段：

（1）组织准备阶段　企业领导层统一思想认识、做出决策，编制工作计划，宣传教育、培训人员，组织骨干队伍。

（2）分析阶段　收集资料，确定企业的质量方针、目标，分析质量体系结构，对质量体系要素进行评价，质量责任分配，提出质量体系方案，进行管理评审等。

（3）文件化阶段　质量体系文件是构成质量体系软件系统的全部质量文件和记录的总称。质量体系文件由质量方针、质量手册、质量计划、程序文件和质量记录等构成。

（4）建立阶段　编制质量体系实施计划，建立质量管理组织结构，配备资源和人员，编制相关的规范、作业指导书和记录表卡等，发布质量体系文件。

2. 质量管理体系运行机制

质量认证认可体系本身就构成一个制度性的系统，其系统目标在于促进组织的质量管理体系能有效运行，形成一种激励和约束机制，如图7-20所示。

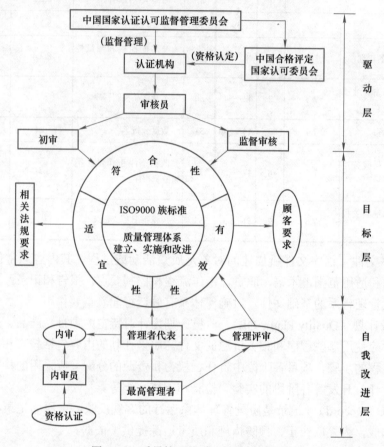

图7-20　质量管理体系运行机制示意图

质量管理体系的运行机制可分为驱动层（包括中国国家认证认可监督管理委员会、中国合格评定国家认可委员会、认证机构、审核员）、目标层（企业的质量管理体系）和自我改进层（包括最高管理者、管理者代表、内审员）三层。

（1）驱动层　第三方的质量审核。质量审核的监督机制体现在审核的独立性、公正性、系统性、权威性和持续性。

（2）目标层　组织通过建立、实施和运行质量管理体系来实现质量方针和质量目标，进而满足顾客、相关方的需求和期望及符合法律法规要求。

（3）自我改进层　以PDCA循环为指导的不断改进的过程。

为了持续地保持认证资格，组织在体系建立运行中要做到"四落实"，即组织落实、活动和资源落实、实施程序落实、目标落实。组织要通过管理评审、内审、不合格品控制以及测量分析及改进、纠正、预防措施等过程，形成持续改进的运行机制。

例 7-3

TX 公司文件控制程序实例

章名：文件控制程序　　　　　　　编号：Q/TX-B01，07-2022

1．目的

对公司质量管理体系运行的有关文件进行控制，确保各相关场所可获得适用文件的有关版本。

2．范围

适用于对公司管理体系运行有关文件的控制。

3．职责

（1）总经理负责批准发布质量手册及公司级管理文件、技术文件。

（2）管理者代表负责审核、报批及组织对质量手册的学习、贯彻实施。

（3）行政管理部为文件控制的归口管理部门，负责对质量手册的编制、制印、管理和必要的评审。

（4）市场部、技术部负责对质量手册相关部分的编制，并依据其要求贯彻实施。

4．程序内容

4.1 文件的编制、审核与批准

各种文件的编制，由行政管理部根据总经理的管理意图和公司管理发展需要确定，将任务分配给有关部门，拟制完成后需由部门主管审核，交行政管理部填制"自制文件报批单"，（TX/JL4.2.3-01A），报总经理审批，以确保文件的充分性与适宜性。

4.2 文件的评审与更新

遇下列情况时，行政管理部或有关部门可组织对相关文件的评审或更新：

（1）文件颁发施行半年以后。

（2）文件实施后组织机构、产品、业务流程等发生改变。

（3）管理评审后，对文件提出更新要求。

对经评审后需修改或更新的文件，仍应按 4.1 的规定再次批报。

4.3 文件的更改

（1）文件需更改时，由提出部门填写"文件更改申请"（TX/JL4.2.3-02A），交行政管理部，由管理者代表审核后，报总经理批准。

（2）由行政管理部将经批准后的更改内容发放至有关部门，并填写在"更改记录"中，在文件更改处加盖"此处已更改"的印章。

（3）文件的更改一般不影响文件的版本和修订状态，但若更改的内容总量超过原文件的 30% 时，改动页码，并由行政管理部确定。

4.4 文件的发放

（1）各种文件一律由行政管理部统一发放，发放时应填写"文件发放、回收记录"（TX/JL4.2.3-03A）。发放人与收文人均应在"记录"上签字。

（2）各部门接到行政管理部发放的有关文件后，应记录在"部门受控文件清单"（TX/JL4.2.3-04A）上，应核对文件版本及修订状态是否正确，发现错误时，应及时提出更换。

4.5 文件的识别与保持

文件的编号按以下示例的规定执行。

4.5.1 质量手册等管理标准的编号

示例1 质量手册（管理标准）——文件控制程序

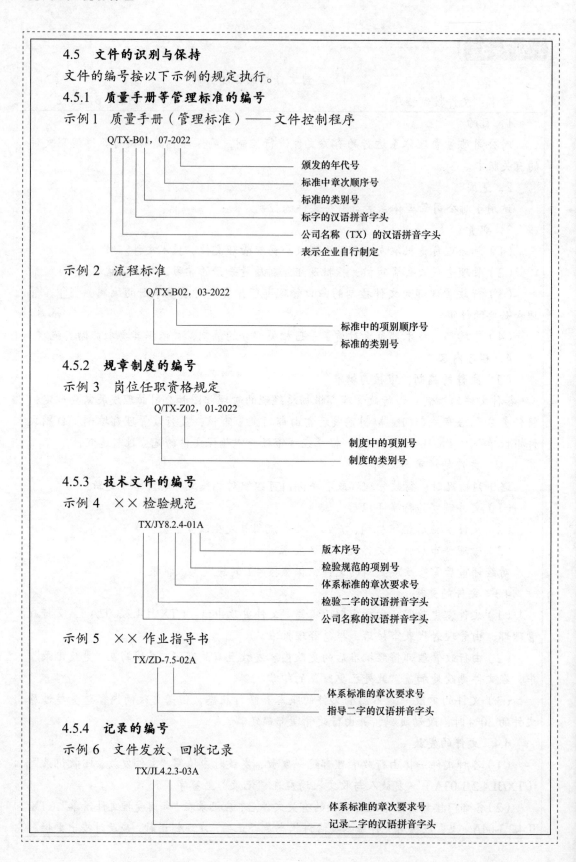

示例2 流程标准

4.5.2 规章制度的编号

示例3 岗位任职资格规定

4.5.3 技术文件的编号

示例4 ××检验规范

示例5 ××作业指导书

4.5.4 记录的编号

示例6 文件发放、回收记录

4.5.5 对文件的保存应符合以下要求
(1) 分类存放在干燥、通风、安全的地方。
(2) 各部门文件自行保管，行政管理部定期检查或不定期抽查文件的保存状况。
(3) 任何人不得在受控文件上乱涂画改，不准私自外借受控文件，确保文件的清晰、易于识别和检索。
4.5.6 为使文件易于识别，行政管理部需按以下要求予以标识
(1) 质量手册在封面"受控标识"栏加盖红色"受控版本"印章。
(2) 规章制度在封面或单册首页右上角加盖红色"受控版本"印章。
(3) 技术文件在封面或单册首页左上角加盖红色"有效版本"印章。
(4) 经批准外发、外借的文件夹应加盖"非受控版本"印章。
4.6 外来文件的管理
(1) 各部门收到的外来文件均应交行政管理部，登记注册，识别其适用性并控制其分发。
(2) 对外来文件，适用的应加盖红色"有效版本"印章。
(3) 对外来文件的发放，也应执行本文4.4（1）和（2）的规定。
4.7 文件的作废与销毁
(1) 为防止作废文件的非预期使用，若因任何原因而保留作废文件时，应另盖"作废需保留"的印章。
(2) 不需保留的，应加盖"作废"的印章。
(3) 对需销毁的作废文件，由相关部门填写"文件销毁申请"（TX/JL4.2.3-05A），经管理者代表批准后，由行政管理部执行销毁。
4.8 对承载媒体不是纸张的文件也应参照上述规定予以控制
4.9 作为记录的文件需执行"记录控制程序"（Q/TX-B01，08-2022）。
5．相关文件
记录控制程序（Q/TX-B01，08-2022）。
6．记录
自制文件报批单（TX/JL4.2.3-01A）。
文件更改申请（TX/JL4.2.3-02A）。
文件发放、回收记录（TX/JL4.2.3-03A）。
部门受控文件清单（TX/JL4.2.3-04A）。
文件销毁申请（TX/JL4.2.3-05A）。

7.6 6σ管理

7.6.1 6σ管理概述

6σ（六西格玛）管理是20世纪80年代，由美国摩托罗拉公司创立的一种在提高顾客

满意程度的同时降低经营成本的过程革新方法,在摩托罗拉(Motorola)、通用电气(GE)、联合信号(Allied Signal)等著名企业中都得到了成功的应用。当今在世界范围内,越来越多的组织开始了 6σ 管理的实践。

1. 6σ 管理的含义

σ 水平就是当过程输出质量特性服从正态分布且分布中心与目标值重合时,规格界限内所包含的 2σ(±σ)的个数。如图 7-21 所示,σ 越小,即过程质量特性的分布越集中于目标值,σ 水平就越高,此时过程输出质量特性落到上、下规格限以外的概率就越小,这就意味着出现缺陷的可能性越小。

6σ 质量水平与 3σ 质量水平的对比如图 7-21 所示。有研究表明,如果品质要求只达 3σ,即产品的合格率仅达至 99.73% 的水平(每 1 000 件产品中有 2.7 件为次品),在现实中还会发生:每年有 20 000 次配错药事件;每年平均有 9 小时没有水、电、暖气供应等。由此,随着人们对产品质量要求的不断提高和为保持在激烈的市场竞争中的优势地位,世界许多公司已把 6σ 作为其产品品质要求的指标,即达到 99.9997% 的合格率,以提升顾客满意度,且大量地减少由于补救缺陷引起的浪费,使企业与顾客得到双赢。

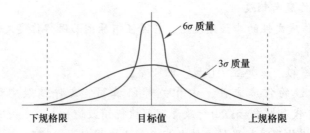

图 7-21　3σ 质量与 6σ 质量分布示意图

2. 6σ 管理给企业带来的益处

成功企业的经验表明,实施 6σ 管理将给企业带来以下好处:①降低成本;②提高生产力;③增加市场份额;④留住顾客;⑤缩短生产周期;⑥减少错误;⑦改变企业文化;⑧改进产品与服务。

7.6.2　6σ 管理方法的展开

在如何实施 6σ 的问题上,为实现突破性地缩小过程波动或降低缺陷的目标,需要科学地运用 DMAIC。DMAIC 是用于对现有流程进行改进的方法,称为过程改进流程或 6σ 改进方法。

DMAIC 是过程改进五个阶段的总称,即:D(Define)界定或定义、M(Measure)测量、A(Analyze)分析、I(Improve)改进和 C(Control)控制。五个阶段构成 6σ 个性化的改进模式,其内容和方法如表 7-19 所示。

表 7-19 6σ 五个阶段的内容和方法

项目	内容和方法
定义阶段（D）	① 选择与确定项目，确定顾客的关键需求并识别需要改进的产品或过程，项目界定在合理的范围内。项目可按照有意义的、可管理的、可测量的原则来确定 ② 项目的分析，一般为顾客需求分析、流程分析和劣质成本分析。使用的方法、工具有：头脑风暴法、亲和图、系统图、流程图、因果图、SIPOC 图、质量成本分析等
测量阶段（M）	① 收集数据，包括：数据收集的要求、测量对象、测量指标、测量装置及方法等 ② 整理数据，选择一些评价指标，如：单位产品缺陷数（DPU）、百万机会缺陷数（DPMO）、流通合格率（RTY）、过程能力指数等。整理数据的方法有：排列图、直方图、散布图、过程能力分析、失效模式分析，以及分层法、调查表、因果图、抽样检验、水平对比法和折线图等 ③ 验证测量系统，以确保所收集到的数据准确、可靠
分析阶段（A）	① 采用头脑风暴法分析产生问题的原因，对提出的原因可以用因果图进行梳理、分层 ② 确定对问题产生直接影响的关键原因。常用的如排列图、散布图和失效模式分析（FMEA）等 ③ 通过因果图、散布图验证分析结果
改进阶段（I）	① 提出 PDCA 的设想，设定改进的目标，提出改进主要措施和方法的方案 ② 对各种改进方案进行评价，挑选出最理想的改进方案 ③ 实施改进方案，找出关键路径，对关键路径中的各过程严加控制
控制阶段（C）	① 将改进后的过程标准化，并通过有效的检测方法保持已取得的成果 ② 用文件化、标准化以及过程管理及监控巩固已有成果 ③ 项目成功之后进行成果报告、项目移交

【实用工具与方法】现场问题解决七步法

现场问题解决七步法是开展现场改进的基本方法，具有广泛的适用性。将通常进行改进的 PDCA 过程，即按照计划（P）—— 执行（D）—— 检查（C）—— 处理（A）四个阶段的顺序不断循环的改进过程，可细分成七个关键的步骤，整理出来形成指导改进开展的方法（见图 7-22）。

1. 现状把握的方法

使用 4M 问题检查表，统计数据、报告分析，从"实际值"和"期待值"的差异中，对 4M（设备 Machine、人员 Man、材料 Material、方法 Method）逐条对照找出问题点。

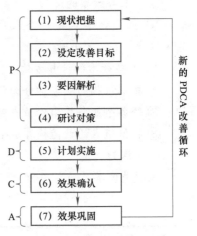

图 7-22 现场问题解决七步法

2. 设定改善目标的方法

用量化的方法，根据方针、指标设立可能达到的分阶段目标并制订计划书。

3. 要因解析的方法

调查，收集信息，运用因果图工具、量化的数据、排列图等方法调查问题主要原因。

4. 研讨对策的方法

运用构思检查法和头脑风暴法激发思维，准备选择和备用的多种方案，选择目前最可以实施的方案，并制订行动计划。

5. 计划实施的方法

获取上级的认同和支持后,动员、通知相关人员并落实每个人的责任,跟踪日程进度,对方案进行调整并及时处理意外情况。

6. 效果确认

根据改善目标,确认前后的效果,对效果不佳的还要再改善。

7. 效果巩固

将作业方法、技术规格标准化;对改进内容进行装置化,进一步对现场问题进行改进。

例 7-4

提高业务效率的 QC 小组活动

1. 现状把握

(1) 项目选择背景

C 公司的某机构业务以经手诉讼、处理纷争案件、制作合同书、法律咨询及公司内部员工教育为主。C 公司本年度的销售目标 10 亿元人民币,该机构为公司的间接部门,能否为公司的这一销售目标做贡献呢?出于此点考虑,该机构决定把目标放在 QC 活动上。即使是间接部门也可以把业务上的成绩用具体的数值表现出来。为提高机构的业务效率,选定了这个课题。

(2) 业务效率的解释

1) 业务效率是将一个人每小时的生产效率用金额所表示出来的数据,表示为 ×××元/(人·小时)。

2) 业务效率的计算方法:

① 把本机构的业务细分为约 40 项。

② 给各个业务算出价值点数(重要性)。

③ 把价值点的数值换算成金额,以每个业务操作时间的比例为基础计算业务效率。

(3) 课题进度

课题进度情况如表 7-20 所示。

表 7-20 课题进度情况表

内容 \ 月份	1月	2月	3月	4月	5月	6月	7月
课题选定	→						
现状分析		→					
目标设定			→				
改善活动			→	→	→		
成果的确认						→	
反省和方针							→

2. 设定改善目标

将业务效率从现在的 347 元/（人·小时）提高到 500 元/（人·小时）以上。

3. 要因解析

该小组召开质量分析会，分析业务效率达不到的原因，画出因果图（见图 7-23）。

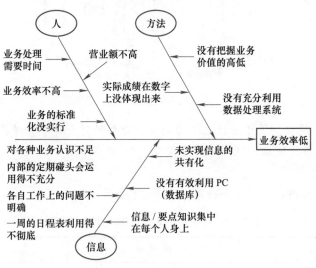

图 7-23　业务效率因果图

4. 研讨对策

研讨活动 1：

① 将业务内容列表，修改价值点数以及重新确认后再评价修改部分的结果，如表 7-21 所示。

表 7-21　业务内容列表及价值点数

项目类别	项目内容	价值点数
行动	数据库	0.80
行动	诉讼、索赔受理	0.60
诉讼	债务保证履行	0.21
诉讼	特殊客户诉讼	0.61
涉外	商标问题	0.60
涉外	债权回收	0.71
其他	股东总会/上市的问题	0.72
其他	事务处理	0.22
其他	菲林	0.39

② 缩短价值点数低的业务的时间。

研讨活动 2：

① 实施看得见的管理。用柱状图标明每月业务效率的推移与目标相比的实际完成情况，如图 7-24 所示。

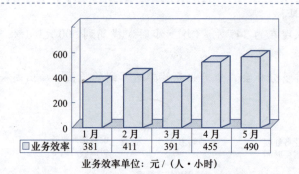

图 7-24　某机构 4 名业务人员业务效率图

② 创新。不能仅拘泥于价值点数的高低，还要针对全部业务寻找有效的改善方法，从创新的角度来看待问题，这一点尤为重要。

5．计划实施

计划实施具体内容、对策和结果如表 7-22 所示。

表 7-22　计划实施具体内容、对策和结果

问　题	对　策	结　果
成员 C 将一天的多半时间用于低价值点数的"事务处理"工作上	把复印、发放公司内部资料等工作集中在特定时间里进行；让其他三人也同时分担事务处理工作，让成员 C 积极参与价值点高的业务	260 元/(人·小时)提高到 271 元/(人·小时)
机构几乎每天都会收到来自本公司及合作公司的合同书的审核和制作方面的委托。每次都从头开始审核、制作及协调，效率很低	① 使各类型合同标准化	缩短了在该机构内部合同书的研究、制作时间，而且提高了业务的准确性
	② 将标准化的合同书通过公司渠道公布于众	缩短了向负责部门说明、协调所需时间

6．效果确认

（1）有形成果

将业务效率提高到 490 元/(人·小时)（达到目标的 98%），与活动前的 347 元/(人·小时)相比提高了 142 元，一年的有效金额是 112 万元（142 元 ×4 名 ×8 小时 × 247 天）。

（2）无形成果

① 提高了业务人员的成本意识。

② 使成员明白了创新的重要性。

③ 通过对各自业务的重新认识实现了问题的共同解决和对策的共享。

7．效果巩固措施及其今后方向

（1）巩固措施

今后要持续进行日程管理，将每个月的业务效率与实际完成情况制成图表向部门内公布，努力提高每个人对业务效率的意识。

> （2）检讨和今后的方针
> 1）检讨：
> ① 没有完成 500 元/（人·小时）的目标。
> ② 这次改善活动是否解决了提高业务效率的全部问题，有些方面尚不明确。
> 2）今后的方针：
> ① 今年内要达到 500 元/（人·小时），把明年的目标定为 600 元/（人·小时）。
> ② 今年内要完成约 20 种合同书的标准格式，登载在公司内部刊物上。
> ③ 不仅将合同书，还要把与法律有关的有益的信息通过公司内部刊物予以公布。同时，要积极采纳有关人士向本机构提出的合同书等方面的意见和要求。
> ④ 制作合同书检查一览表，为进一步提高业务效率而努力。

模 块 小 结

质量管理的发展历程大体经历了三个阶段，即质量检验阶段、统计质量管理阶段和全面质量管理阶段。开展全面质量管理，是有效实施质量管理体系、获得长期经营成功的重要途径。

ISO9000 族标准是针对组织的管理结构、人员、技术能力、各项规章制度、技术文件和内部监督机制等一系列体现组织保证产品及服务质量的管理措施的标准。企业结合其实际运作能力和管理水平，注重质量管理体系的有效性和持续改进，确保其策划、实施、过程控制有效进行，以利于提高产品质量，持续满足顾客的需求和期望。

现场质量检验主要包括首件检验、制程巡检、完工检验、成品检验等。

在质量管理、质量控制和质量改进活动中，可用数字资料的工具和技术，如排列图、直方图、控制图、过程能力指数、散布图等。

6σ 质量水平是一个很高的标准。在 6σ 管理中，要不断寻求提高过程能力的机会，通过过程改进和再造使其不断优化，逐步提高过程输出结果与顾客要求和期望的接近程度。DMAIC 是过程改进的五个阶段：定义、测量、分析、改进和控制阶段。

思 考 与 练 习 题

一、单项选择题

1. 排列图是一种（ ）。

　　A．寻找影响质量特性主要因素的方法

　　B．寻找影响质量特性主要因素间的相互关系，找出解决问题具体措施的方法

C. 反映数据分布规律的方法

D. 研究数据随时变化的统计规律的动态方法

2. 控制图是一种（　　）。

　A. 寻找影响质量特性主要因素的方法

　B. 寻找影响质量特性主要因素间的相互关系，找出解决问题的具体方法

　C. 数据分布规律的方法

　D. 研究数据随时间变化的统计规律的动态方法

3. 应用散布图时，（　　）。

　A. 一定要精确确定数据间的函数关系

　B. 一定能确定数据间的定量关系

　C. 数据必须易于测量

　D. 可以用来发现两组相关数据之间的关系

4. $\overline{X}—R$ 控制图中的 $\overline{X}$ 表示（　　）。

　A. 平均数　　　B. 几何平均数　　　C. 中位数　　　D. 众数

5. 统计质量管理阶段的管理特点是（　　）。

　A. 事后把关与部分预防相结合　　　B. 事后把关为主

　C. 以用户为主，重在产品适用性　　　D. 实际防检结合

6. 主要通过严格检验来控制和保证出厂或转入下道工序的产品质量的做法属于质量管理发展中的（　　）。

　A. 质量控制阶段　　　B. 质量检验阶段

　C. 统计质量控制阶段　　　D. 全面质量管理阶段

7. 在质量体系文件中，检验报告、试验数据、检定报告、不合格品评审报告等属于（　　）。

　A. 质量手册　　　B. 程序文件　　　C. 质量计划　　　D. 质量记录

8. 向组织内部和外部提供关于质量管理体系的一致性信息的文件是（　　）。

　A. 质量手册　　　B. 程序文件　　　C. 质量计划　　　D. 质量记录

9. 针对特定的产品和项目，规定专门的质量措施、资源和活动顺序的体系文件是（　　）。

　A. 质量手册　　　B. 程序文件　　　C. 质量计划　　　D. 质量记录

10. 工厂不合格品的标识物主要分为（　　）、标签、卡片以及色标。

　A. 印章　　　　　　　　　　B. 产品加工工艺卡

　C. 检验记录　　　　　　　　D. 标志牌

二、填空题

1. 质量管理的七种常用工具是指（　）、（　）、（　）、（　）、（　）、（　）和（　）。

2. 质量计划为针对特定的项目、（　）、（　），规定由谁及何时应使用哪些程序和相关资源的文件。

3. 在统计质量管理阶段，对生产过程的质量问题，采用（　）方法进行质量分析与控制，

以减少或消灭废品的发生，它是以（　　　）为主的"预防型"的质量管理。

4．全面质量管理是以对质量进行（　　　）和（　　　）的"系统型"的质量管理。

5．质量管理体系的建立，应在贯彻（　　　）标准的基础上，进行质量管理体系的总体设计及质量管理体系文件的编制。

6．质量管理体系的运行机制可分为（　　　）、（　　　）和（　　　）三层。

7．实施 6σ，需要科学地运用（　　　）。

三、判断题（正确的请打"√"，错误的打"×"）

1．因为中心极限定律，可以使用小样本的均值用正态分布来评价任何过程，所以可以说，中心极限定律是重要的统计过程控制工具——休哈特控制图的基础。（　　　）

2．过程能力指数 C_P 不能反映数据分布中心与公差中心值间偏移的实际情况。（　　　）

3．对于三级过程能力指数（$0.67 < C_P \leqslant 1.00$）应该分析工序能力不足的原因，制定措施加以改进，实施全数检验或增加检验频次。（　　　）

4．全面质量管理就是质量管理。（　　　）

5．质量是检验出来的。（　　　）

6．ISO9000 族标准体系只在欧洲通用。（　　　）

7．在 ISO9000 族标准体系中，记录是一种特殊的文件。（　　　）

8．程序文件是质量管理体系的基础文件，对确保体系有效运行起着重要作用。（　　　）

9．成品检验一般有组装检验和产品外观、完整性、性能、精度、清洁度、喷漆、包装和可靠性检验等。（　　　）

10．不合格品的处理方案的实施由质量管理部负责全程跟进。（　　　）

四、简答题

1．什么是全面质量管理？它有哪些特点？

2．质量管理发展的各个阶段都有哪些特点？

3．简述提高工序能力指数的途径。

4．在绘制排列图时应注意哪些事项？

5．应用因果图时应注意的事项有哪些？

6．简述直方图的功能和用途。

7．控制图的主要用途有哪几个方面？

8．简述散布图的作用。

9．质量管理体系的作用是什么？

10．结合实际简述进行质量体系认证的现实意义。

11．如何理解 6σ 管理的定义？

12．简述如何进行制程品质检查。

13．简述不合格品暂存管理办法。

五、计算题

1. 某工厂 3 月份出厂检验链条不合格的统计数据如表 7-23 所示。

表 7-23　3 月份出厂检验链条不合格的统计表

序 号	类 别	不良数（条）	不良率（%）	累计数（条）	累积百分比（%）
1	极限拉伸载荷	20	39.2	20	39.2
2	链长精度	12	23.5	32	62.7
3	链条联结牢固度	8	15.7	40	78.4
4	抗疲劳性能	5	9.8	45	88.2
5	耐磨性能	3	5.9	48	94.1
6	链节松动	2	3.9	50	98.0
7	外观不良	1	2.0	51	100.0
合计		51	100.0		

1）画出排列图。
2）你能从中得出什么结论？

2. 某公司对绕线电阻进行测试，测试所得的数据如表 7-24 所示，请计算 C_P，并对其过程能力做出评价。

表 7-24　绕线电阻测试数据表　　　　　　　　（单位：Ω）

测试时间	样 本 号									
	1	2	3	4	5	6	7	8	9	10
9：00	213	215	215	214	212	216	211	211	213	214
10：00	212	211	211	211	213	209	211	211	209	209
14：00	211	214	211	212	214	211	213	211	211	212
15：00	214	215	210	214	211	217	212	212	211	215
16：00	213	211	215	210	212	212	210	214	215	216

注：1. 测定的仪表型号为 YT-HH088。
　　2. 额定电阻为 210±3Ω。

3. 某工厂生产一种轴承，要求直径尺寸应为 15.0±1mm，质量检验人员检验 50 个轴承的直径，所得数据见表 7-25。请绘制直方图来分析这一过程。

表 7-25　轴承直径数据表

轴承直径 X（单位：mm）									
15.0	15.8	15.2	15.1	15.9	14.7	14.8	15.5	15.6	15.3
15.1	15.3	15.0	15.6	15.7	14.8	14.5	14.2	14.9	14.9
15.2	15.0	15.3	15.0	15.1	14.9	14.2	14.6	15.8	15.2
15.9	15.2	15.0	14.9	14.8	14.5	15.1	15.5	15.5	15.5
15.1	15.0	15.3	14.7	14.5	15.5	15.0	14.7	14.6	14.2

模块 8 / Module 8

8 设备管理与维护

学习目标

- 了解设备管理的发展和工作内容。
- 掌握设备维护保养、检查的基本方法。
- 理解设备的磨损理论和故障率曲线，正确选择维修方式和方法。
- 理解设备综合效率和运行的评价指标。
- 掌握全员生产维护（TPM）的概念和推进方法。

学习引导

8.1 设备管理

8.1.1 设备管理的发展

设备是企业用以生产产品的物质基础,设备维护和管理的好坏将直接影响企业竞争能力和经济效益。由于设备管理的效益显著,世界各国对设备管理的关注和认识也逐渐深入,从而带动了它的快速发展。以下为设备管理发展的几个主要阶段。

1)第一代(1950年前):事后维修阶段(Breakdown Maintenance,BM)。

2)第二代(1950—1960年):预防维修阶段(Preventive Maintenance,PM)。如中国企业的计划维修、美国的预防维修制。日本从美国引进 PM,对设备进行预防维修,随后发展为改善维修(CM),即为了提高设备的保全性而改良设备,其目的是使设备不发生事故,以提高设备的可靠性。

3)第三代(1960—1970年):生产维修阶段(Productive Maintenance,PM)。在这一阶段日本开展了维修预防(MP),既对现有设备进行预防性维修保养,又要改进维修保养,尽量减少维修保养的可能性,同时设计、制造出没有故障、不用维修保养的设备,其目标是提高设备的生产率。

4)第四代(1970年以后):全面生产维护阶段(Total Productive Maintenance,TPM)。

图 8-1 所示为 TPM 的由来(日本 PM 的变迁)。QC(质量控制)小组、ZD(零缺陷)小组、JK(自主管理)小组活动等日本独创的小组活动相当普及,提倡自主保全,即自己的设备自己维护,这是 TPM 最大的特色之一。

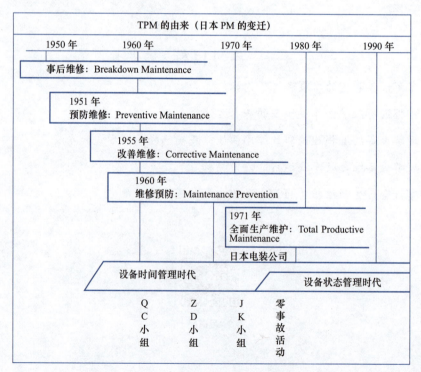

图 8-1 TPM 的由来(日本 PM 的变迁)示意图

8.1.2 设备管理的工作内容

设备管理就是指对所使用的设备，从正式移交生产现场投产开始到设备的操作、运行、维护、保养，直至报废或调出为止的全过程所进行的一系列组织管理工作。设备管理在现场管理中占有极其重要的地位，不但是生产QCD（品质、成本与交付）的保证，而且是企业提高效益的基础，也是现场安全生产的保证。设备管理的主要工作内容如图8-2所示。

图 8-2　设备管理工作内容

8.1.3 设备管理规程和设备管理制度

设备管理规程包括设备操作规程、设备使用规程等。管理者，包括班组长应该了解这些规程，并按规程检查和监督员工的作业；严格执行设备管理有关制度，养成良好的习惯，更好地合理使用设备。设备管理规程和设备管理制度如表 8-1 所示。

表 8-1　设备管理规程和设备管理制度

序　号	设备管理规程/制度	具　体　内　容
1	设备操作规程	此规程是对操作工人正确操作设备的有关规定和程序。设备的结构不同，操作设备的要求也会有所不同，编制设备操作规程以制造商提供的设备说明书的内容要求为主要依据
2	设备使用规程	设备使用规程是对操作工人使用设备的有关要求和规定。工人必须经过设备操作基本功的培训，并经过考试合格，发给操作证操作；不准超负荷使用设备
3	岗位责任制	设备使用维护工作必须体现在操作人员的岗位责任制中，严格贯彻岗位责任制，可保证设备使用维护的各项规章制度的贯彻，从而保证设备处于良好技术、安全状态，为企业生产经营创造有利的条件
4	定人定机制度	企业实行定人定机制度，更容易落实岗位责任制。企业主要生产设备的操作人员，由车间提出定人定机名单，经设备动力部门审批备案后方可执行；做到重点设备定人定机，重点管理；操作人员凭设备操作证上岗作业
5	操作证制度	主要生产设备的操作人员，包括学徒、实习生等均应经过技术培训，需熟练掌握技术操作规程和安全操作规程，经考试合格并取得操作证后，才能独立操作设备。一般每个人只允许操作同一种型号的设备。特殊工种操作工，须经培训取得特殊工种操作证，方能上岗；熟练技工，经一专多能专业培训考试合格后，允许其操作操作证上所规定的型号的设备

（续）

序 号	设备管理规程/制度	具 体 内 容
6	安全检查、检验制度	设备运行安全检查是设备安全管理的重要措施，是防止设备故障和事故发生的有效方法。通过检查可全面掌握设备的技术状况和安全状况的变化及设备的磨损情况，及时查明和消除设备隐患，根据检查发现的问题开展整改，以确保设备的安全运行
7	维修保养制度	建立维修保养制度，根据零部件磨损规律制订出切实可行的计划，定期对设备进行清洁、润滑、检查、调整等作业，是延长设备使用寿命、防止损坏、避免运行中发生事故的有效方法
8	交接班制度	企业的主要生产设备，有些处于连续使用状态，因此必须建立设备交接班手续，形成设备交接班制度，以明确设备维护保养的责任，提供设备使用的第一手资料，为设备故障的动态分析和生产情况分析提供可靠的依据

【实用工具与方法】设备交接班记录

设备交接班记录如表 8-2 所示。

表 8-2 设备交接班记录

交接班记录簿

设备名称：　　　　　　　型号规格：　　　　　　　设备编号：
车　间：　　　工段：　　　操作者：　　　　　　　操作证号：

交接班记录

	班次	早班	中班	夜班
清扫、润滑情况	机床各部位			
	冷却液			
	油毡			
	周围场地是否清洁			
	是否缺油			
	油孔是否堵塞			
使用情况	传动机构是否正常			
	零部件有无损坏			
	附件、工具是否齐全			
	电器			
图纸、工件质量情况				
故障、事故及处理情况				
开动台时记录		实际开动	实际开动	实际开动
		故障停开	故障停开	故障停开
早班	交接人	中班 交接人	夜班 交接人	
	接班人	接班人	接班人	

8.1.4 设备管理效益

企业的生产设备是维护和发展生产的重要手段。但是，有了设备，能不能充分发挥它们的作用，能不能取得应有的经济效益，则取决于对设备的管理水平。因此，提高企业的设备管理水平，在生产中保持设备高度可靠性、及时维修性和强大的保障性，可以产生以下效果：

1）减少故障停机，降低故障率，提高生产率。
2）降低不良率，减少投诉，提高产品质量。
3）减少人工费，节省维修成本和生产成本。
4）提高计划达成率，缩短生产周期。
5）减少事故次数，改善工作环境，提高安全性。
6）增强生产意识，提升员工士气。

由此可见，做好设备管理工作，可以大大提高企业的生产力，提高企业的经济效益。

8.1.5 设备管理体系

1. 建立设备管理体系

为了更系统、更有效地实施定期维修、状态维修、改良维修等预防性工作，以及事后维修、紧急处理等恢复性工作，应结合基础保养，在自主点检制度和设备巡检制度的基础上，建立一套设备管理体系。设备管理体系的整体流程如表8-3所示。

表8-3 设备管理体系的整体流程

序号	系统流程	文件/记录	责任者
1	明确关键设备与使用要求	设备台账	设备组
2	确定设备维修的方式	维护工作清单	设备组
3	确定预防维修的内容	PM卡 PM说明卡	设备组
4	实施生产维护活动和基础保养活动	自主点检表 设备巡检记录表	操作者 设备组
5	故障报告、维修、紧急处理	设备停机记录表 维修计划表 派工单	操作者 设备组 设备组
6	备件使用与管理	备件需求卡	设备组
7	故障记录与分析	维修报告 典型故障分析	设备组
8	维护与总结、存档	周PM活动小结 ××月分析报告 设备档案	设备组

建立全面的设备管理体系，有利于落实基础保养和生产维修工作，保持设备良好的基本条件和使用条件，根除劣化以及提升操作人员的技能，对消除故障、减少损失、培养人才等方面起着重要的作用。

2. 现场生产设备使用的管理方法及其内容

现场生产设备使用的管理方法及其内容如图8-3所示。

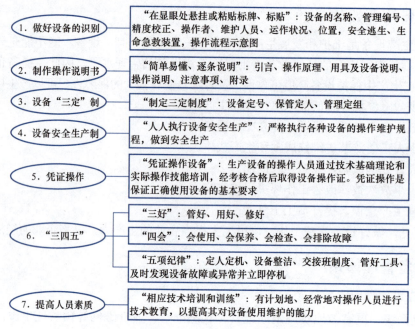

图 8-3　现场生产设备使用的管理方法及其内容

8.1.6　设备点检和维护保养

1. 设备点检

为了维持生产设备的原有性能，通过人的五感或者借助工具、仪器，按照预先设定的周期和方法，对设备上的规定部位进行预防性检查，以便发现设备异常或隐患，称为设备点检。

（1）设备点检的分类

根据不同岗位的不同要求，设备点检一般可以分为日常点检、定期点检和精密点检三种，如图 8-4 所示。

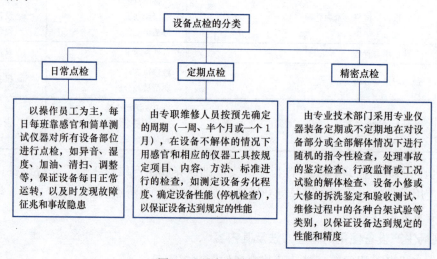

图 8-4　设备点检的分类

(2) 设备点检的内容

设备点检的内容具体如表 8-4 所示。

表 8-4 设备点检的内容

保养内容	操作方法	点检实例
清洁	主要清除设备中的灰尘，保持各触点的清洁	如：清洗空气滤清器、机油滤清器，清洁冷却泵，清洁电动机、发电机、蓄电池以及电气操作和电气控制部分的电气设备解体检查时，清洗拆下的零部件，去除积炭、结胶、锈斑，保证设备油、水和通气管道畅通
紧固	经常检查设备的紧固程度并进行紧固。在紧固件调正时，应该用力均匀恰当，按规定顺序进行，确保紧固	如：螺母紧固等
有效润滑	用"定人、定质、定期、定点、定量"的"五定"方法管理润滑油（见表 8-7）	如：发动机的摩擦表面、齿轮、滚动轴承、拉杆、滑轮销子等活动部位
防腐	对非金属制品采取必要的防腐措施；在金属制品的保护层进行喷漆或涂上油脂等防腐涂料	如：洗净橡胶制品上的油污等，加以保护
调整	调整设备的振动等因素产生的不正常的错位和碰撞所造成的设备磨损、发热、噪声、振动甚至破坏。对有关的位置、间隙尺寸做定量的管理，定时测量、调正，并在调整以后再加以紧固	如：定时测量、调正齿轮间隙、气门间隙、制动带间隙、电压、电流等
表面检查	检查设备运行过程中出现的故障先兆	如：设备外表面有无损伤裂痕；磨损是否在允许的范围内；温度压力运行参数是否正常；电机有无超载或过热；传送带有无断裂或脱落；振动和噪声有无异常；设备密封面有无外露；设备油漆有无脱落，外表有无锈蚀；设备的防腐等，从设备的外观做目测或观察、测量、检查

2. 设备维护保养

设备的维护保养是指通过擦拭、清扫、润滑、调整等一般方法对转动设备进行护理，以维持和保护转动设备的性能和技术状况。设备的维护保养按其工作量的大小，可以分为三个等级，即日常维护保养、一级保养和二级保养，如表 8-5 所示。

表 8-5 设备保养分级

项 目	日常维护保养	一级保养	二级保养
担当人员	操作工人进行	操作工人为主，维修工人辅助	维修工人为主，操作工人参加
保养周期/频率	每天的例行保养	设备累计运转 500 小时进行一次，保养停机时间约 8 小时	设备累计运转 2 500 小时可进行一次，保养停机时间约 32 小时
主要特点	保养难度不大，通常作为日常工作	保养难度不大，通常作为日常工作	技术和专业性较强，包括定期的系统检查和更换修复
主要内容	班前班后认真检查，擦拭设备各个部件和注油，进行清洗、润滑、紧固松动的螺丝，检查零件状况，发现故障及时予以排除，并做好交接班记录	普遍地进行清洗、润滑、紧固，对部分零件进行拆卸、清洗，以及进行部分的调整	对内部清洗、润滑、局部解体检查和局部修理、全面清洗，同时更换一些磨损零件，并对主要零件的磨损情况进行测量、鉴定
相关制度	设备自主保养制度	设备自主保养制度	设备巡检制度

【实用工具与方法】日常点检基准卡

日常点检基准卡如表 8-6 所示。

表 8-6　日常点检基准卡

设备名	厂家	编号	岗位名	编制日期	修改日期	
50T 压力机	A	A-04	第1压力机	2022年4月27日	年　月　日	
部位		点检项目	点检方法	判定基准	处置方法	周期
机械部	离合器 制动器	V 皮带的张力 旋转式凸轮的松动	手触 目视	用手指压，大约沉下一个指头 驱动系统应无松动	更换 坚固或锁紧	月
	外观	本体各部位变形磨损 螺杆、螺母松动	目视 目视 耳听	应无变形磨损 指定处无松动 不应产生异音	补修 紧固把手 检查修理	日
液压气动	油泵	发热 异音 油量 中间齿轮部油量	手触 耳听 目视 目视	60℃以下 不产生异音 保持油容量 80% 保持油容量 2/3 以上	更换 更换 供油 供油	日
	手动油泵	动作状况 漏油	手触 目视	1 天注油 7～10 次 油缸部配管部无泄漏	供油 更换、紧固	日 周
	气动	压力 电磁阀 过滤器排水管排出 油箱排水管排出 配管部泄漏	目视 手触 目视 目视 耳听	5kg/cm^2±0.3kg/cm^2 用手压滑阀 不应脏污 不应脏污 不可以有连接处泄漏	调整阀 分解、修理 打开下部阀 打开制动阀 紧固	月 周 周 日 日
电气部	电机	发热 异音	手触 耳听	应在60℃以下 不应产生异音	更换 更换	
	指示灯	灯的指示状态	目视	亮暗情况	更换、检查	
	脚踏开关	动作状态	脚踏	重复动作 5～10 次	更换	日
	电缆	组装状态	目视	不应有损伤松动	补修、紧固	
	接地线	组装状态	目视	不应有损伤松动	补修、紧固	
	安全装置	动作状态	手触、目视	适当地停止	修理、更换	

例 8-1

铣床润滑图表实例

铣床示意图如图 8-5 所示，润滑"五定"管理如表 8-7 所示。

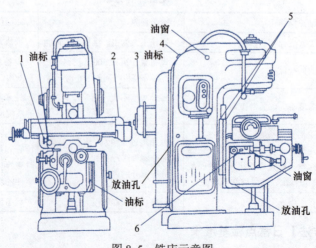

图 8-5　铣床示意图

表 8-7 润滑"五定"管理

五定序号	定点润滑部位	润滑方式	定质润滑剂	定量油量（千克）	定期周期	定人润滑分工
1	手拉泵	吸	L-AN46 全损耗系统用油	0.2	每班二次	操作工
2	工作台丝杠轴承	油枪	L-AN46 全损耗系统用油	数滴	每班二次	操作工
3	升降台导轨	油枪	L-AN46 全损耗系统用油	数滴	每班一次	操作工
4	电动机轴承	填入	2号锂基脂	2/3	半年更换一次	电工
5	主轴变速箱	油壶	L-AN46 全损耗系统用油	24	半年更换一次	润滑工
6	进给变速箱	油壶	L-AN46 全损耗系统用油	5	半年更换一次	润滑工

8.1.7 设备的运行管理

1. 禁止异常操作

异常操作就是指正常操作手法以外的操作。异常操作会对设备、产品、人员产生损害，操作员应该严格禁止和设法防止其发生。

2. 操作的标准化设置

制订"设备操作手册"，并以此为依据来培训操作人员、维修人员、管理人员。操作人员须一步步确认，并经过考试合格后，才能操作设备。

3. 设置锁定装置

（1）通过计算机设定程序，或者在机械上设定异常操作锁定装置，使设备只能按正常步骤往下操作。

（2）操作键盘上设有透明保护盖（罩、护板），既可以看见动作状态，又能起保护作用，即使不小心碰到按键，设备也不会错误运行。

4. 明确非操作人员不得操作

企业要向所有人员讲明非操作人员不得操作，对违反者给予处罚。机器旁边应立一块明显标志以作提醒，或在机器上张贴告示（见图 8-6）。

图 8-6 机器上张贴告示

5. 制定异常补救措施

预先制定各种异常操作后的补救措施，并对操作人员进行培训，万一出现异常操作，也能使损失降到最低。

8.1.8 设备磨损、故障和维修

1. 设备磨损

设备投入使用后,设备管理最重要的工作就是设备的维护和修理。工作人员要掌握设备磨损和故障发生的规律,应用科学的维护和修理方法,合理使用设备。

设备在使用和闲置过程中都会发生磨损,设备的磨损分有形磨损和无形磨损两种形式。

(1)设备的有形磨损 有形磨损是指设备的实体磨损(物理磨损)设备由于自然力的作用,产生生锈、腐蚀等的磨损,会使设备的精度和性能下降,使设备难以运行。设备有形磨损大致可以分为三个阶段,如图8-7所示。

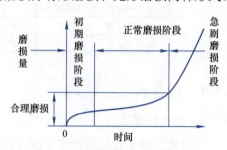

图8-7 机器零件磨损的典型曲线

1)初期磨损阶段。在这个阶段中,机器零件表面上的高低不平处,以及氧化脱炭层,在运转时受到互相摩擦力的作用,很快被磨损。这一阶段的磨损速度较快,但时间较短。

2)正常磨损阶段。在这个阶段,零件的磨损基本上随时间匀速增加。在正常情况下,在这一阶段零件磨损非常缓慢。

3)急剧磨损阶段。在这个阶段,零件正常磨损关系被破坏,使得磨损急剧增加,设备的精度、性能和生产效率降低。因此,一般不允许零件使用到急剧磨损阶段,当零件到达正常磨损阶段后期就应修复或更换,否则将会加大修理工作量,增加修理费用,延长设备停工修理时间。

(2)设备的无形磨损 无形磨损是指由于经济发展或科技进步的原因,使设备的原有价值贬值而造成的磨损,以致丧失部分或全部使用价值。

(3)设备磨损的对策 防止设备磨损的事项及其内容如表8-8所示。

表8-8 防止设备磨损的事项及其内容

序号	事项	内容
1	开展清洁化活动	①下班前五分钟开展整理、整顿、清洁活动,每个操作人员都配备专用的清洁工具专门清扫设备 ②对设备使用过程中所产生的粉屑,应该随时清理 ③对滴漏、破损、残缺的部位要查找源头,不要试图用清扫来暂时应付 ④设备的里里外外,尤其是角落里、眼睛不易看到的地方也要进行清扫 ⑤电气元器件使用一定时间后,其表面也会大量吸尘,从而破坏散热效果,最终导致其性能劣化,如各种电机、控制柜等。因此,应要求作业员主动定期清扫
2	开机前点检	在使用设备之前或之后,根据预先设定的检查项目,确认其有无故障或异常的活动。检修人员可设定一些简单易行的项目,制成"点检一览表",开动设备之前或在作业结束之后,由操作人员进行确认,如果发现异常,应及时报告
3	定期更换易损件	对一些寿命即将结束的部件,应提前更换。易损件的库存数量可参考设备制造厂家的推荐,也可按自己的实际经验来决定
4	定期校正精度	设备累计使用时间一到,就应立即校正精度。仅靠一次校正并不能确保设备全过程的精度,日常巡视时留意所列事项,如电气部分配线、接头部位有无龟裂、松垮、暴露、老化;各种控制开关、行程式开关是否准确动作等;机械滑动、滚动、旋转、传动部位是否缺少润滑剂,开动时有否异常等。并将结果记录下来

2. 设备的故障与故障率曲线

（1）故障　设备在其寿命周期内，由于磨损或操作使用等方面的原因，发生丧失其规定功能的状况称为故障。设备在使用过程中产生的故障会严重影响企业的正常生产。因此，研究设备故障及其发生规律，减少故障的发生，是设备管理的一个重要内容。

（2）故障率曲线　故障率是指设备在单位时间内的故障发生比率。在设备的不同使用时间阶段，设备的故障率也是不同的。

设备典型故障率曲线的形状似浴盆，因此又称为浴盆曲线，如图 8-8 所示，浴盆曲线可以划分为三个阶段：

故障率
a
早期故障期
老化故障期
d
平均故障率
b
c
偶然故障期
有效寿命
时间

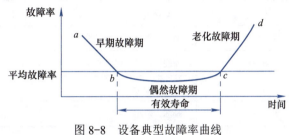

图 8-8　设备典型故障率曲线

1）早期故障期，即 *ab* 线段。这个阶段的故障主要是由于设计上存在缺陷，制造质量欠佳，搬运、安装工作不细心和操作者不适应引起的，开始故障率较高，然后逐渐减少。

2）偶然故障期，即 *bc* 线段。在这个阶段内，设备已进入正常运转阶段，故障很少，一般是由于维护不好或操作失误而引起的偶然故障。

3）老化故障期，即 *cd* 线段。在这个阶段，构成设备的某些零件已经老化，或进入急剧磨损阶段，因而故障率上升。为了降低故障率，延长设备的有效寿命，要在零件将要达到急剧磨损阶段以前，进行更换修理。

3. 设备故障管理

设备故障管理是通过对发生的设备故障进行处理和分析，对于设备出现突发故障（损坏故障），必须停机修理；对于设备出现渐发故障（劣化故障），应对所丧失的局部功能采取措施，制定有效的预防对策，防止设备故障重复发生，及时把握设备运行状况，从而实现设备稳定运行。

企业的设备故障管理有四个步骤，如图 8-9 所示。

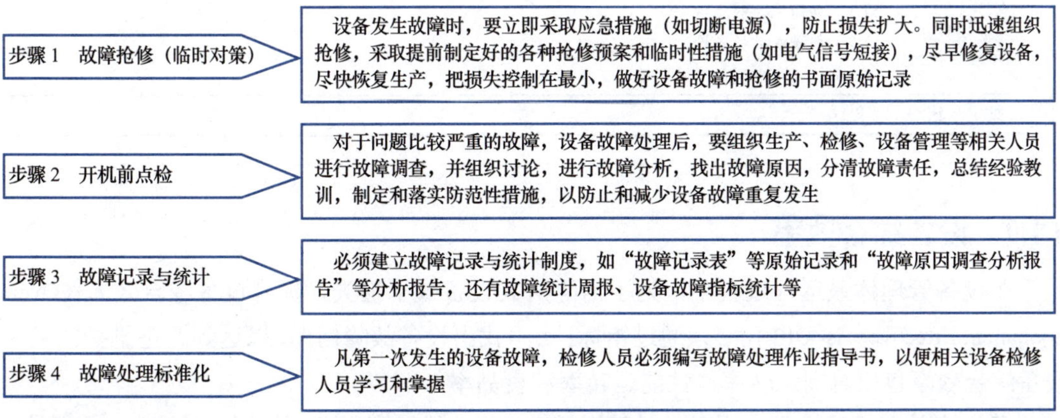

步骤 1　故障抢修（临时对策）
设备发生故障时，要立即采取应急措施（如切断电源），防止损失扩大。同时迅速组织抢修，采取提前制定好的各种抢修预案和临时性措施（如电气信号短接），尽早修复设备，尽快恢复生产，把损失控制在最小，做好设备故障和抢修的书面原始记录
步骤 2　开机前点检
对于问题比较严重的故障，设备故障处理后，要组织生产、检修、设备管理等相关人员进行故障调查，并组织讨论，进行故障分析，找出故障原因，分清故障责任，总结经验教训，制定和落实防范性措施，以防止和减少设备故障重复发生
步骤 3　故障记录与统计
必须建立故障记录与统计制度，如“故障记录表”等原始记录和“故障原因调查分析报告”等分析报告，还有故障统计周报、设备故障指标统计等
步骤 4　故障处理标准化
凡第一次发生的设备故障，检修人员必须编写故障处理作业指导书，以便相关设备检修人员学习和掌握

图 8-9　设备故障管理四个步骤

【实用工具与方法】机械零件故障判断标准

机械零件故障判断标准如表 8-9 所示。

表 8-9　某些机械零件故障判断标准

零件名称	故障判断标准	继续使用引起的后果
轴	裂纹、花键磨损、弯曲、不同心度	振动、损坏其他零件、加剧磨损
齿轮	齿断裂裂纹	碎片落入啮合处、损坏其他零件
滑动轴承	磨损、擦伤、减摩层脱落	润滑条件恶化、擦伤加剧
滚动轴承	断裂、烧结、保持架损坏、磨损	损坏部分落入齿轮中间、损坏其他零件
摩擦片	损坏、磨薄	丧失接合力或制动能力、机械打滑
密封件	损坏、烧结	密封件破坏、液体涌出、进入灰尘、其他零件加剧磨损
仪器	烧坏	无指示、不能进行监测
传感器	不起作用	不能进行监测、安全装置不起作用

例 8-2

典型故障分析表的实例

故障记录的主要内容是对典型故障进行分析，表 8-10 是典型故障分析表的实例。

表 8-10　典型故障分析表

故障发生位置	发现 B 生产线某工位出口处出现故障　　　　　　　　　　　　　　　记入者：王
故障描述	生产线开动时，板箱无动作，平均每日停线 5～7 分钟　　　　　　记入者：王
故障分析	经过详细调查，电气程序无故障，但由于生产线与成品板的老化，且 B 生产线机器较重，导致摩擦力很大，因此出现了故障　　　　　　　　　　　　　　　　　　　　　　　记入者：彭
对策及防止故障再发生措施	（1）加强生产线点检 （2）加强成品板点检 （3）板箱入口间加输送电动机
现状	良好

8.1.9　设备综合效率

在设备管理体系运行过程中，为了消除六大设备效率损失，提升设备综合效率（Overall Equipment Effectiveness，OEE），必须通过指标评价，找出设备故障问题，以达到改进维护的效果。设备综合效率包括时间运转率、性能运转率和良品率，即

设备综合效率 = 时间可利用率（时间运转率）× 性能可利用率（性能运转率）× 良品率

设备综合效率的计算如图 8-10 所示。

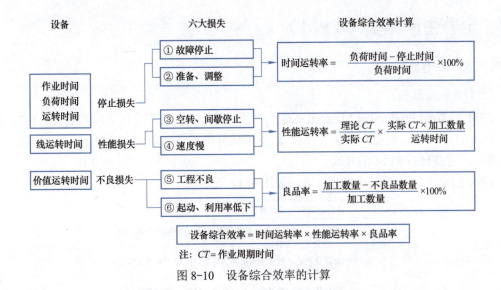

图 8-10　设备综合效率的计算

8.1.10　工模夹具管理

除了对生产的主要设备进行管理外,使用的工具、模具、夹具、刀具、自制用具等,也有必要对其进行系统化管理。现场工艺装备(工装)管理方法如图 8-11 所示,即及时地申请领用生产中所必需的工装,做好工装的成套、合理使用和保管工作,以延长工装使用寿命。

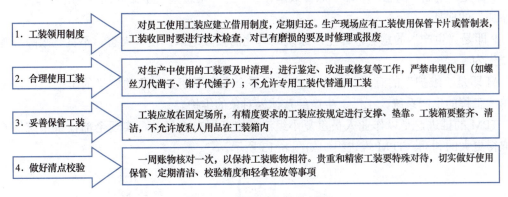

图 8-11　现场工装管理方法

【实用工具与方法】工模夹具点检登记表

在工模夹具管理中,应明确使用和存放方法,加强点检和维护记录,并建立工模夹具点检登记表(见表 8-11)。

表 8-11　工模夹具点检登记表

编号	名称	数量(件)	责任人	1月	2月	3月	4月	5月	6月	…
A-01	GAP	2	张	○	○	○	○	○	○	…
A-02	PG	1	李		○		○		○	…
A-03	支架	2	王						○	…

注:符号○代表已点检。

8.2 全面生产维护（TPM）

8.2.1 TPM 概述

1. TPM 的定义

TPM 是 Total Productive Maintenance（全面生产维护）的英文首字母的缩写。1971 年日本电装（股份）在日本首先实施 TPM，取得了优异的成果，获得了 PM 优秀公司奖（简称 PM 奖），这是日本 TPM 的开端。

TPM 的定义由以下五项内容组成，如图 8-12 所示。

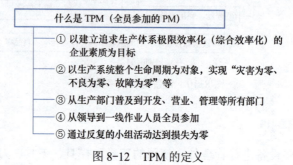

图 8-12　TPM 的定义

在 TPM 的定义中，T、P、M 各字母具有以下意义：

T 即是"全面"的意思，即"综合效率化""生产系统整个生命周期""所有部门""全员参加"的概括。

P 即是"生产"的意思，即生产系统效率化的极限追求，使"灾害、不良、故障"等所有损失为零。

M 即是"维护"的意思，即以生产系统整个生命周期为对象的广义的维护，可以说是以单一工程的生产系统、工厂、生产经营体为对象的维护。

TPM 的推进，是以作业人员重复小组活动来开展自主保养，实现全部设备系统保养，以取得更大的利润。TPM 推进组织如图 8-13 所示。

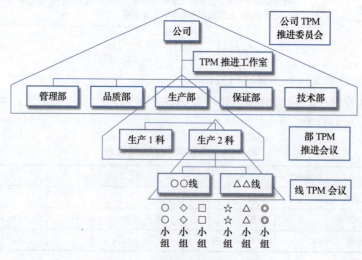

图 8-13　TPM 推进组织示意图

2. TPM 推进规划

TPM 推进规划分为两个层次：一个是由 TPM 推进委员会制订的战略规划，一个是由 TPM 推进工作室制订的战术规划。TPM 的战略规划一般分为近、中、长期三种，对于大型企业集团，TPM 活动近期规划为 1～2 年，中期规划为 3～5 年，长期规划为 5 年以上。TPM 的战术规划根据企业的具体情况来制订，先成立 TPM 的推进组织，进行系统规划，然后层层宣传、全员培训，再在各个部门具体实施，实施后进行效果评估和监督，持续不断地进行改善，以达到 TPM 的目标。表 8-12 所示为某公司的 TPM 中期计划。

表 8-12 某公司的 TPM 中期计划

	推 进 项 目		（TPM 导入）2018.10	（TPM 的普及实践）2019.5	（TPM 充实和落实）2020.5	（TPM 总达成）2021.5
导入阶段	基本方针	TPM 基本方针的决定	全员参加的 TPM	年度计划 全员参加减少设备故障	全员参加设备维护	获得 TPM 奖
		推进组织 确定成果指标 各部门推进计划 成果的推广	组成多个 TPM 小组，设置推进 TPM 管理部，确定对象设备以及成果指标		实行计划	
			确定目标值　实施计划		第四阶段设备的总点检（分单位实施）	
			（上报给 TPM 推进委员会，设备管理部统计成果）		单位课时	教育时间	传达教育总检查课时
自主维修活动展开	改善活动	选定典型设备，编制计划，实施改善	（各工厂选定典型设备） （对所有设备开展维护活动） 第一阶段（典型）　第一阶段（全设备） 第二阶段（典型）　第二阶段（全设备） 第三阶段（典型）　第三阶段（全设备） 第四阶段（全设备） （制订手册）		① 润滑 ② 空压、水、蒸气 ③ 驱动 ④ 电气 ⑤ 油压 -1 ⑥ 油压 -2	各单位 2h×3=6h	传达教育 第一阶段各单位课时 6h 第二阶段各单位课时 6～10h 第三阶段各单位课时 6～10h
	自主维修展开	第一阶段（初期清扫） 第二阶段（发现清扫困难处并提出对策） 第三阶段（清扫加油基准） 第四阶段（设备总检查，进行适当的培训） 第五阶段（自主点检） 第六阶段（关于现场质量的总点检） 第七阶段（依靠目标管理的改善活动）			第五阶段 　　第六阶段 　　　　第七阶段	
专业维修业务效率化	维修技术的确立	确立自主维修活动 建立预防维修体制 依据 MIBF 分析表彻底进行改良维修 进行 M-Q 分析和精度管理	向工厂派遣 PM 指导员（具备维修基本条件） 制订年度保全计划　编制保全基准　实施月度工作会议的内容 制订 MIBF 分析表　展开 SMP 工作 以工厂中心个别情况最严重的设备为对象，提出对策 进行 M-Q 分析　对设备进行精密度管理 制订 M-Q 管理表			
	维修管理系统	使维修作业效率化 使维修信息管理系统化 维修费管理 备件、润滑管理	分组实施维修制度　进行维修信息系统化管理 改善维修作业记录　建立维修数据库 反馈维修情况　个别部门进行维修费的管理 控制设备暂停损失　对备件进行系统化管理 对润滑情况进行改善管理			

（续）

推进项目			(TPM 导入) 2018.10	(TPM 的普及实践) 2019.5	(TPM 充实和落实) 2020.5	(TPM 总达成) 2021.5
专业维修业务效率化	维修技能教育训练		基础课程 维修课程	基础课程进修 维修课程进修	第1轮　第2轮	第3轮　第4轮	第5轮
设计技术改善	初期管理	初期管理系统 MIC 管理		初期管理 MIC 管理开发	试行	
	标准化	技术基准的制订和运用		制订共同基准、个别基准	进行 MP 设计	
	投资经济性	投资管理经济性的分析				进行经济效益基准化事例研究

注：表中 MIBF 表示平均无故障时间，SMP 表示网络监控与管理，M-Q 分析表示设备与质量的关联分析，MIC 表示管理生命周期。

3. TPM 的目标

TPM 的目标就是通过提高人员素质与改善设备性能来实现企业的经营体制改善，以更少的费用投入，获得更好的产出效果。

（1）提高人员素质　为了满足工厂全面自动化的要求，必须对所有人员进行素质培养，如：培养操作人员自主保养能力，培养设备维修人员的机械设备保养能力。

（2）改善设备性能　设备管理人员应改善设备的性能，以提高生产率，如：对现有设备性能改善的效率化，新设备的 LCC（全生命周期成本）设计和垂直起动。

8.2.2　TPM 的效果

1. 有形的效果

TPM 的有形效果如表 8-13 所示。

表 8-13　TPM 的有形效果

序号	效果
1	附加价值生产率提高了 1.5～2 倍 突发故障次数由 1/10 减少到 1/250 设备运转率提高了 1.5～2 倍
2	工程不良率降低 1/10，交货厂家索赔减少 1/4
3	生产成本降低 30%
4	产品、半成品率减半
5	停产灾害为 0，公害为 0
6	改善提案件数提高了 5～10 倍

2. 无形的效果

提升全员意识，彻底贯彻自主管理，真正做到"自己的设备自己维护"；实现故障为零、不良为零，树立企业良好的社会形象，提高客户的满意度。

8.2.3　TPM 的两个基石和八个活动支柱

为彻底排除设备的六大损失，TPM 活动包括两个基石和八个活动支柱，如图 8-14 所示。

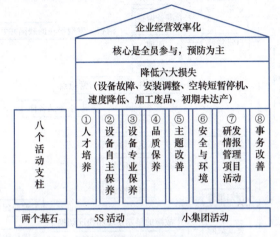

图 8-14　TPM 的两个基石和八个活动支柱

1．两个基石

1）5S 活动：包括整理、整顿、清扫、清洁和素养。

2）小集团活动：包括职务的和自发的小集团活动。

2．八个活动支柱

1）人才培养：员工的教育和训练活动位于 TPM 活动各支柱的首位。人事部门负责培养设备专精的从业人员并提高专业保养人员的技能训练，尽量让更多的人参与。

2）设备自主保养：强调自主管理意识，由生产部门建立各小集团的自主保养活动体制，掌握点检技能，早期发现异常，事前防止故障不良的发生。设备自主保养的分类与活动如图 8-15 所示。

3）设备专业保养：设备部门领导完成预防保养和计划保养体系，建立完整的运行记录，实施定期保养并确定点检、准备效率化，进行设备综合诊断工作，达到设备极限利用。

4）品质保养：全体员工依靠品质改善活动，建立良品条件的标准化，防止不良品的产生及不良品的流出并构建能确保制造质量稳定的"生产线"。

5）主题改善：对六大损失要用主题改善的推进方法，即运用故障解析法、IE（工业工程）法、QC（质量控制）法、VE（价值工程）法等去改善。另外，在自主保养活动中，各班组可以进行有关主题改善的课题，如故障、间歇停等的改善，这也是行之有效的方法。实施 TPM 能提高生产率或质量，降低成本，使业绩变好、车间更明亮。

6）安全与环境：建立"安全巡视制"——排除不安全状态、不安全行为；查找危险因素，制定改善方案，实施改善；开展节省能源活动、环境改善活动，如"零垃圾"活动（废弃物分析、再利用）。

7）研发情报管理项目活动：设计没有缺点的产品和设备，生产保全和质量部门提供必要的情报；按少维修、免维修思路设计出符合生产要求的设备。

8）事务改善：明确事务工作的改善方向，掌握事务工作的各种浪费形式，提高办公效率。

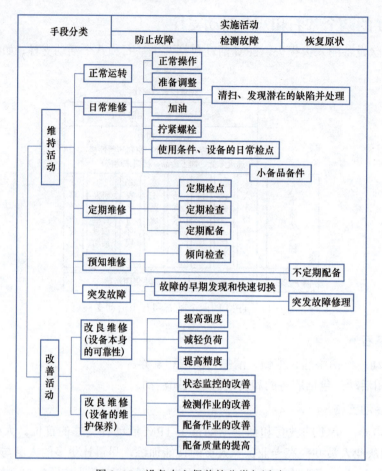

图 8-15 设备自主保养的分类与活动

8.2.4 推进 TPM 工作的三个阶段、12 个步骤

推进 TPM 工作的三个阶段、12 个步骤,如表 8-14 所示。

表 8-14 推进 TPM 的三个阶段、12 个步骤

序号	三个阶段	12 个步骤
1	准备阶段	步骤 1 最高管理者召开誓师大会,在内刊及板报上刊登总经理的 TPM 宣言
		步骤 2 TPM 导入教育和培训,向企业员工宣传 TPM 的好处、可以创造的效益
		步骤 3 建立 TPM 推进组织。成立 TPM 推进室、推进委员会,从公司级到工段级,层层指定负责人,对 TPM 的推行进行指导、培训,解决现场推进困难问题
		步骤 4 建立基本的 TPM 策略和目标。设定 TPM 的基本方针和目标,重点管理指标并分解
		步骤 5 建立 TPM 推进总计划。制作 TPM 推进大计划,逐步实现总目标
2	实施阶段	步骤 6 正式启动,实施导入准备和落实,制定提高设备综合效率的措施,有计划地选择不同种类的关键设备,抓住典型,总结经验,起到以点带面的作用
		步骤 7 构建生产部门效率化体系。建立自主维修程序,将其与日常维修计划活动结合,实施设备专业保养
		步骤 8 构建动态开发设计的管理体系,建立新产品、新设备初期的管理程序。要点是开发容易制造的产品、容易使用的设备

(续)

序号	三个阶段	12个步骤
2	实施阶段	步骤9 构建质量保全体系，重点课题改善，开展全面教育训练，实施提高操作和维修技能的培训
		步骤10 构建事务部门工作效率化体系，构建安全、卫生和环境管理体系
3	巩固阶段	步骤11 评价TPM活动及其成果展示。评价设备检查、检修润滑、备件管理等成效，活动成果展示，总结与改进评价
		步骤12 提出更高的目标——零事故，零污染

【实用工具与方法】自主维修"七步法"

自主维修"七步法"如图8-16所示。

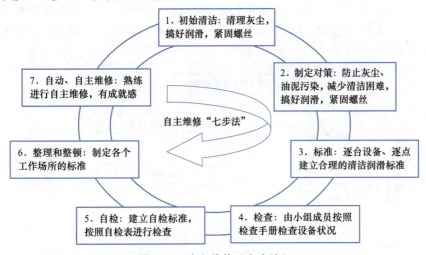

图8-16 自主维修"七步法"

例 8-3

某石化公司 TPM 推进

1. 公司概况

某石化公司是该地区最大的现代化石油化工企业之一。全公司拥有石油化工主要生产设备6万余台，多为易燃、易爆、连续性生产、腐蚀性强的设备，大部分设备分布于室外，维护难度较大。公司认识到装置的安全、稳定、长周期运行的水平直接影响着企业的成本和效益，为此在开展6S之后着重进行了较为系统的TPM规范化设备管理。

2. TPM 管理的实际应用

在两年多的TPM管理实施过程中，公司已形成了较为完整的TPM全面生产维护设备管理体系，主要由设备前期管理、运行维护管理、检维修管理、技术改造管理、资产与信息管理、报废与更新管理以及绩效考评与测量管理等组成，实现了设备管理各个环节的计划周密化、作业有序化、行为规范化、流程闭环化和管理精细化。

（1）全体动员，成立推进组织 公司成立了TPM推进委员会组织机构（见图8-17），负责动员全体员工及TPM的全面推进。公司机动部作为主推TPM管理的部门，制订了公司TPM管理体系手册，该手册内容涉及人力资源培训、设备前期管理、运行维护管理、检维修管理和绩效考评与测量等十多项内容。在综合考虑设备管理发展方向及TPM的特点和要求的基础上，相继制订了公司 TPM 程序文件，作为公司 TPM 推进工作的指导性文件，TPM 程序文件包含：方针、总体目标、阶段目标、机构和职责及管理和考核等方面。

公司的方针：全员参与、规范管理、实现设备综合效率最大化。

总体目标：提高员工的素质、提高设备整体素质、改善企业体制以追求最高目标、改善现场管理四个方面。最终实现员工自主维修，设备综合效率最大化，成为能让同行学习参观的绿色工厂。

制定五年度目标：分五年推进，每年前进一步。

第一年的情况如下：

① 管理流程规范性：制订完成重点设备的清扫、润滑、点检作业指导书并予实施。

② 生产（办公）现场状况：全面完成生产现场和办公室的整理、整顿，提高工作效率。

③ 员工士气、素养水平：被动维护。

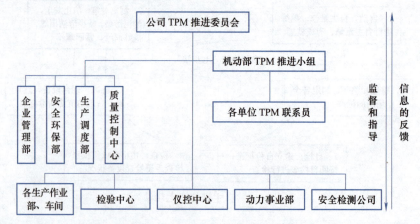

图 8-17　TPM 推进委员会组织机构图

第五年的情况如下：

① 管理流程规范性：进入下一步 PDCA 循环。

② 生产（办公）现场状况：成为可被人参观的绿色工厂。

③ 员工士气、素养水平：自主管理。

可测量的指标：合理化建议数量、合理化建议实施率、TPM 活动员工参与率、设备综合效率（OEE）、完全有效生产率不断提高；合理化提案及实施率、单点课开课数、技术攻关完成数逐年提高；非计划停车次数、关键设备故障率、检维修成本逐年减少。

年度进步目标如图 8-18 所示。

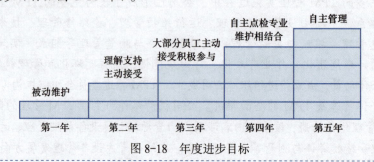

图 8-18　年度进步目标

（2）加强培训，转变观念　不断进行培训是进行 TPM 推广时的重点，培训工作主要从以下方面开展：

① 制订年度 TPM 培训计划，提出培训方向和课题。

② 外请专家教授讲课，分层次培训。

③ 操作班组进行单点课（One Point Lesson，OPL）培训，员工相互学习。

④ 每月组织召开月度 TPM 例会。

根据现场实际情况，开展单点课活动，尤其是针对生产中某个特定问题，可以在一张纸上列出提纲和要点进行培训，如表 8-15 所示。

表 8-15　6 月份单点课（阀门维护保养）

题　目	阀门维护保养的改善		编　号		GDK002	
			准备日期		年　月　日	
类　别	□基本知识 ■改进案例 □故障案例		工段长	工程师	组长	编写者
			×××	×××	×××	×××

1. 阀门保养维护要求：
① 阀门表面无积尘、无锈迹；② 阀门静密封点完好、无泄漏。
2. 改善作业流程
3. 阀门按要求加油保养，具体要求是：
① 清除阀门旧润滑脂。
② 阀门手轮铜套加注润滑脂。
③ 阀杆加新润滑脂，涂抹要均匀。
④ 阀门手轮铜套没有注油孔的，加注 46 号液压油。
⑤ 对于长期不进行开关的阀门，套上竹筒保护。
4. 阀门盘根保养维护：
① 检查阀门盘根是否需要更换。
② 需要更换盘根的阀门，在更换前应处于关闭状态。
③ 准备好盘根，按要求开好坡口。
④ 拧下盘根压盖螺栓。
⑤ 卸出盘根压盖。
⑥ 加进盘根，压紧盘根。

实际效果	完成时间	×××	×××		
	教师	×××	×××		
	员工	×××	×××		

（3）建立考评考核奖励制度　根据实际情况，进行周评、月评。考评内容包括现场管理、合理化提案数、OPL 数等，并将考评结果公布于活动看板上，对优秀班组和个人根据奖励机制进行适当奖励，如表 8-16 所示。

表 8-16　TPM 活动考评表

作业部（装置）：　　考评时间段：　　考评人：　　日期：

类　别	内　容	考评标准（分）	自评（分）	考评组评分（分）
培训方面	参加单点课培训情况	0～5		
	有无制订年度培训计划	0～5		
	TPM 基础知识培训、推广程度	0～8		
非计划停车次数和时间	非计划停车次数少于上年同期	0～5		

（续）

类　别	内　容	考评标准（分）	自评（分）	考评组评分（分）
设备故障率	低于2%	0～5		
自主参与设备的维护保养情况	员工有自主参与设备维护保养的意识，并进行有效的设备维护保养	0～5		
组织或参加技术攻关	参加项目并取得成效	0～5		
合理化提案数及实施率	合理化提案的数量，针对合理化提案管理建立相应的奖励机制	0～5		
	合理化提案的实施情况	0～3		
…	…	…		

注：未开展或未达到标准为0分；开展了活动的相应评分标准为：较差20%，一般50%，良好80%，优秀100%。

（4）TPM之现场精细管理　全员参与并重视设备的维护保养，为公司的安全生产和装置长周期运行提供了保障。第二年多数炼油装置进入大修周期的末期，设备状况劣化，因此必须更加重视、更加精细地进行设备的操作及维护保养。如对机泵冷却水勤检查、勤疏通，机泵油镜、容器液位计要勤清洗；要保证润滑油油色、油位正常。通过严查细管，目前1#蒸馏A系列连续运行980天（历史最好成绩596天），超历史最长连续运行时间。

（5）TPM之检维修管理

1）日常规范化维护管理。公司根据设备磨损老化情况，针对不同装置的设备重要程度，采用不同的维修策略。例如，对PDS、造粒系统进行预防性维修和机会检修，使问题消灭在萌芽状态中。第二年全年未出现过一次因这两套系统存在问题而非计划停车的情况，收到明显效果。

2）大修期间的规范管理。如在第二年的炼油西区大修中，就大修现场的"6S"管理、螺栓紧固件管理、质量控制管理、进度控制管理、安全环保控制管理和费用控制管理进行了规范操作，为公司多创造产值1亿元以上。

（6）大力开展"两个活动"　公司大力开展"合理化提案"和"技术攻关"活动。各单位制定的《合理化建议管理办法》，规范建议的提出、审批、实施以及奖励等程序，针对管理或技术方面的不合理点，提出合理化建议，建议无论大小，一经采纳，便予以不同类型的奖励。各单位在寻找"5源"（泄漏源、清扫困难源、浪费源、缺陷源、危险源）的同时，为了解决生产过程中的技术瓶颈，针对生产过程中出现的重大生产、设备难题，按项目成立技术攻关小组。如以化工一部为例，他们针对裂解装置的三大压缩机组运行周期短的问题进行了攻关，至今已连续运行3年，目前运行状况良好。

3. 取得的成效

（1）非计划停车数据统计对比：计划前一年26次，第一年25次，第二年14次，特别是第二年非计划停车次数明显减少。

（2）非计划停车造成的效益损失统计：计划前一年为2478万元，第一年为2259.5万元，第二年为760.6万元，说明实施TPM管理之后，非计划停车造成的效益损失总体呈下降趋势，共节约近2000万元。

（3）主要设备年平均完好率计划前一年、第一年、第二年分别为98.86%、99.16%、

99.33%，装置设备完好率持续处于高水平，如图8-19所示。

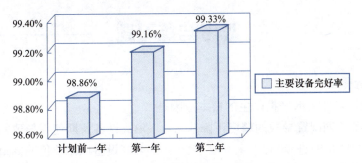

图8-19 主要设备完好率统计

（4）合理化建议条数从计划前一年到第二年分别为950条、1 469条、1 607条，说明员工参与的积极性得到明显提高。

（5）针对设备难题，组织开展技术攻关，从计划前一年到第二年三年，实施技术攻关项目分别为5项、52项、51项，通过攻关实现效益分别为544万元、4 818万元、4 175万元。

（6）公司全年"单点课"开展次数185次，累计培训人次5 970人次。

（7）2020年公司级的重点攻关项目有6个，各单位攻关项目总计156个，且96%攻关完成，取得了较大的经济效益。如第一年公司化工一部生产未出现一起安全、环保扰民事故。规范技术攻关管理给化工一部带来了上千万元的效益。

（8）员工素质得到了提高。通过每年举办的培训、交流，自发地调高了维护标准，争取多学技能，主动积极地去完成生产，员工自主参与设备维护保养的意识不断加强，通过检查、考核、评比等管理手段，现场面貌有了很大改观。

模块小结

1. 设备管理发展的主要阶段：事后维修阶段、预防维修阶段、生产维修阶段和全面生产维护阶段。

2. 设备维护保养可以分为日常维护保养、一级保养和二级保养。设备的检查是指对设备的运行情况、工作精度、磨损程度进行检查和校验。设备的检查可分为日常检查和定期检查。在自主点检制度和设备巡检制度的基础上，必须建立一套设备管理体系。

3. 设备磨损大致可以分为初期磨损阶段、正常磨损阶段和急剧磨损阶段。应根据设备磨损的不同阶段，加强对设备的合理使用、日常检查和定期检查，及时掌握零件磨损情况，选择适当的维修方式，及时进行修理，以防止设备故障。

4. 设备综合效率包括时间运转率、性能运转率和良品率。

5. TPM的目标是通过人员素质的提高与设备性能的改善来改善企业的体制。TPM能排除阻碍设备效率化的六大损失，提高生产率和质量，降低成本，提高企业的经济效益。

思考与练习题

一、单项选择题

1. 设备的技术性无形磨损产生的根本原因是（   ）。
   A. 设备长期闲置导致的精度下降   B. 设备长期使用导致的精度下降
   C. 科学技术的进步   D. 设备原始价值的贬值
2. 设备的偶发故障期与设备的磨损规律相对应，出现于（   ）阶段。
   A. 初始磨损   B. 正常磨损   C. 急剧磨损   D. 无形磨损
3. 全员生产维护管理的基本思想不包括（   ）。
   A. 全效率   B. 全系统   C. 全社会推动   D. 全员参与

二、填空题

1. 设备管理发展的主要阶段为事后维修阶段、预防维修阶段、生产维修阶段和（   ）。
2. 设备的维修方式有（   ）、（   ）、（   ）、（   ）、（   ）。
3. 根据设备维修内容及维修工作量的大小，企业把设备维修分为（   ）、（   ）、（   ）三级。
4. 设备磨损规律可分为（   ）、（   ）、（   ）阶段。
5. TPM 的推进活动有（   ）、（   ）、（   ）、（   ）、（   ）五项。

三、判断题（正确的请打"√"，错误的打"×"）

1. 三级保养的主要内容是进行内部清洗、润滑、局部解体检查和调整。（   ）
2. 日常检查就是在交接班时，由操作工人结合日常保养进行检查。（   ）
3. 零件处在初期磨损阶段的，其磨损基本上随时间匀速增加，零件磨损非常缓慢。（   ）
4. 设备综合效率与时间可利用率、性能可利用率和良品率有关。（   ）

四、简答题

1. 设备管理的意义是什么？
2. 设备的磨损可分为哪几类？
3. 你是如何理解 TPM 基本思想的？
4. 全员生产维护管理的内容和特点是什么？

模块 9 / Module 9

9 现场安全管理

学习目标

- 了解安全的含义与目的。
- 理解安全生产责任制、安全生产教育制度和安全技术知识。
- 理解安全问题的分析、危险预知训练、紧急情况预案和演练。
- 掌握生产现场安全目视管理方法。
- 掌握推进现场安全管理的步骤与现场安全改善的方法。

学习引导

9.1 安全的含义与目的

安全的含义与目的如图9-1所示。

9.2 安全生产的基本知识

9.2.1 安全生产责任制

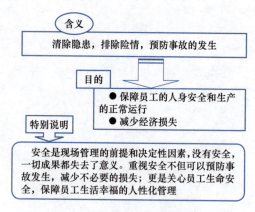

图9-1 安全的含义与目的

《中华人民共和国安全生产法》规定，企业安全生产管理要坚持"安全第一、预防为主"的方针，实行安全生产责任制，根据"谁主管，谁负责"和"管生产必须管安全"的原则，以制度的形式明确规定企业各级领导和各类人员在生产活动中应负的安全责任，从而保证在完成生产任务的同时，做到安全生产，促使企业在制订生产计划的同时也制订安全措施计划，在布置、检查、总结和评比生产的同时也将安全工作列为重要内容。安全生产责任制的实质是"安全生产，人人有责"。

在工厂内，一般应设立安全委员会，负责安全生产的相关事宜，由各部门主管及员工代表组成。常设的专职安全机构为安全科，由安全专管员（或工程师）负责主导工厂内的各项安全活动以及对外的安全事宜。还应设立兼职安全机构：①安全检查小组；②班组安全员；③义务消防人员。

工厂的安全工作要作为日常工作的重点优先来安排，强化全员的安全卫生意识，建立清新明朗的工作环境，定期对员工进行安全教育训练，定期对设备进行日常维护和点检，消除一切可能的不安全因素和隐患，及时做好对危险品的处理，使安全管理处于完善状态。

9.2.2 安全生产教育制度

1. 安全生产教育的内容

安全生产教育一般包括思想、法规和安全技术教育三项主要内容。

（1）思想教育　主要是正面宣传安全的重要性，选取典型事故进行分析，从事故的政治影响、经济损失、个人受害后果几个方面进行教育。

（2）法规教育　主要是学习上级有关文件、条例，以及本企业已有的具体规定、制度和纪律条文。

（3）安全技术教育　包括生产技术、一般安全技术的教育和专业安全技术的训练。前两项其内容主要是本厂安全技术知识、工业卫生知识和消防知识；本班组动力特点、危险地点和设备安全防护注意事项；电气安全技术和触电预防；急救知识；高温、粉尘、有毒、有害作业的防护；职业病原因和预防知识；运输安全知识；保健仪器、防护用品的发放、管理和正确使用知识等。专业安全技术训练，是指对锅炉等受压容器，电气焊接、易燃易爆、化工有毒有害、微波及射线辐射等特殊工种进行的专门安全知识和技能训练。

2. 安全生产教育的主要形式

安全生产教育的主要形式有"三级教育""特殊工程教育"和经常性的"安全宣传教育"等。在工业企业所有伤亡事故中，由于新工人缺乏安全知识而产生的事故发生率一般为50%左右，所以对新工人、干部、学徒工、临时工、合同工、季节工、代培人员、来厂实习人员和调动工作的工人，要实行厂级、车间、班组三级教育。三级教育的主要内容如表9-1所示。

表9-1 三级教育的主要内容

三级教育	组织部门	主要教育内容
厂级安全教育	由厂安全技术部门会同教育部门组织进行	党和国家安全生产方针、政策及主要法规、标准，各项安全生产规章制度及劳动纪律，企业危险作业场所安全要求及有关防灾、救护知识，典型事故案例的介绍，伤亡事故报告处理及要求，个体防护用品的作用和使用要求，其他有关应知应会的内容
车间安全教育	由车间主任会同车间安全技术人员进行	本车间生产性质、特点及基本安全要求，生产工艺流程、危险部位及有关防灾、救护知识，车间安全管理制度和劳动纪律，同类车间伤亡事故的介绍
班组安全教育	由班组长会同安全员及带班师傅进行	班组工作任务、性质及基本安全要求，有关设备和设施的性能、安全特点及防护装置的作用与完好要求，岗位安全生产责任制度和安全操作规程，事故苗头或发生事故时的紧急处置措施，同类岗位伤亡事故及职业危害的介绍，有关个体防护用品的使用要求及保管知识，工作场所清洁卫生要求，其他应知应会的安全内容

3. 日常安全教育方法

经常性的宣传教育可以结合本企业本班组具体情况，采取各种形式，如安全活动日、班前班后会、安全交底会、事故现场会、班组园地或墙报等方式进行宣传。具体如图9-2所示。

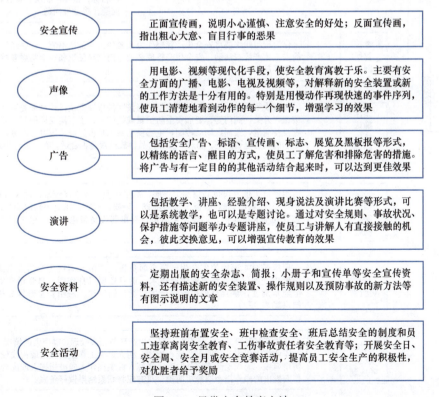

图9-2 日常安全教育方法

9.2.3 安全规程与安全管理制度

企业的安全管理制度，是结合企业各工种生产的共同特点制定的，是班组安全生产的可靠保证和有力措施。与班组有直接关系的安全规程和安全管理制度包括安全操作规程、安全警示制度、安全交接班制度等，如图9-3所示。

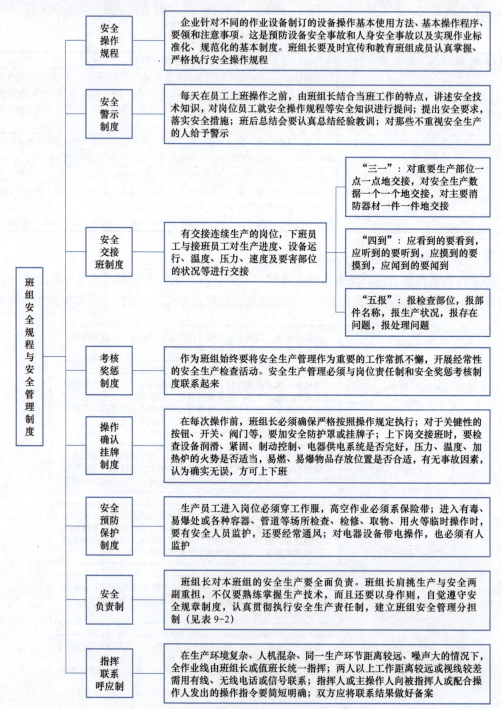

图9-3 班组安全规程与安全管理制度

【实用工具与方法】班组安全管理分担一览表

班组安全管理分担一览表如表 9-2 所示。

表 9-2 班组安全管理分担一览表

事　项	工　作　内　容	责　任　人
设备安全装置点检	所有安全装置注油、防锈，保证有效	何建国
空调、抽风机点检	确保空调、抽风机正常运转	王斌
插座、电源开关点检	电器无破损，无漏电；接触良好	殷东
化学物品保管	化学物品保管在铁柜内，并确保化学物品无泄漏	邹新成
灭火器材点检	检查灭火器在有效使用期限内，确保器材无破损、无灰尘、锈迹	辛建立
劳保用品管理	保证用品数量，监督穿戴规范	谈艺勇
火灾发生管理	报告上级，发出报警信号，切断电源，组织灭火，重要物资、文件转移，人员疏散、清点	谢益宝（班长）

9.2.4 安全技术必备知识

1. 防爆安全知识

1）防止爆炸性混合物。要加强管理，消灭跑、冒、滴、漏，避免可燃物漏入空气而达到爆炸限度。

2）防止产生火花。防爆区的电机、照明应采用防爆型；避免因接触不良、绝缘不良、超负荷或过热而产生火花或着火；正确铺设避雷装置；检修照明采用安全灯；避免机械性撞击。

3）防止产生静电。工作人员要穿棉布工作服，不得穿易产生静电的化纤工作服和塑料底鞋。

4）严格遵守防火制度。严禁在生产区吸烟，严禁明火取暖和焚烧可燃物，严禁在防爆区内装设电热设备。

5）配备安全装置。例如，装上报警器，在压力容器上安装安全阀，有些设备和管道上可安装防爆板。安全装置要按规定维护核对，保证其处于良好状态。

2. 防火安全知识

为防止火灾，除采取上述防爆措施外，还需做到：

1）绝对遵守严禁烟火的规定，并贴上严禁烟火的标识提醒作业人员。除特定场所外，均不得未经许可动火。

2）加强各种可燃物品的管理，大宗燃料应按品种堆放，不得混入硫化物和其他杂质。对酒精、丙酮、油类、甲醇、油漆等易燃物品稀释剂及油剂类物品要妥善保存，不得靠近火源。把锯屑、有油污的破布等易燃物放置于指定的地方。

3）采取防火技术措施，设计建筑物和选用设备时应采用阻燃或不燃材料。油库和油缸周围应设置防火墙等。特别注意在工作后对残火、电器开关、乙炔等的处理。

4）配备消防设施，厂区要按规定配备消火栓、消防水源、消防车等。生产车间应配备必需的消防用具，如沙箱、干粉、二氧化碳灭火器或氯溴甲烷灭火器、泡沫灭火器等。灭火器材要经常检查、定期更换,使之处于良好状态。

5)定期检查公司内的配线,并正确使用电气设备和保险丝等。

6)开展群众性消防活动,建立群众性防火灭火义务消防队伍,并通过学习和实地演习,提高消防技能。

3. 机械设备安全知识

在工业生产中或在一些工地上,容易造成机械伤害的机械设备,包括运输机械、掘进机械、装载机械、钻探机械、破碎设备、通风设备、排水设备、选矿设备等,这些转动机械的往复运动部分,都可能会对作业人造成烫伤、刺伤、割伤、压伤、砸伤、挤伤等伤害。这些有危险部分的机械设备对人体所造成的机械伤害,也是工厂中最常见的伤害之一,如表9-3所示。

表9-3 机械设备危险部位

项目	内容	举例
机械设备上的危险部位	机械设备上旋转部件和成切线运动部件间的咬合处	如切板机的施压部件、冲床、牛头刨床的床头、龙门刨床的床面、锻锤、桥式吊车及升降机构,动力传输皮带及滑轮、链轮、链条、齿轮、齿条等
	机械设备上旋转的轴	如轴、卡盘、芯轴、圆形心轴、连接器、丝杠、杆等
	机械设备上旋转的凹块和孔处	如飞轮、风扇叶、凸轮等,这些含有凸块或孔洞的机械设备上的旋转部件
	机械设备上对向旋转部件的咬合处	如混合辊、齿轮、轧钢机等
	机械设备上旋转部件和固定部件的咬合处	如辐条轮、飞轮和机床床身,旋转搅拌机和无保护开口外壳搅拌装置等
	接近类型的机械设备部位	如锻锤的锤体、动力压力机的滑块等
	通过类型的机械设备部位	如金属刨床的工作台及其床身、剪切机的刀刃等
	单向滑动的机械设备部位	如带锯边缘的齿、砂带磨光机的研磨颗粒、凸式运动带等
	旋转部件与滑动部件之间的转换	如某些平板印刷机面上的机构、纺织机床等
	一些转动机械的外露传动部分	如齿轮、轴、履带等
操作机械作业的危险部位	被加工的零件固定不牢	如车床卡盘夹不牢,在旋转时将工件甩出,被加工的零件在吊运和装卸过程中掉落等
手用工具的危险部位	手用工具旋转部件	
起重机械的危险部位	起重机械的使用和安装	如钢丝绳断裂抽人、刮人,设备倾翻、出轨、过卷扬等,还有起重机械设备误触高压线或感应带电体触电等
其他的危险部位	作业过程	如有的机械设备在使用时,会伴随着产生强光、高温,还有的会释放出化学能、辐射能等物质,以及噪声、尘毒危害韧质等

4. 电气、电器安全知识

在生活和生产中,尽管发生各种各样的触电事故,但最常见的,是偶然触电。不过,即使偶然触电也具有一定的规律,只要能够掌握其知识和规律,采取相应的安全措施,触电是可以避免的。电气、电器安全知识如表9-4所示。

表9-4 电气、电器安全知识

序号	项目	内容
1	采用安全电压	采用由特定电源供电的电压系列,可以防止触电事故。当电气设备采用了超过24V电压时,就要采取防触电的防护措施。手提照明灯、携带式电动工具,应采用36V安全电压。在狭窄或行动不便的工作地点作业,以及周围有大面积接地导体的环境,如金属容器内、隧道内等,应使用12V电压的手提照明灯
2	保证电气设备的绝缘性能	使用绝缘材料将带电导体封闭起来,使之不能被人身触及,从而保证人身安全。一般使用的绝缘材料有橡胶、胶木、塑料、云母、陶瓷、布、纸、矿物油等,如电工在作业时,要穿上绝缘靴、鞋等。但绝缘材料有时也会遭到破坏,有的是机械损伤,有的是电压过高或绝缘材料老化产生电击穿。因此,必须使电气设备的绝缘程度保持在规定范围内,并要定期进行测定
3	采取屏护	用护盖、箱盒、遮栏、护罩等,把带电体与外界隔绝开来,以减少人员直接触电的可能性,这是一种常见的防止触电的办法
4	保证安全距离	带电体与人体之间、设施和设备之间等,设置一定的安全距离。安全距离的远近,是由电压的高低、设备的类型及安装方式等因素所决定的。采用这个方法,可以有效地防止人、物误撞上带电体,引起触电
5	合理选用电气装置	要根据周围环境的需要,选择适合的电气装置。如在干燥少尘的环境中,可采用开启式或封闭式电气装置;而在潮湿和多尘的环境中,应采用封闭式电气装置;在有腐蚀性气体的环境中,必须采用封闭式电气装置;在有易燃易爆危险的环境中,必须采用防爆式电气装置等
6	装设漏电保护装置	可以防止由于漏电而引发触电、火灾,还可以监视、切除电源一相接地故障。有的漏电保护器还能够消除三相电机缺相运行的故障
7	保护接地与保护接零	把用电设备的金属与接地体连接起来,在电源为三相三线制中性点不直接接地,或单相制电力系统中,应设保护接地线。把电气设备不带电的金属部分与电网的零线紧密地连接起来。采取保护接零这一安全措施,可以消除危险

5. 事故发生后的紧急处理

事故往往具有突然性,因此在事故发生后要保持头脑清醒,切勿惊慌失措,导致处理失当。事故一般按如下顺序处理:

1)首先切断有关动力来源,如气源、电源、火源、水源等。

2)救出受伤、死亡人员,对重伤员进行急救包扎。如触电者呼吸停止,应立即进行心肺复苏,并马上送医院抢救。

3)大致估计事故的原因及影响范围。

4)及时报告和呼唤援助的同时抢移易燃易爆、剧毒等物品,防止事故扩大和减少损失。

5)采取灭火、堵水、导流、防爆、降温等措施,使事故尽快终止。

6)事故被终止后,要保护好现场。

6. 事故的调查、分析和处理

对于伤亡事故进行调查分析和处理的基本目的是要找出原因,查明责任,采取措施,消除隐患,吸取教训,改进工作。班组的责任是协助有关部门或人员搞好调查分析和处理工作。

9.2.5 劳动保护及其人身安全管理

1．劳动保护用品防护

劳动防护是劳动保护的重要组成部分。焊接产生的烟尘、电弧光、热辐射、噪声等可能对人体产生焊接尘肺、电光眼、皮肤损伤、听力下降等伤害。为避免员工直接暴露在受污染的环境中，企业要为员工配备工序作业必需的劳动保护用品，员工则要按照要求正确穿戴劳动保护用品，最大限度地降低上述职业危害。

（1）劳动保护用品配备　针对不同的工艺、环境、设备，选用合理的防护劳保用品，工业企业常用的劳动保护用品如表 9-5 所示。

表 9-5　工业企业常用的劳动保护用品

劳保用品名称	公司对应工种	适用工作环境	作　　用
防砸安全鞋	搬运工、吊机操作工	接触硬物、重物作业	防护被砸伤、压伤
绝缘工作鞋	维修工	电压高、电流大环境作业	防止触电
高温手套	高温作业人员	作业工件温度高	防止高温烫手
防划伤手套	喷油工、移印工、烧焊工	接触化学物品	防腐蚀
防尘口罩	喷油工、移印工、维修工	油污、灰尘较多的岗位	防止吸入油污、粉尘
绝缘手套	电工	带电作业	手部防护
护发帽	维修工、工模技工	操作转动机械作业	手臂防护、衣物防护
棉纱手套	维修工、一般岗位	设备维修、一般岗位作业	手部防护
绝缘防护工作服	电工	电压高、电流大环境作业	防止触电
安全带	高处作业员	高空作业	身体保护
安全帽	高处作业员、吊机操作工、电工	施工、悬空、高压作业	头部保护
防毒面罩、口罩	所有密闭空间作业人员	毒气、粉尘作业	防止吸入毒气、粉尘
护耳器	打料工、超声机操作工、电房	噪声环境作业	听力保护
防护眼镜、眼罩	维修工、烧焊工	打磨、焊接	防止异物伤眼、毒烟伤眼

（2）劳动保护用品使用　企业为员工配备了必要的劳动保护用品后，员工有责任按照要求正确穿戴和使用，确保在有效防护的条件下开展工序作业。

（3）现场巡查纠正　在现场巡查时，管理者要加强对劳动保护用品的穿戴和使用检查，发现问题立即指出，并记录在案，纳入员工行为考核，并结合车间奖惩条例进行处罚。

2．人身安全管理

加强职业卫生与健康管理，采用无职业性危险物质产生的新工艺、新材料，尽可能地提高生产过程的自动化程度，加强通风，合理照明，隔绝热源和屏蔽辐射源，吸音隔声，预防职业性有害因素等。

9.3　现场安全目视管理

9.3.1　安全色的含义及用途

安全色的含义及用途如表 9-6 所示。

表9-6 安全色的含义及用途

颜色	含义	用途举例	图示
红色	禁止停止	禁止标志，用在机器、车辆上的紧急停止手柄或按钮，以及禁止人们触动的部位	 禁止标志 高毒、放射工作场所
	红色也表示防火		
蓝色	指令必须遵守的规定	指令标志，例如必须佩戴防护用具，道路上指引车辆和行人行驶方向的指令	 戴防毒面具 气体急性中毒的作业场所
黄色	警告注意	警告标志，例如厂内危险机器和坑池周围引起注意的警戒线、行车道中线、机械上的齿轮箱内部、安全帽	 噪声有害 产生噪声危害的作业场所
绿色	提示安全状态通行	提示标志，用在车间内的安全通道、行人和车辆通行标志、消防设备和其他安全防护设备的位置	 直行紧急出口 应急撤离通道

9.3.2 安全标志实施

安全标志实施内容及其作用如表9-7所示。

表9-7 安全标志实施内容及其作用

安全标志		实施内容及其作用	实例与图示
安全标语		在工厂的各个地方张贴安全标语，提醒大家注意安全，降低意外事件的发生率	1. 事故出于麻痹，安全源于警惕 2. 安全是生命之本，违章是事故之源 3. 安全就是节约，安全就是生命
安全看板		通过标准作业看板，给员工一些安全的示范，避免意外事件的发生	展示各种安全知识、各种安全事故，以反面教材的形式进行教育
安全图画与标示	设备警示标志	对具有可能的事故隐患的设备，应设置安全警示标志。例如：对于可能造成伤害的运动部位、待修理、修理中或处于特殊危险状态的设备，除进行必要的断电、断水、断气和安全防护等措施外，还应设置"修理中，请勿合闸"等警示标志；行车、吊车、叉车、货物电梯等专用起重设备，显眼处设置"严禁吊臂下站人""严禁无证开叉车！"等警示标志；气缸最显眼部位张贴"注意危险"醒目标识	

(续)

安全标志		实施内容及其作用	实例与图示
安全图画与标示	易燃易爆品警示标志	对于有挥发性、易燃易爆的气体和油类以及有毒、有害的化学物品，应设置专门保管场所和保管条件，并张贴使用和管理规定，在显眼部位张贴"严禁烟火""严禁用手直接接触"等警示标志	
	岗位作业警示标志	电气安全隐患的岗位，要设置"注意绝缘""严防触电"的警示标志；重物搬运岗位，要设置"小心搬运，防止砸伤！"的警示标志；电气设备检修时要设置"禁止合闸有人工作"警示标志	
	画上"老虎线"	在某些比较危险但人们又容易疏忽的区域或通道的地面画上"老虎线"（一条一条黄黑相间的斑纹线），提醒员工注意自身的安全	
	限高标志	厂房内搬运的高度限制在5米内，在通道旁的墙壁上，从地面上量起5米的地方，画上一条红线或在通道设置防撞拦网	
	紧急标志	在一个很明显的地方有紧急明确的标识，能很容易被找到	
	常备急救用物品	应标明放置位置	

【实用工具与方法】电气标志牌

不同种类电气标志牌的悬挂位置、尺寸及颜色如表9-8所示。

表9-8　不同种类电气标志牌的悬挂位置、尺寸及颜色

名　称	悬挂位置	尺寸（mm×mm）	底色	字色
禁止合闸，线路有人工作	一经合闸即可送电到施工设备的开关和刀闸操作手柄	200×100 或 80×50	红色	白色
止步，高压危险	工作地点附近带电设备的遮栏、室外工作地点附近带电设备的横梁、禁止通行的过道、高压试验地点	250×200	白底红边	黑字，有红箭头
禁止攀登，高压危险	工作地点附近可能上下的铁架上	250×200	白底红边	黑色
已接地	看不到接地线的工作设备	200×100	绿色	黑色
从此上下	工作人员上下的铁架梯子	250×250	绿底中间有直径为10mm的白色圆圈	黑字，位于白色圆圈中

9.4 推进现场安全管理的步骤

1. 建立健全安全生产管理制度

建立安全生产管理制度，制定安全技术规程和相关作业规范，实施职业安全卫生和员工保护措施。广泛开展安全宣传、教育，并使安全生产成为每个员工的自觉行动。实行班组安全讲话制度，指挥联系呼应制，在厂区、作业区的行动安全制；执行操作确认挂牌制，以防止误操作。图 9-4 是一个安全操作挂牌示例。

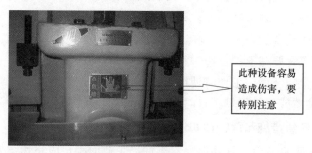

图 9-4　安全操作挂牌示例

2. 现场危险因素识别与风险控制

进行现场危险源及危险因素识别，清查厂内所有在用危害物并制作危害物清单，对识别的危害采取预防措施。

3. 制订现场安全作业基准

1）通道、区域画线，加工品、材料、搬运车等不可超出线外放置或压线行走。
2）设置工装夹具架，用完后归回原处。
3）物品按要求放置，堆积时要遵守一定的高度限制，以免倾倒。
4）灭火器放置处，消防栓、出入口、疏散口、配电盘等处禁止放置物品（见图 9-5、图 9-6）。
5）易爆、易燃、有毒物品专区放置，专人管理。
6）材料或工具靠放在墙边或柱旁时，一定要做防止倒下的措施。
7）需要专业人员使用的机动车、设备，其他人不得违规使用。
8）在车间、仓库内交叉处设置凸面镜或"临时停止脚印"图案。

图 9-5　灭火器箱前禁止放置物品　　图 9-6　配电盘前等禁止放置物品

4. 规定员工安全的着装要求

安全的着装要求，除穿正确的防护服外，具体要求如下：

1）工作服是否合身。
2）袖口、裤角是否系紧、有无开线。
3）衣扣是否扣好。
4）工作服是否沾有油污或被打湿（有着火或触电的危险）。
5）不穿拖鞋或容易打滑的鞋。
6）正确使用安全帽、安全鞋。
7）按要求戴工作手套。
8）使用研磨机等时要戴上护目镜进行作业。
9）在会产生粉尘的环境中工作时使用保护口罩。
10）发现安全装置或保护用具不良时，应立即向负责人报告，负责人立刻进行处理。

5. 应急预案／应急措施和危险预知训练

（1）应急预案／应急措施　为处理突发事件，企业应制定应急预案处理程序。应急程序包括：成立应急预案小组、应急预案的制订、应急预案启动、应急预案的终止及应急预案的演练。常备急救用品并标明放置位置，指定急救联络方法，写明地址、电话。

（2）危险预知训练　危险预知训练简称 KYT，是预防性安全管理的重要方法，是日本企业普遍采用的一种预防性安全教育方式，其目的是通过预知作业场所可能发生的危险，对员工进行安全意识教育，以提高全员预防事故的能力。

1）现场安全管理分析。在进行现场安全管理分析时，必须根据生产产品的工艺、生产线及工序或岗位的作业内容和特点，找出所有可能的安全隐患及事故引发点、安全管理的薄弱环节，明确具体的防范措施，特别是对过去发生的事故和环节进行统计分析，以便重点控制多发事故，进而全面把握岗位安全要点。

2）实施危险预知训练。采用图片、表格、电子演示文稿（PPT）等生动直观的形式表现多发事故、常发事故、薄弱环节，并编制危险预知训练表。根据岗位危险预知训练表，组织相关员工进行系统学习，必要时结合现场操作和演示进行，使员工全面掌握本岗位安全要点。

3）紧急情况及其预案和演练。在产生伤害事件或发生紧急情况时，能够积极采取应对措施，把风险降低至可允许的最小限度，需做好如下几方面的工作：

① 应制订好应急计划。应急计划内容一般包括：潜在事故性质、规模及预测事故造成的后果；与政府及各紧急机构的联系（消防部门、医院等）；危险报警和通信联络步骤和方法；应急指挥者、参与者的责任和义务；应急指挥中心的地点、组织机构；危险现场人员撤离步骤；设施关闭程序等。

② 配备好应急设备。应急设备一般包括：报警系统、应急照明和动力、逃生工具、安全避难所、危急隔离阀、开关和断流器、消防设备、急救设备、通信设备等。

③ 对应急计划和程序进行评估与修订，以适应现场设施和危险物的变化，使其更能发挥作用。

④ 对应急计划和预案进行测试和演练，以确保其在危险发生时能够产生作用。

例 9-1

岗位危险预知训练表

某班组为防止高空作业出现危险,发动本组员工,预想可能发生的各种情况,提前采取措施,并将高空作业的危险及预防措施制成岗位危险预知训练表,如表 9-9 所示,以便平时训练和教育。

表 9-9　岗位危险预知训练表

编制时间:2022 年 9 月 19 日 发行时间:2022 年 9 月 28 日 版本号:2022V1.0		批准 龚俊伟	审核 郑国敏	编制 陈书容
编号	GWZ-T-12	设备名称	高空安全带等	
工序名	高空作业	作业人数	2 人及以上	
安全隐患点		劳动保护用品及措施		
		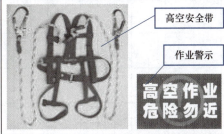		
隐患点	1. 没有佩戴安全带;如果蹬脱,有坠落危险 2. 如果工具脱手,有落下伤人的危险;如果工具放到滑线上,有被碰掉伤人的危险 3. 如果另外一台吊车溜过来,有伤人危险			
预防措施	1. 佩戴安全带,将安全带挂到上部护栏上,并控制好长度 2. 使用工具系绳子,绳子一端挂在腰带上;用后放入工具袋,下部危险区域设明显警示标志,派人监护 3. 在 5 米处设止轮器,插红旗,通知吊车司机			

6. 安全培训

安全培训分为特种作业培训和常规性教育,如电工培训、新进人员入厂安全教育。可以经常进行部门和岗位安全教育,采用早会、安全日活动、安全会议、简报等方式进行日常安全教育。

7. 安全检查

安全检查是一项综合性的安全管理措施,是建立良好的安全生产环境的有力保证。安全检查的有效工具和手段就是安全检查表。在进行安全巡视时,要做好相应记录,以备落实和对安全问题的整改,并写出小结,提出分析、评价和处理意见。对不能及时整改的隐患,要采取临时安全措施,提出整改方案,报请上级部门核准。

【实用工具与方法】班组现场生产日常安全检查表

班组现场生产日常安全检查表如表 9-10 所示。

表 9-10 班组现场生产日常安全检查表

检查内容 \ 日期 \ 结果	一日 上午	一日 下午	一日 上午	一日 下午	一日 上午	一日 下午	一日 上午	一日 下午	一日 上午	一日 下午	一日 上午	一日 下午
机械危险部位是否有安全防护装置												
是否按照安全指令进行操作、安全进入危险场所												
电气线路的走向和距离是否合安全要求												
危险区域是否有护栏和明显标志												
生产作业场所是否有安全出口、登高扶梯、平台是否合安全标准												
易燃易爆物品和剧毒物品的储存、运输、发放和使用是否严格按照限制度执行												
通风、照明、防火等是否合要求												
是否确保无忽视安全技术操作规程的现象												
是否对运转中的机械装置进行注油、检查、修理、焊接和清扫												
是否确保无违反劳动纪律的现象												
是否确保生产中无失误操作、错误处理的现象												
是否对重物、高温、高压、易燃、易爆物品等做正确处理												
是否确保不使用有缺陷的工具、器具、超重设备、车辆等												
进入工作现场时是否正确穿戴防护用品												
设备是否在负荷范围内运转												
设备、设施、工具、附件是否有缺陷制动装置												
动力切断器和起动器发生故障时,是否采取应急措施												
对容易发生火灾、爆炸危险的操作,是否采取了隔离措施												
是否有防止急剧反应和防止急剧反应符合公司内部的规定												
人力搬运是否对危险物质的处理是否正确												
操作人员是否有脏乱、油污等状况												
地面是否整齐、平稳、不超高												
货物堆放是否整齐、平稳、不超高												

说明:请根据检查情况在"结果"栏内打"√"或"×",有问题及时整改,如无法整改,要立即向部门主管报告,直到问题解决为止。

部门安全员: 班组负责人: 检查人:

9.5 现场安全改善方法

以人为本,确保全员的安全与健康;预防为主,控制公司生产经营风险;教育为重,提高员工事故防范意识;强化监督,遵守职业安全法律法规;科学管理,实现安全、健康、持续改进。以上是企业安全管理的基本要求。

1. 生产作业安全及其管理方案

生产作业区须严格贯彻和落实"安全第一,预防为主"的方针。另外,作业区安全生产不仅要实行标准化,而且还要实行规范化、制度化,加强员工的安全意识和技能培训,进一步控制和消除生产作业过程中的潜在风险,实现零事故。生产作业安全及其管理方案如表 9-11 所示。

表 9-11 生产作业安全及其管理方案

序号	作业	作业范围	管理方案
1	机械作业	在工序作业中,员工进行工件装卸、设备启动和工件检查等工作,设备进行工件的加工,这是人机联合作业的基本分工	① 加强设备的防护改善。通过加装必要的防护网、防护栏,避免员工的身体部位进入危险区域 ② 除了对设备防护进行硬件改善外,还必须对设备的程序控制进行改善。一旦由于员工疏忽,身体的某些部位进入危险区域,设备能够立即自动反应,启动保护程序和保护动作,避免对员工造成伤害 ③ 运用防呆法,重视硬件的改善,通过护栏的方法保护设备、管道等,从而保障作业安全
2	破土作业	挖土、打桩、埋设接地极或铺桩等,入地深度 0.4m 以上和挖土面积为 $2m^2$ 以上者	① 车间办理破土安全作业许可证,应标明破土地点、范围、深度,并画上简图,附有文字说明 ② 工艺管线和公用工程如果可能受到破土工程的影响,必须召集相关单位、部门共同确定动土安全方案
3	临时用电作业	检修临时用电拉接、拆除电源	① 拉接、拆除电焊机及其他电气设备的电源线等的用电操作,必须由电工亲自负责办理 ② 检修时,电工班要安排专人负责拉接、拆除临时电线,保证用电安全 ③ 工期较长、需要多台临时用电器的作业项目,由电工班安排专人到施工现场拉接、拆除电线 ④ 除临时用电接线盘外,其他配电盘禁止拉接临时用电 ⑤ 临时电源线不得搭靠管道、工艺设备等 ⑥ 使用绝缘良好的手电钻、砂轮等手持电动工具,并配上触电保安器,以防止发生触电事故

2. 重大危险点安全管理方案及其改善方法

危险点是指相对于其他作业点更危险的岗位,其固有的危险性对作业安全构成威胁。重大危险点发生事故的概率很高,为了进一步确保重大危险点得到更加有效的控制,有效降低危险点的安全威胁,杜绝或减少安全事故的发生,实现企业的安全管理目标,各生产部门应从源头消除事故隐患,根据自身实际情况识别、评价、确定重大危险源,并编制相应的管理方案,明确各级管理人员的责任和义务,建立现场安全管理的有效方法"三点控制法",即通过控制危险点、危害点和事故多发点这三种危险源,使安全措施到位、防范办法周密,有效预防和减少安全事故。主要重大危险源安全管理方案及其改善方法如表 9-12 所示。

表 9-12　主要重大危险源安全管理方案及其改善方法

主要重大危险源	危险来源	导致后果	安全管理方案及其改善方法
1. 电气线路	漏电开关损坏、开关接线错误、在低压带电系统中作业时使用不合格的安全工具、电源线出现破损、电箱浸水、用电器具线头脱落碰到外壳	电箱外壳或金属带电引起人员触电、操作中误碰带电体引起人员触电	① 企业要建立相关的用电制度，加强管理者的监督和执行力度 ② 规范电气线路，运用颜色、标签等方式进行标识；加强线路防护，消除损伤、短路等安全隐患 ③ 作业人员应严格执行企业制度，定期对电源进行检查，带电操作时必须使用绝缘工具；按规定停电检修电气设备及线路和装设接地线 ④ 企业要严格实施防触电措施并制定应急预案 ⑤ 加强环境管理，避免水、油、金属等与电气接触 ⑥ 企业要对相关的作业人员进行专业的培训
2. 易燃易爆品	企业生产过程中易燃区域作业消防设施不完善、爆炸品在外界条件的作用下发生剧烈的化学反应、易燃固体或液体遇到明火、生产现场管理人员监督不力、作业人员在易燃区域抽烟或进行明火作业、爆破工程没有按照相关规定严格执行	企业内部发生爆炸造成人员伤亡或物资受损	① 加强定置定位管理，使易燃易爆品处于安全、有效的管理状态 ② 企业要配备必要的应急条件，如灭火器材等，并设置专人监护 ③ 加强安全标识，如充分展示其性质、成分、危险性和危害性等，以起警示；并同时标注应急程序、紧急联络方式、紧急疏散路线等 ④ 对动火、爆破工程必须按程序批准后依安全技术方案施工；作业人员须持证上岗操作 ⑤ 安全教育，每年定期进行安全演练
3. 高处坠落	高处作业人员未正确使用防护用品、登高防护措施，危险作业区域无防护	作业不当或作业人员不慎时发生坠落事故	① 在高处作业现场检查确认安全措施后，登高安全作业许可证审批人员方可批准作业 ② 加强作业人员教育，熟悉现场环境，了解施工安全要求，并严格要求作业人员正确穿戴劳动防护用品 ③ 使用合格的登高设施，设立安全有效的防护措施，并派专业人员进行检查、及时维修 ④ 高处作业应与地面保持联系，配备必要的联络工具，并指定专人负责联系及监督 ⑤ 严禁疲劳过度、视力不佳、年老体弱及患有职业禁忌症等人员进行高处作业 ⑥ 加强安全检查，一旦发现违章行为应立即制止
4. 机械伤害	长发的作业人员不戴帽子、使用机械防护或操作不当、使用砂轮切割机打磨工件、使用角向砂轮机用力过猛而未使用防护用品、传动机械未加防护罩	被旋转工件带入造成身体伤害、被机械伤及手指、砂轮片爆裂或反弹伤及作业人员、作业人员被传动机械卷入	① 提高员工安全意识，生产过程中戴好帽子、脱去手套以防止被高速旋转物件卷入 ② 加强安全防护教育，做好机械防护工作 ③ 加强操作规程教育，严厉禁止违章行为 ④ 加强机械设备的安全检查并及时维修
5. 起重吊装	随同人员与吊装重物或吊装机械一起升降；人员在悬吊重物下方及吊臂下；利用建筑物、构筑物等作为吊装点	发生人员受损事故甚至人员伤亡	① 需办理安全作业许可证后，方可进行起重吊装作业 ② 预先在吊装现场设置安全警示标志并设专人监护 ③ 起重吊装作业人员必须佩戴安全帽，高处作业时遵守高处作业安全规定 ④ 吊装作业前必须对吊装设备的安全装置进行详细的安全检查并试吊，确认无误后方可作业 ⑤ 吊装作业中，必须分工明确，按起重吊装指挥信号统一指挥 ⑥ 起重吊装作业时，必须按规定负荷进行吊装，严禁超负荷运行

例 9-2

阀泄漏检查机双重安全保障

【现　　状】如图 9-7a 所示的开式脚踏开关冲床，危险性较大，安全系数较低。员工在冲床作业时，左手将待加工零件放入夹具中，或从夹具中取出工件，右手按下启动键使气缸下降或上升。

由于设备是单键启动，有时员工为赶产量或精神疏忽，左手取放工件时未及时离开运动区域，右手即已按下启动键，导致气缸下降把手压伤。虽然对员工进行过多次教育，相同事故仍然重复发生，最高频度为一周 3 次。

【改善方法】

1）将单键启动改为双键启动，即必须双手同时按键冲压机才能接通电源开始工作，单手按键时设备不启动，消除员工一只手在运动区域时的危险（见图 9-7b）。

2）在冲模危险区周围设置光电感应器，一旦手在危险区域或进入危险区，通过光、电、气控制，使压力机自动停止下降并报警，必须手动解除报警后才能恢复正常工作状态（见图 9-7c）。

【改善效果】通过双重安全保证，杜绝了人手被冲头压伤的安全事故，消除了员工的心理负担，保障了生产顺利进行。

a）开式脚踏开关冲床

b）双键启动

c）光电感应器

图 9-7　冲床的启动改善

模块小结

1. 企业安全生产管理坚持"安全第一、预防为主"的方针，实行安全生产责任制。

2. 人与设备联合作业是现代工业生产的主要特点。要确保作业安全，首先要消除设备安全隐患，使设备处于安全状态；其次，要教育员工正确穿戴劳动保护用品，正确使用和维护设备，按章作业，避免安全事故。

3. 防微杜渐是安全管理的根本。通过危险预知训练和事故预防，提高员工安全意识，掌握推进现场安全的步骤，消除现场安全隐患。

4. 利用目视管理展示安全警示,通过日常安全检查,实施安全防护改善和危险源改善,使安全管理处于完善状态。

实训项目

【如何保证安全生产】

1. 实训目标

(1) 培养学生现场观察和收集现场数据和资料的能力。
(2) 培养学生对现场安全隐患进行分析能力。
(3) 培养学生提出改善现场安全的能力。

2. 实训内容与要求

(1) 去某企业生产线现场。
(2) 调查并收集某企业的现场安全隐患的现况。
(3) 分析统计某企业的现场安全事故数据和资料。
(4) 根据所学知识提出对现场安全隐患整改方案。
(5) 按整改方案提出详细的实施计划。

3. 成果与检测

(1) 提交某企业的现场安全生产的统计资料。
(2) 检查学生的现场安全隐患整改方案及其实施计划。
(3) 教师评估。

思考与练习题

一、单项选择题

1. (   ) 是生产经营单位各项安全生产规章制度的核心,是生产经营单位行政岗位责任制和经济责任制度的重要组成部分,也是最基本的职业安全健康管理制度。

  A. 安全生产责任制   B. 安全技术措施
  C. 消除危险源   D. 安全生产培训

2. 应急设备一般包括(   )、应急照明和动力、逃生工具、安全避难所、危急隔离阀、开关和断流器、消防设备、急救设备、通信设备等。

  A. 危险报警和通信联络
  B. 报警系统
  C. 各紧急机构的联系(消防部门、医院等)
  D. 应急指挥者

3. 所谓（　　），就是在生产经营活动中，在处理保证安全与生产经营活动的关系上，要始终把安全放在首要位置，优先考虑从业人员和其他人员的人身安全，实行"安全优先"的原则。

　　A．安全第一　　　　B．预防为主　　　　C．措施得当　　　　D．监督管理

4. （　　）主要有定期检查机械、定期加油保养；齿轮、输送带等回转部分加防护套后工作；共同作业时，要有固定的沟通信号；停电时务必切断开关；故障待修的机器须明确标示等。

　　A．装配、组装安全作业的方法　　　　B．推车的安全使用方法
　　C．载送机的安全使用方法　　　　　　D．一般操作机械安全作业的方法

二、填空题

1. 企业安全生产管理坚持"（　　）、预防为主"的方针，实行（　　）责任制。
2. 安全生产教育一般包括思想、法规和（　　）三项主要内容。
3. 通过控制（　　）、危害点和（　　）这三种危险源，可以有效预防和减少安全事故。

三、判断题（正确的请打"√"，错误的打"×"）

1. 安全是生产的前提，确保生产安全是经营者和管理者的责任和义务。　　（　　）
2. 安全生产教育的主要形式有"班组安全教育""特殊工程教育"和经常性的"安全宣传教育"等。　　（　　）
3. 安全标志包括设备警示标志、易燃易爆品警示标志和岗位作业警示标志等。　　（　　）
4. 以人为本，预防为主，教育为重，强化监督，科学管理，是企业安全管理的基本要求。　　（　　）

四、简答题

1. 安全生产责任制的实质是什么？
2. 我国安全生产管理的原则是什么？
3. 劳动保护的含义是什么？
4. 什么叫三级安全教育？
5. 如何识别不安全的状态并采取补救措施？
6. 如何推进生产现场安全工作？

模块 10 / Module 10

10 环境管理体系标准（ISO14000）和清洁生产管理

学习目标

- 了解环境管理体系标准（ISO14000）的主要运行模式和要求。
- 了解清洁生产管理模式及其内容。
- 掌握节约水、电、气等能源的具体方法。
- 理解运用价值工程技术节省材料的具体方法。
- 理解现场环境改善方法的要点。

学习引导

10.1 环境管理体系标准（ISO14000）

10.1.1 概述

1972年，联合国人类环境发展大会发布了《人类环境宣言》和《世界环境行动》两个文件，指出"环境问题不仅局限于污染，更涉及生态环境的破坏问题。保护和改善人类环境已经成为人类一项紧迫的任务"。

ISO14000系列标准是在世界面临着严峻的环境问题基础上，总结了近年来环境管理领域的发展成果，由国际标准化组织（ISO）制定的环境管理系列标准。20世纪70年代末产生的环境标志和20世纪90年代初形成的ISO14000环境管理体系标准，两套制度将企业的产品环境性能、企业的环境管理与消费市场联系起来，能够在业务不断发展增长的同时，降低对环境的影响，减少浪费，节约能源。ISO14000还能帮助企业更具创新性，改进管理体系流程，满足相关法规要求，增强企业在投资者、客户和公众眼中的信誉度，从而达到了社会、经济、环境三种效益的最佳结合。

10.1.2 ISO14000主要思想与运行模式

20世纪90年代，国际环境管理技术委员会（ISO/TC207）先后制定并颁布了ISO14000环境管理系列标准。我国从1996年开始等同采用ISO14000环境管理系列标准，陆续发布了GB/T24000-ISO14000环境管理系列国家标准。

1. ISO14000的主要思想

①摒弃末端治理，强调污染预防。②生命周期评价方法（LCA）等环境管理工具在环境管理体系中的应用。③环境管理体系的运行模式遵循PDCA管理循环模式。④环境管理体系中需建立一套完善的信息交流系统。

2. ISO14000的运行模式和要求

ISO14000为组织提供了一个框架，即环境管理体系。如图10-1所示的环境管理体系运行模式中，体现了环境管理体系的要求：环境方针、规划（策划）、实施与运行、检查与纠正措施、管理评审、对整体环境绩效的持续改进。

图10-1 环境管理体系运行模式

（1）环境方针

最高管理者应制定本组织的环境方针，包括对持续改进和污染预防、组织遵守有关环境法律、法规的承诺，建立和评审环境目标和指标的框架等，并形成文件，确保实施。

（2）规划（策划）

组织应为实现其环境方针制订规划。与规划有关的环境管理体系要素包括：环境因素的确定和相关环境影响的评价，法律要求，环境方针，内部绩效标准，环境目标和指标，环境计划和管理方案。

1）环境因素。组织应确保在建立环境目标时，判定那些对环境具有重大影响，或可能具有重大影响的因素，并应及时更新这方面的信息。

2）法律和其他要求。组织应建立并保持程序，用来确定适用于其活动、产品或服务中环境因素的法律，以及其他应遵守的要求，并建立获取这些法律和要求的渠道。

3）目标和指标。组织应针对其内部每一有关职能和层次，建立并保持环境目标和指标。环境目标和指标应形成文件。组织在建立与评审环境目标时，应考虑法律与其他要求，其自身的重要环境因素、可选技术方案、财务、运行和经营要求，以及各相关方的观点。目标和指标应符合环境方针，并包括对污染预防的承诺。

目标中可包含下述承诺：
——减少废物和降低资源消耗；
——减少或杜绝向环境排放污染物质；
——对产品的设计，应考虑减少生产、使用和处置中的环境影响；
——控制原材料来源的环境影响；
——提高员工及公众的环保意识等。

随后，可设立环境指标，以便在规定的时间内实现这些目标。通常可使用环境绩效指示参数来测量环境目标的实现程度。例如：
——原材料或能源使用量；
——废气排放量（如 CO_2 等）；
——单位产量的成品所产生的废物；
——材料和能源的使用效率；
——环境事故（如计划外的排放）的次数；
——废物再利用率；
——特定污染物，如 NO_x、SO_2、CO、HC、Pb、CFC 等的数量等。

4）环境管理方案。组织应制订并保持一个或多个旨在实现环境目标和指标的方案，其中应包括：
① 规定组织的每一有关职能和各层次的环境目标和指标的职责。
② 实现目标和指标的方法和时间表。

（3）实施与运行

1）组织结构和职责。组织的最高管理者应指定专门的管理者代表，应明确规定其实施环境管理体系的作用、职责和权限，形成文件，以便确保环境管理体系实施与保持；向最高管理者汇报环境管理体系的运行情况以供评审，并为环境管理体系的改进提供依据。

2）培训、意识和能力。组织应建立并保持确定培训需求的程序；应要求其工作可能对环境产生重大影响的所有人员都经过相应的培训；应确立并保持一套程序，使处于每一有关职能与层次的人员都意识到符合环境管理体系要求的重要性和所带来的环境效益。

3）信息交流。组织应建立并保持一套程序，实施对有关内外部信息和相关方要求的接受、归档、答复的程序和记录。

4）环境管理体系文件。组织应以书面或电子形式编制并保持一份文件摘要，其内容包括：环境方针、目标和指标；实现环境目标和指标的方法；关键任务、职责和程序的文件；有关文件还包括过程信息、组织机构图、内部标准与运行程序、现场应急计划及其查阅途径等。

5）文件控制。组织应建立并保持一套程序，以控制本标准所要求的所有文件，予以标识，妥善保管，并在规定期间内予以留存，以便于查找和确保其适宜性。

6）运行控制。组织应根据其方针、目标和指标，确定与所标识的重要环境因素有关的运行与活动。应针对这些活动（包括维护工作）制订计划，确保它们在程序规定的条件下进行。

7) 应急准备和响应。组织应建立并保持一套程序，以确定潜在的事故或紧急情况，做出响应，并预防或减少可能伴随的环境影响。应急计划可包括：应急工作组织及相应职责、关键人员名单、应急服务信息（如消防部门、清污服务等）、发生不同类型的紧急事故时应采取的相应应急措施、培训计划和有效性试验等；同时，应建立并保持处理环境事故和潜在紧急情况的程序。

（4）检查和纠正措施

1) 监测和测量。组织应建立并保持一套以文件为支持的程序，对可能具有重大环境影响的运行与活动的关键特性进行例行监测和测量。如有关的运行控制、环境绩效等。

2) 纠正和预防措施。组织应建立并保持一套程序，用来规定有关的职责和权限，对不符合规定的进行处理与调查，采取纠正或预防措施减少由此产生的影响。

3) 记录。组织应建立并保持一套程序，用来标识、保存与处置有关环境管理的记录，包括法律和法规要求、环境因素和有关的环境影响、监测数据等。

4) 环境管理体系审核。组织应制定并保持用于定期开展环境管理体系审核的一个或多个方案和一些程序，进行审核的目的是判定环境管理体系，并向管理者报送审核结果。

（5）管理评审

组织的最高管理者应按其规定的时间间隔，对环境管理体系进行评审，以确保体系的持续适用性、充分性和有效性。管理评审过程应确保收集必要的信息，通过评价得到结果并形成文件。

例 10-1

环境管理方案实例

表 10-1 所示为某化工企业的环境管理方案。

表 10-1 某化工企业的环境管理方案

承诺和方针	规划		内容
环境方针和承诺	目标		控制环境因素、减少资源浪费、"三废"达标排放、不断改进技术、实现清洁生产
	指标		处理后的废水40%回用，外排废水应符合 GB 8978—1996 中一级排放标准
			回用废水 COD ≤ 50mg/L，SS ≤ 4mg/L；外排废水 COD ≤ 90mg/L，SS ≤ 30mg/L
	环境方案		废水处理设施的改造：增加水深度处理设施，使处理后的水质能达到回用的要求；在公司生产区域增设废水回用管路，在能回用废水的场所都应铺设管道
	措施		水质检测站对各岗位排出的废水每班检测1次，应在交接班后 30~60 分钟内取样检验，若不符合要求，立即通知部门负责人检查原因，采取措施；回用水每 4 小时取样检验 1 次，若不符合要求，立即通知水处理厂操作人员停止使用回用水，改用补充水。废水处理厂负责人查找原因，采取措施，并对回用水重新处理

10.2 清洁生产管理

10.2.1 清洁生产概述

清洁生产（Cleaner Production）产生于20世纪70年代，在工业领域得到广泛应用。所谓清洁生产，是指不断采取改进设计、使用清洁的能源和原料、采用先进的工艺技术与设备、改善管理、综合利用等措施，通过循环使用，使原材料最大限度地转化为产品，提高资源利用效率，减少或者避免生产、服务和产品使用过程中污染物的产生量和排放量，节省能源，降低原材料消耗。清洁生产的内容主要包括清洁的能源、清洁的生产过程和清洁的环境三大方面。清洁生产的基本手段是改进工艺技术，强化企业管理，最大限度地提高能源的利用水平。清洁生产的主要方法是排污审计和项目改造，即通过审计发现排污部位、排污原因，并筛选消除或减少污染物的措施。清洁生产的目的是保护人类与环境，提高企业的经济效益，即用清洁的能源、原材料，清洁工艺及无污染、少污染的生产方式，实施严格的管理措施，生产清洁的产品。

10.2.2 清洁生产管理模式及其内容

清洁生产管理模式不但是一种效益型的生产模式，而且也是一种环保型的生产模式，如图 10-2 所示。清洁生产管理模式的实施，无疑会改变出现污染后再治理的传统的环境污染治理方式，促使所有的生产经营单位将污染控制纳入整个生产经营过程，实现环境污染的全程治理。这样，必然会大大降低环境污染，环境质量由此得到极大的改善。

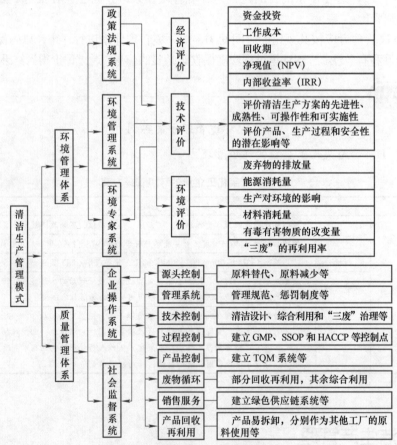

注：GMP 为良好生产规范，SSOP 为卫生标准操作程序，HACCP 为危害分析的关键控制点。

图 10-2 清洁生产管理模式

清洁生产的管理模式内容除包含传统生产管理模式内容（产品选择、工厂设施、技水平、协作化水平、劳动力计划、质量管理、生产计划与物料控制和生产组织)外，还包括：

（1）源头削减控制　尽量少用、不用有毒有害的原料；节约原料，少用昂贵和稀有的原料；利用一次资源作原料；物料的替代；物料的再循环等。

（2）清洁能源控制　新能源的利用、常规能源的清洁利用、可再生能源的利用、节能技术。

（3）清洁生产全过程控制　减少生产过程中的各种危险因素，使用少废、无废的工艺和高效的设备，减少无害、无毒的中间产品，使用简便、可靠的操作和控制，建立良好生产规范（GMP）、卫生标准操作程序（SSOP）和危害分析的关键控制点（HACCP）等。

（4）清洁产品控制　产品在使用过程中以及使用后不会危害人体健康和生态环境，易于回收、复用和再生，合理包装，合理的使用功能和使用寿命，易处置、易降解等。

（5）末端治理　对废弃物进行处理和回收，提高资源的重复利用率。

（6）循环与再利用　上一家工厂的废物作为下一家工厂的原料使用等。

10.2.3　实施清洁生产的途径和方法

实施清洁生产的主要途径和方法主要包括产品设计、原料选择、工艺改革、节约能源与原材料、资源综合利用、技术进步、加强管理等许多方面，可以归纳如下：

1）在产品设计、采购、生产、销售、使用、维护到废弃的整个生命周期，优先选择无毒、低毒、少污染的原辅材料替代原有毒性较大的原辅材料　选择符合《RoHS指令》（欧盟议会及欧盟委员会于2003年2月发布，全称为《关于限制在电气电子设备中使用某些有害成分的指令》）等强制性标准的材料，逐步淘汰对环境有毒有害的传统材料；同时加强对原料、燃料的管理，提高原料、燃料品质，以从源头上控制污染物的排放，防止原料及产品对人类和环境的危害。

2）优化工艺、完善工艺条件，开发新的工艺技术，采用和更新生产设备，淘汰陈旧设备　采用能够使资源和能源利用率高、原材料转化率高、污染物产生量少的新工艺和设备，减少生产过程中资源浪费和污染物的产生与废弃物排放，如油污、化学品、金属杂质等废弃物，尽最大努力实现少废或无废生产。表10-2是采用优化工艺、更新生产设备实施清洁生产的实例。

表10-2　采用优化工艺、更新生产设备的方法实施清洁生产的实例

采用方法	改进内容	经济效益
优化工艺	某酒厂优化酒精出成品工序——蒸馏工序，该工序是把酒精通过蒸馏从发酵成熟醪中分离出来。清洁生产实施前，采用常压两塔半蒸馏工艺，该工艺消耗大量的工艺蒸汽及冷却水，实施清洁生产后将此工序改为两塔三段蒸馏，并由微机控制	酒精质量由普通级提高到优级，年节约冷却水50万t，年节约蒸汽3.2万t，收益500多万元
更新设备	某化工集团公司化工厂的NO_x尾气吸收塔老化和泄漏，吸收率低，仅56.25%。NO_x泄漏达75.41kg/t，清洁生产方案实施后，将塑料塔改造成不锈钢材质的吸收塔，使用了高效填料和冷却器	水吸收率可达90%以上，多生产吸收酸195kg/t，按当年产量计，回收硝酸281t，价值47.77万元，其中运行费用5.5万元，净效益42.27万元。减少NO_x（以NO_2计）泄漏75.4 kg/t
提高设备的使用率和完好率	某建材厂实施清洁生产后，新建粉煤灰封闭输送系统，从热电厂将粉煤灰引至新建水泥线，输送粉煤灰做原料生产水泥	从根本上改变了原来人工用手推车运送粉煤灰至水泥生产线的生产状况，有效地改善了工作环境，提高了工作效率。管道输送生产设备投入使用后，可节省热电厂粉煤灰10万～11万元

3）节约能源和原材料，提高资源利用水平，做到物尽其用　通过资源、原材料的节约和合理利用，使原材料中的所有组分通过生产过程尽可能地转化为产品，消除废物的产生，减少材料消耗，提高资源利用效率，实现清洁生产。

运用价值工程技术节省材料，具体方法包括：①使材料更短、更小、更轻、更薄，从而减少产品材料消耗。②减少生产过程中产生的边角废料，使材料最大限度地用于产品，从而提高材料利用率。③将生产过程中因质量不良等原因造成的报废材料回收，经过一定的技术处理和质量确认之后，全部或局部材料再利用，废旧利用，变废为宝。

4）开展资源综合利用，以达到节约资源、减少排污的目的

① 节水方法：通过节约用水专题教育，提高员工节能意识，鼓励全员提出节水改善提案，提高工艺用水利用率，对水循环利用及重复利用，提高管理水平，减少水消耗；加强现场巡查，降低额外消耗。

② 节电方法：大力采用节能技术和节能产品，如利用节能灯取代白炽灯等；优化工艺条件，在满足质量要求的情况下，最大限度地减少工艺用电；通过工艺革新和技术改造，降低单台产品的电力消耗，选用最适合的动力设备，最大限度地减少动力电耗。

③ 节气方法：通过自动控制等技术，消除泄漏、无效使用气体（压力空气、氮气、氧气、氢气、氦气、氖气以及天然气、液化石油气等）情况；最大限度地提高气体利用率，减少气体浪费。通过回收再利用减少其消耗，降低成本。如氦检漏设备使用的氦气非常昂贵，通过增设氦气回收装置可使氦气循环利用。

例 10-2

某汽车有限公司的水回用工程

【现　状】由于公司新增生产设备，包括壳体加工线、变扭器壳体加工线、槽板加工线、阀体加工线、壳体部装线、变扭器总成装配线、齿轮离合器输出部装线、变速器总装等，产生的乳化液、清洗剂废水，原有的废水处理装置不能满足目前生产中的废水处理，因此，公司需要新建一座废水处理站，集中处理公司产生的所有废水，并考虑公司以后的扩建。

【改善方案】由某机电设计研究院设计的水回用工程，采用国际先进的工艺设备，配置有生物和化学处理两部分，符合国家规定的污水综合排放一级标准和中水回用标准要求，如图 10-3 所示。

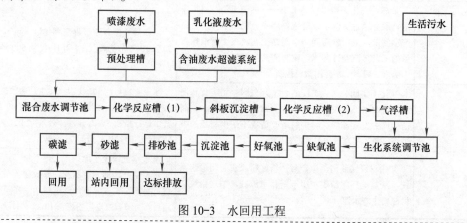

图 10-3　水回用工程

> 【改善效果】经过上述废水治理措施后，排放的水质达到：Oil ≤ 30mg/L，CODr ≤ 500mg/L、SS ≤ 400mg/L，废水排入市政污水管网后，接至区域污水厂做进一步处理。在这个系统中，进入复用水管网的水量为 240t/d，水资源重复利用率可达到 90%，一天能节约 100 吨水，全年节水 4 万多吨，从而使企业实现节水控制目标，也减少了废水的排放量，为资源的充分利用和环保工程做出了贡献，为提高中回水在汽车工业的应用做出了成功的范例。

5）现场环境改善，保护员工的职业健康，节约材料，提高经济效益　通过有效改善员工的劳动环境和作业环境，减轻生产过程对员工健康的影响，确保员工职业健康，为企业树立良好的社会形象，这也是清洁生产的重要内容。

现场环境改善方法主要有：①环境高温改善：控制热源和隔离热源，如对于一层无隔热的简易厂房，可以增设隔热或喷淋设施，减少厂房吸热；使工作环境温度适宜，减少员工容易疲劳、情绪烦躁不安等情况。②环境噪声改善：控制噪声源，消除机械运转噪声、机械撞击性噪声、气流噪声等声源的产生，如设置隔音墙、隔音房、隔振、阻尼降噪等；同时，员工应戴上适合的护耳器，预防噪声造成的职业危害。③环境粉尘改善：采取干式除尘（旋风除尘等）、湿法除尘（水的吸附、捕集作用）等技术措施，从源头避免粉尘进入作业环境；同时员工在车间必须穿戴口罩、防护面罩、工作帽、防护袖套等，预防铁质粉尘对身体的危害。④重体力作业改善：利用行车、吊车、叉车、电动葫芦、手动叉车和小推车等机械力取代人力；利用斜面、滑轮等装置的重力作用，减小作业劳动强度、降低作业频率、缩短搬运距离、减小搬运重量，并根据劳动强度减少工作时间，定期对重体力作业员工进行职业健康检查。

例 10-3

某齿轮加工车间噪声改进

> 【现　状】齿轮加工车间引起巨大噪声的原因是气枪工作时吹出的气体与齿轮表面摩擦产生的；清洗刀片的噪声来源于噪声清洗机的运行；铣齿机、滚齿机的各个工位噪声均超标；超声波清洗机产生的噪声尤其强烈；半自动车床产生的噪声主要来源于气枪；滚齿机以及铣齿机车间，机器本身工作的噪声较大，加上机器的密集程度，引发的共鸣效应很强。
>
> 【改善方案】
> 1）在机器的表层设置吸声装置，在除正面外的其他三个方向各装备一层吸声材料。吸声材料要求物理结构特征是材料内部有大量的、互相贯通的、向外敞开的微孔，车间使用具有一定透气性的纤维材料或灰泥材料。
>
> 2）设置隔声板。因刀片清洗机是三面靠墙的，需在工人作业的那面设置一道隔音板，使用比较经济的隔音玻璃，隔音玻璃中间开一道 1.5m 宽、2m 高的通道供工人进出。在不同的机器之间造一些声音隔板，将每个机器的区域独立开来；如果是一人多机的情况，可以把其操作的多台机器分为一个隔离区域，这样也能防止噪声的相互干扰和共鸣。

3）在天花板或者墙壁上设置一些吸声装置来降低噪声和防止噪声的反射，比如车间排风机的噪声和气枪的高噪声就可以用吸声装置来减弱。对于其他噪声剂量较高的工位（比如使用气枪的机床、滚齿机和铣齿机等），在机器的三面设置聚酯纤维材料的吸声减震装置，吸声装置的厚度为 9mm，面积应尽可能大地覆盖机器的一面。同时，在照明条件满足的前提下，正常工作时关闭相邻车间的门窗，这样可以有效地降低车间之间的相互干扰，防止噪声的共鸣现象发生。在噪声接受点进行防护可以让工人佩戴耳塞和耳罩，海绵类耳塞比硅胶类耳塞更舒适。

【改善效果】防止员工耳聋，提高员工工作和信息传递的效率，提高员工的注意力和工作热情，增加工作的舒适度等，进而提高生产效率和企业效益。

6）强化科学管理，改进操作程序　企业必须落实岗位和目标责任制，改善管理，改进操作，杜绝跑冒滴漏，防止生产事故，加强设备管理，提高设备完好率和运行率；开展物料、能量流程审核；科学安排生产进度，改进操作程序；以便获得明显的削减废物和减少污染的效果。

例 10-4

某公司清洁生产方案及其成效

1. 清洁生产方案

（1）原料处理　将原料中无法食用的如沙土、杂物、头、尾、内脏等，在原料的产地就进行分离。其优点在于生产地筛选出来的废弃物性质较为单一。例如都是海产类或都是家畜类等，不仅易于处理，而且加以资源化的可能性也较高。

（2）改变生产方法　采用较新颖的技术或设备，以达到减少污染排放的目的。控制漏失，防止原料、半成品、产成品在生产过程中的损失。

（3）节水技术　包括改变和改善清洗的操作方式、废水再利用，比较清洁的废水经简单处理后应可回用，用于与食品卫生无关的其他用水环节，如地面清洗等。

（4）回收能源　食品工业排出的水、蒸汽、温风等能量很多，这些热能有许多可以利用热交换器进行回收，另外还有许多高热值的废弃物，如废油渣、废油等都可以回收其热能。

（5）资源化技术的应用　食品工业中有许多可以回收的废弃物，例如：动物内脏可回收制造激素制剂；兽骨、鱼骨可以制造骨油或骨炭；鱼渣、畜渣、鸡鸭残渣、贝壳、鱼肠、鱼骨、淀粉渣、豆腐渣等都是常见的可以回收作为饲料或肥料的材料。

2. 清洁生产措施及效益

公司新厂的主要产品有：乳品、饮料、冷冻食品、肉品等。实施清洁生产措施及其成效见表 10-3。

表 10-3 清洁生产措施及其成效

序号	减废措施		成果及效益
1	水及废物的回收与再利用	回收冷却水重复使用	节省用水量，减少了废水排放量
2		乳品厂冲洗管路的软水回收再利用	经济效益达 31 万元/年
3		乳品厂冷却水回收再利用	经济效益达 31 万元/年
4		回收多余的热水	经济效益达 52 万元/年
5		铝箔原纸的栈板回收	经济效益达 133 万元/年
6		饮料厂的糖液回收	节省成本，经济效益达 25 万元/年
7		用加压水枪冲洗地板及设备	减少废水排放量，经济效益为 37 万元/年
8		不用水进行除霜作业	节水，经济效益达 39 万元/年
9	改变生产工艺，采用最优化操作	采取外包装作业进行原料前处理	减少废弃物，经济效益达 10 万元/年
10		改变分离奶油的使用方式	经济效益为 59 万元/年
11		改变香肠包装形式	经济效益达 4 万元/年
12		污泥消化槽改装成生物膜装置	改善水质
13		污泥浓缩池的上层液回收至沉淀池	经济效益达 213 万元/年
14	能源有效利用	瓦斯加热保温	经济效益达 4 万元/年
15		污泥脱水机过滤液回流	节省用电量
16		回收茶汁原液热源	经济效益达 88 万元/年
17	管理改进	仓库空调系统自动化	经济效益达 11 万元/年

模块小结

1. 20 世纪 90 年代国际环境管理技术委员会先后制订并颁布了 ISO14000 环境管理系列标准。环境管理体系运行模式包括环境方针、规划（策划）、实施与运行、检查与纠正措施、管理评审和对整体环境绩效的持续改进。

2. 清洁生产是指不断采取改进设计、使用清洁的能源和原料、采用先进的工艺技术与设备、改善管理、综合利用等措施，从源头上削减污染，提高资源利用效率。

3. 清洁生产的内容主要包括清洁的能源、清洁的生产过程和清洁的环境三大方面。清洁生产的方法包括采用环保材料和改善工艺、循环再利用等方式减少对环境的危害。

4. 优化工艺、完善工艺条件，开发新的工艺技术，采用和更新生产设备；在产品设计、采购、生产、销售、使用、维护到废弃的整个生命周期，优先选择无毒、低毒、少污染的原辅材料替代原有毒性较大的原辅材料。运用价值工程技术节省材料。

5. 开展资源综合利用，常用节约能源的方法有节水、节电、节气和节约原材料等方法。

思考与练习题

一、单项选择题

1. 国际环境管理技术委员会（ISO/TC207）在（　　）先后制订并颁布了 ISO14000 环境管理体系标准。

  A. 20世纪80年代　　　　　　　　B. 20世纪70年代
  C. 20世纪90年代　　　　　　　　D. 21世纪

2. 清洁生产的内容主要包括清洁的能源、清洁的生产过程和（　　）三大方面。

  A. 清洁的方法　　B. 清洁的措施　　C. 清洁的设备　　D. 清洁的环境

3. 原材料或能源使用量和废气排放量（如 CO_2 等）属于（　　）。

  A. 环境指标　　　B. 环境目标　　　C. 环境方针　　　D. 环境因素

4. 从（　　）就采用环保材料是清洁生产的关键。

  A. 制造阶段　　　B. 检验阶段　　　C. 设计阶段　　　D. 包装阶段

5. 下列不是节电方法的是（　　）。

  A. 利用节能灯取代白炽灯
  B. 通过工艺革新和技术改造，降低单台产品的电力消耗
  C. 提高工艺用水利用率
  D. 优化工艺条件，最大限度地减少工艺用电

二、填空题

1. （　　）为组织确定了总的指导方向和行动原则，为组织的环境职责和绩效标准设定了目标。

2. 清洁生产的目的是（　　），（　　），即用清洁的能源、原材料，清洁工艺及无污染、少污染的生产方式，（　　），（　　）。

3. （　　）就是以最低寿命周期成本，切实实现所需功能，提高企业价值能力的技术经济分析方法。

三、判断题（正确的请打"√"，错误的打"×"）

1. 我国从 1997 年开始等同采用 ISO14000 环境管理系列标准，陆续发布了 GB/T24000-ISO14000 环境管理系列国家标准。　　　　　　　　　　　　　　　　　　　　（　　）

2. 环境管理体系运行模式体现了环境管理体系的要求：承诺和方针（环境方针）、规划、实施与运行、检查与纠正措施、管理评审和对整体环境绩效的持续改进。（　　）

3. 环境方针为组织的环境职责和绩效标准设定了目标，并以此作为评判一切后续活动的依据。　　　　　　　　　　　　　　　　　　　　　　　　　　　　　　（　　）

4. 环境目标中可包含下述承诺：减少废物和降低资源消耗以及原材料或能源使用量等。　　　　　　　　　　　　　　　　　　　　　　　　　　　　　　　　（　　）

5. 实施清洁生产的主要途径和方法是优化工艺、完善工艺条件，开发新的工艺技术，

采用和更新生产设备，淘汰陈旧设备。　　　　　　　　　　　　　　（　　）

6．提高工艺用水利用率的具体方法有循环再利用和降低额外消耗。（　　）

7．大力采用节能灯取代白炽灯不可能实施节电改造。　　　　　　（　　）

四、简答题

1．ISO14000 环境目标和指标包括哪些内容？

2．如何理解环境管理体系持续改进的思想？

3．简述清洁生产的主要内容。

4．现场环境改善方法有哪些？

5．如何通过科学管理实施工厂的清洁生产？

参 考 文 献

[1] 陈荣秋，马士华. 生产运作管理 [M]. 5 版. 北京：机械工业出版社，2017.
[2] 陈心德，吴忠. 生产运营管理 [M]. 2 版. 北京：清华大学出版社，2011.
[3] 任建标. 生产与运作管理 [M]. 3 版. 北京：电子工业出版社，2015.
[4] 齐二石. 生产与运作管理 [M]. 北京：清华大学出版社，2006.
[5] 吕文元. 生产与运作管理 [M]. 上海：复旦大学出版社，2020.
[6] 黄卫伟. 生产与运营管理 [M]. 2 版. 北京：中国人民大学出版社，2015.
[7] 谭红翔，何红. 生产管理实务 [M]. 北京：高等教育出版社，2008.
[8] 刘治宏，张德华，董国胜. 企业现场管理实务 [M]. 3 版. 北京：中国人民大学出版社，2019.
[9] 肖智君，商勇，党新民. 现场管理实务：上册 [M]. 广州：广东经济出版社，2002.
[10] 肖智君，商勇，党新民. 现场管理实务：下册 [M]. 广州：广东经济出版社，2002.
[11] 涂高发. 5S 运作与改善活动指南：实战图解版 [M]. 北京：化学工业出版社，2021.
[12] 刘胜军. 精益管理与现代 IE[M]. 深圳：海天出版社，2013.
[13] 罗仕文，聂云楚，玄熙平. 6S 督导师实用手册 [M]. 深圳：海天出版社，2007.
[14] 王俊杰. 精益生产理论与实务 [M]. 北京：中国劳动社会保障出版社，2006.
[15] 王清满，程庚. 图解精益生产之精益动作改善指导手册 [M]. 北京：人民邮电出版社，2018.
[16] 王有远，尹春建，张顺堂. 基础工业工程 [M]. 北京：清华大学出版社，2014.
[17] 潘林岭. 新现场管理实战：上册 [M]. 广州：广东经济出版社，2008.
[18] 潘林岭. 新现场管理实战：下册 [M]. 广州：广东经济出版社，2008.
[19] 韩之俊，许前，钟晓芳. 质量管理 [M]. 北京：科学出版社，2020.
[20] 韩福荣. 现代质量管理学 [M]. 4 版. 北京：机械工业出版社，2018.
[21] 顾孝锋. 现场专案改善：活用 QC STORY[M]. 深圳：海天出版社，2004.
[22] 高福成. TPM 全面生产维护推进实务 [M]. 北京：机械工业出版社，2009.
[23] 徐保强，李葆文. TnPM 推进实务和案例分析 [M]. 北京：机械工业出版社，2007.
[24] 曲向荣. 清洁生产 [M]. 北京：机械工业出版社，2012.
[25] 大野耐一. 大野耐一的现场管理：白金版 [M]. 崔柳，等译. 北京：机械工业出版社，2011.
[26] 姚小凤. 生产现场精细化管理全案 [M]. 北京：人民邮电出版社，2012.
[27] 张平亮. 班组长现场管理使用手册：方法、实例和工具 [M]. 北京：机械工业出版社，2016.
[28] 朱少军. 安全生产解决方案 [M]. 广州：广东经济出版社，2011.
[29] 张平亮. 卓越班组长工作手册：实用工具与方法 [M]. 北京：企业管理出版社，2019.